Gertrud Lehner-Laiß

TuWas! *Kochimpulse*

Gesund & fit durchs Jahr

... mehr als nur ein Kochbuch

Impressum:
© 2016 Bahnmayer GmbH, druck & medien
Verlag, 73525 Schwäbisch Gmünd

Hinweis:
Die Tipps und Informationen in diesem Buch sind von der Autorin und vom Verlag sorgfältig erwogen und geprüft. Dennoch kann eine Garantie nicht übernommen werden. Eine Haftung der Autorin bzw. des Verlags und seiner Beauftragten für Personen-, Sach- und Vermögensschäden ist ausgeschlossen.

Autorin:
Gertrud Lehner-Laiß

Umschlag- und Logogestaltung, Skizzen:
Sebastian Laiß, Caren-Maraike Laiß

Illustrationen:
Aki Cheval

Bildnachweis:
Volker Buchwald
Sonstige siehe Seite 200

Gesamtherstellung:
Bahnmayer GmbH
73525 Schwäbisch Gmünd
www.bahnmayer.de

ISBN 978-3-938538-30-2
2. überarbeitete Auflage 2018

Vorwort

Als ich mir die ersten Gedanken für dieses Kochbuch machte, kam mir als Titel „Gesund und fit durch das Jahr" in den Sinn. Ja, sofort hatte ich ein gutes Gefühl, wer möchte das nicht, gesund und fit durch das Jahr gehen?
Ich liebe den Wechsel der Jahreszeiten, die Musik der vier Jahreszeiten von Vivaldi, die Besonderheiten der Jahreszeiten, jede für sich und mit dem, was zur jeweiligen Jahreszeit gehört.

Frühling –
kraftvoller Aufbruch – Neubeginn

Sommer –
Sein, Reife – Licht durchflutete Zeit,
die Sonne steht am höchsten

Herbst –
Ernte, Verwandlung, Vergänglichkeit

Winter –
Kälte, Ruhe, Pause, Rückzug in der Natur,
Kerzenzeit …

Eingebettet in den Jahreskreislauf bin ich aufgewachsen …

Auf der Schwäbischen Alb, in der Nähe von Ulm, wuchs ich auf einem kleinen Hof, eingebettet in den Kreislauf der Jahreszeiten, auf. Wer in der Landwirtschaft groß wurde und mitanpacken musste, weiß, was ich meine. Der Jahreskreislauf, mit dem jeweiligen Wetter, bestimmte auf dem Hof einen großen Teil der Arbeitsabläufe. Er war der Taktgeber im Tagesablauf und wir Kinder waren in diesen Takt eingebettet. Von Anfang an lernten wir den Takt der Natur spüren, pulsieren, lernten auch, damit umzugehen. Außerordentliche Flexibilität ist in der Landwirtschaft nötig. So wurde z.B. am Abend geplant, was am nächsten Tag erledigt werden sollte, doch am anderen Morgen war, wegen des völlig anders gekommenen Wetters, alles anders. Manches war „ins Wasser gefallen", weil ein Regentag den Taktstock schwang. Wer mit Saat und Ernte in sein Leben wächst, ist mit dem Jahreskreislauf häufig mehr verwurzelt, als jemand, der in der Großstadt im Hochhaus groß wird. Ich erinnere mich, dass wir von einer Freundin Familienbesuch aus Belgien bei uns hatten. Dieses 5jährige Mädchen fragte beim Anblick der kleinen 3-Tages-Küken: „Mama, sind das die Kühe?" Für uns Kinder war das unfassbar …
Der Jahreskreislauf begann im Frühjahr, wenn nach den meist strengen Wintern die Sonne auch die Felder wärmte. Wenn die Böden „warm" waren, wurden die Saaten in den dafür vorbereiteten Feldern und in den Gärten gesät. Jedes Jahr aufs Neue war es einerseits spannend, alles zu hegen, zu pflegen, zu bearbeiten, aber es war auch viel Arbeit, die Kartoffeln und die Rüben zu hacken, das Unkraut zu entfernen. Noch heute spüre ich die brennende Sonne, wenn wir bei der Gluthitze zum Heu machen oder Heu heimfahren anpacken mussten. Noch heute spüre ich das berührende Gefühl, wenn das Getreide auf den Äckern seine Ähren zeigte und sich die Getreidefelder im Laufe des Sommers im Wind wie ein großes Meer hin- und herwiegten. Jahr für Jahr war es viel schwere Arbeit, die Getreideernte und das Stroh einzubringen und im Herbst die vielen Kartoffeln und die großen Rüben zu ernten. Wie sehr sehnten wir Kinder das Ende des Herbstes herbei, dass „endlich" die letzten Rüben und Maisfelder abgeerntet waren. Wie kalt fegte der Herbstwind über die Felder, bis die Äcker gepflügt, die Gärten umgegraben, die neue Saat gesät und alles für den Winter vorbereitet war. Wenn die Mutter abends im Stall beim Melken zu tun hatte, saßen die kleinen Kinder, die keine Hausaufgaben mehr machen mussten, im Stall auf den Strohballen und hatten ihre Freude mit den kleinen Kälbchen. Unsere Mutter saß auf ihrem Melkschemel bei den Kühen und sang mit uns Kindern. Das war schön. Viel Holz musste im Keller oder hinterm Haus für die langen, kalten Winter vorbereitet sein. Rau und kalt wehte der Älbler Eis- und Schneewind über die oft langen schneebedeckten Felder. Wenn dann im großen alten Ofen das Feuer zischte und krachte und die Stube wärmte, wenn abends im Ofenrohr die vielen Kupfer-Bettflaschen zum Erwärmen standen, fühlten wir uns dennoch wohl. Ein kleiner abendlicher Höhepunkt war im Winter, dass wir Kinder zwei- bis dreimal in der Woche, schon in den Schlafanzügen vorbereitet, kurz vor dem Schlafengehen, noch barfuß im Schnee einige hundert Meter bis zur Tante rennen durften.

Das war das Gefühl von Winter: Wir rannten bis zur Tante und wieder zurück. Danach zischten unsere nassen Füße am Ofen, wenn wir diese wärmten. Wenn die kleinen, kalten Füße an dem großen Ofen aufgewärmt waren, fielen wir mit roten Wangen müde in die Betten. Heute undenkbar.

Schon sehr früh habe ich kochen gelernt …

Mit fünf Brüdern wuchs ich als drittes Kind in unserer Großfamilie mit den Eltern, mit Oma und Tante ins Leben hinein. Unsere Mutter war eine tolle Köchin, alles was sie in Windeseile für ihre große Familie auf dem Herd zauberte, war lecker. Damals waren die Favoriten: die Hochzeitssuppe, köstlicher Rehbraten mit leckerer Soße, goldgelbe Spätzle mit vielen Enteneiern, Rotkohl, Kartoffelsalat und andere Salate. Zugegeben, es schmeckte lecker. Schon mit sieben Jahren stellte mich die Mutter, als einziges Mädchen, mit an den Herd zum Kochen. Weil ich so klein war, stand ich anfangs auf dem Schemel, um in die Töpfe schauen, umrühren und würzen zu können. O Mama Mia, wenn ich an die Berge Kartoffeln denke, die zu schälen und zu schneiden waren, bis es eine große Schüssel Kartoffelsalat gab, an die Berge grünen Salat, die zum Vorbereiten waren, an die vielen Spätzle, die wir durch die Spätzles-presse drückten. Unsere Mutter legte damals ein Samenkorn in mich hinein, dass Kochen etwas Schönes, etwas Erhabenes ist. Sie legte den Grundstein, dass ich von jüngster Kindheit an gerne kochte und erlebte, wie glücklich die Familie im Alltag oder mit unseren Gästen bei einem der vielen Familienfeste waren, wenn es etwas Gutes zum Essen gab. Die Mutter und die Gertrud kochten gut und alle freuten sich. Sie lebte uns vor, mit Liebe und Freude zu kochen und zu arbeiten, auch wenn ihr häufig die viele Arbeit mit den vielen Kindern, dem Hof und dem Geschäft über den Kopf wuchs. Berge an Geschirr mussten täglich von Hand gespült werden. Ich war schon 19 Jahre, als wir die erste Spülmaschine kaufen konnten. Häufig verschwanden die Jungs lautlos, weil sie sich vor dem Abtrocknen drücken wollten.

Die Natur ist meine Lehrerin …

Dieses von Anfang an erlebte Gefühl von Saat und Ernte, von Hegen und Pflegen, vom Wechsel der Jahreszeiten, prägten mich. Nicht jedes Jahr gab es gleich viele Äpfel, Birnen oder Zwetschgen. Mal war die Kartoffelernte größer, mal kleiner, mal gab es viel Kraut auf dem Acker, mal wenig. Von jüngster Kindheit an beobachtete ich die Natur. Bis zum heutigen Tag ist die Natur meine Lehrerin. Sie zeigt mir den Weg und ich sehe, in der Natur ist alles einfach. Wir Menschen machen es manchmal kompliziert. Diesen Wegweiser nehme ich auch für die Zubereitung meiner, unserer Mahlzeiten. Ich koche sehr gerne einfache Gerichte, die in kurzer Zeit zubereitet sind. Mein Motto ist: gesund, gut, schnell und günstig. Das Schöne daran ist, je länger wir gesundheitsbewusst unser Essen zubereiten, desto effektiver sind die Abläufe, desto schneller ist die Zubereitung erledigt. Durch die Übung entstehen neue, eigene Rezepte. So kamen die allermeisten Rezepte in diesem Buch aus mir heraus. Die TuWas!-Koch-Impulse wollen zum TUN motivieren und daraus können sich durch andere Gewürze oder andere Kombinationen neue gesunde Köstlichkeiten zaubern lassen.

Gemüse und Obst saisonal auswählen und verwenden …

Unser Sohn Sebastian wuchs zwar „mit Garten" auf, doch nicht mehr so nah an den Jahreskreislaufwurzeln.

Er bat mich, eine Tabelle „saisonal" ins Buch aufzunehmen, was ich gerne tue. Das ganze Jahr über gibt es heute in den Geschäften z.B. Gurken, Tomaten, Paprika etc. zu kaufen, doch wann ist Gurken-, Tomaten- oder Paprikazeit? Ich kaufe z.B. ab Oktober keine Gurken, keine Tomaten, keine Paprika mehr, weil für mich die Zeit vorbei ist, weil sie mir nicht mehr schmecken. Ich benötige an Weihnachten keine Erdbeeren, keine Himbeeren. In der Advents- und Weihnachtszeit passen köstliche Bratäpfel, die im Rohr gebacken werden. Riechen Sie schon den unverwechselbaren Bratapfelduft, der durch die Wohnung, durchs Haus zieht?

Es gibt keine Zufälle, alles hat eine Bedeutung …

Meine Namensinitiale sind:

Gertrud **L**ehner-**L**aiß

- **G** – steht für gesund
- **L** – steht für leistungsfähig
- **L** – steht für leben

Gesund und leistungsfähig zu leben ist mein Ziel, sowohl für mich persönlich, als auch für meine Arbeit.

Entdecken Sie die Vorteile dieses Buches!

Blättern Sie einfach mal durchs Buch, verschaffen Sie sich einen Überblick.

Mit den Rezepten gehen wir durch den Jahreskreislauf.

Ganz besonders wichtig ist mir, dass Sie schnell die Vorteile der „anderen Art zu kochen" wahrnehmen. In jeder Jahreszeit finden Sie Rezepte, die Sie in ca. 30 – 45 Minuten oder weniger zubereitet haben. Das Wunderbare ist, dass Sie alle Rezepte leicht und locker kochen können, wenn Sie sich die Zeit dementsprechend einteilen.

Mir ist wichtig, dass Sie bisherige Gedanken: „Jetzt soll ich auch noch kochen." aktualisieren. Diesen Satz würde ich gerne mit Ihnen verwandeln in: „Klasse, jetzt kann ich in so kurzer Zeit ein so gutes und gesundes Essen zaubern, da lege ich doch gleich mal los."or.de,

Wenn ich daran denke, wie viele Stunden ich früher zum Kochen benötigt hatte, um für unsere Familie Braten, Spätzle, Gemüse und Salate zuzubereiten.

Mit Freude und Dankbarkeit erlebe ich seit mehr als 30 Jahren, in welch kurzer Zeit ich ein 3-Gänge-Menü für fünf bis zehn Personen zaubern kann. Welten liegen dazwischen.

Finden Sie für sich völlig neue Wege und Vorteile durch dieses „anders Kochen". In den jeweiligen Rezepten finden Sie zudem Hinweise für effektive Arbeitsabläufe für ein noch schöneres Kochen.

Von Herzen wünsche ich, dass ...

- Sie Lust zum Kochen entwickeln,
- Sie Freude spüren, Neues auszuprobieren,
- Sie es sich wert sind, sich ein gutes und gesundes Essen zu kochen.

Kochen ist etwas so Wunderschönes. Durch dieses Buch würde ich gerne viele Menschen „hinterm Ofen" hervorlocken oder „vom Fernseher" wegholen und sie zum Kochen in der Küche motivieren.
Gerade Menschen, die im Beruf sehr gefordert sind, hätten es z.B. viel leichter, wenn sie sich abends bereits das Essen für den nächsten Tag vorbereiten würden, um so durch eine gesunde Mahlzeit den nächsten Arbeitstag leistungsfähiger zu meistern. Hochwertiges und gesundes Essen ist "Medizin".

„Alles ist einfach", könnte Ihr neues Motto sein. Dieses Motto erleichtert nicht nur das Kochen, sondern das Leben.
Früher dachte ich bei neuen Situationen und neuen Herausforderungen: „Das ist aber schwierig". Von Karl Pilsl lernte ich vor Jahren in einem Seminar den für mich wichtigsten Satz: „Alles ist einfach, nur der Mensch macht es kompliziert oder schwierig".
Wer ständig denkt: „Das ist schwierig, das geht nicht, das schaffe ich nicht ...", wird es auch so erleben. Alles ist zum Lernen da und Übungssache.

In diesem Sinne wünsche ich viel Freude beim Entdecken dieses Buches und dem Nachkochen der „einfachen Rezepte".

Amaranth

Besonders hochwertiges Eiweiß

Inhalt

Tabellenverzeichnis

Erbsen

Hervorragende Eiweißquelle für das Gehirn

Ich bin, was ich esse und denke

Wenn ich mich über gesunde Ernährung und Lebensweise gut informiere, daraus meine Schritte überlege, dementsprechend einkaufe, koche und genieße, passt die Reihenfolge. Grundsätzlich sind wir so gesund, wie es unsere Körperzellen sind. „Ich bin, was ich esse" könnte ja auch bedeuten: Wenn ich allerbeste Qualität esse und gute Gedanken mich in meinem Alltag leiten, habe ich eine hochwertige und gesundheitsfördernde Energie in meinen Zellen. Wer allerdings z.B. minderwertige Fertiggerichte mit Konservierungsmitteln isst, was mit „Ernährung" nichts zu tun hat und sich wundert, keine Energie zu haben, könnte darüber nachdenken, ob dies vielleicht ein Hinweis für eine anstehende Veränderung ist. Es gibt zwei Möglichkeiten des Essens. Die eine ist, sich den „Bauch zu füllen", um satt zu sein. Die andere ist, sich so zu ernähren, dass unsere vielen Billionen Körperzellen ernährt sind. Jeder Mensch kann sich täglich frei entscheiden, was er möchte. Tägliche **Gedankenhygiene** ist genauso wichtig, wie sich täglich zu waschen und zu duschen. Es ist gesundheitsfördernd, wenn wir, gerne mehrmals täglich, kurz inne halten und uns spüren. Dabei ist die Frage wichtig: Wo bewege ich mich gedanklich? Bin ich in der positiven, aufbauenden oder in der negativen, abbauenden Energie? Wie denke ich über mich, mein Leben, meine Familie, meine Arbeit …? Gedankenhygiene ist wichtiger, als wir uns häufig bewusst sind. Es ist effektiver, sich gesund zu ernähren und positiv zu denken, als sich gesund zu ernähren und negativ, ängstlich oder sorgenvoll zu denken. Zu den Gedanken zähle ich natürlich auch Ängste, die es zu bereinigen, zu überwinden gilt. Das kann uns niemand abnehmen. Ängste können wir nur selbst durch stete Weiterentwicklung unserer Persönlichkeit überwinden. Häufig erlebe ich Menschen, die so angstvoll an ihr Essen denken. Viel zu viele Ängste geistern in den Köpfen, wenn es um Unverträglichkeiten geht. Darauf komme ich später noch. So vieles bewegt sich im Kopf, was mich gesunden oder erkranken lässt. Häufig sind es Gedanken und Ängste, die im Menschen nagen und in der negativen Energie die Zellen schwächen. Dabei sollte auch der Sinn des Lebens sein, sich ein Leben lang, Schritt für Schritt, zu verbessern und sich dabei weiter zu entwickeln. So können wir am besten gesund werden und bleiben. Sorgenvolle Gedanken sind eine der negativsten Energien, die es gibt. Jeder negative Gedanke gegenüber mir selbst oder anderen Menschen, jede Sorge, halbiert die Energie meines Lebens. Wow, da gibt es noch einiges zu tun – oder?

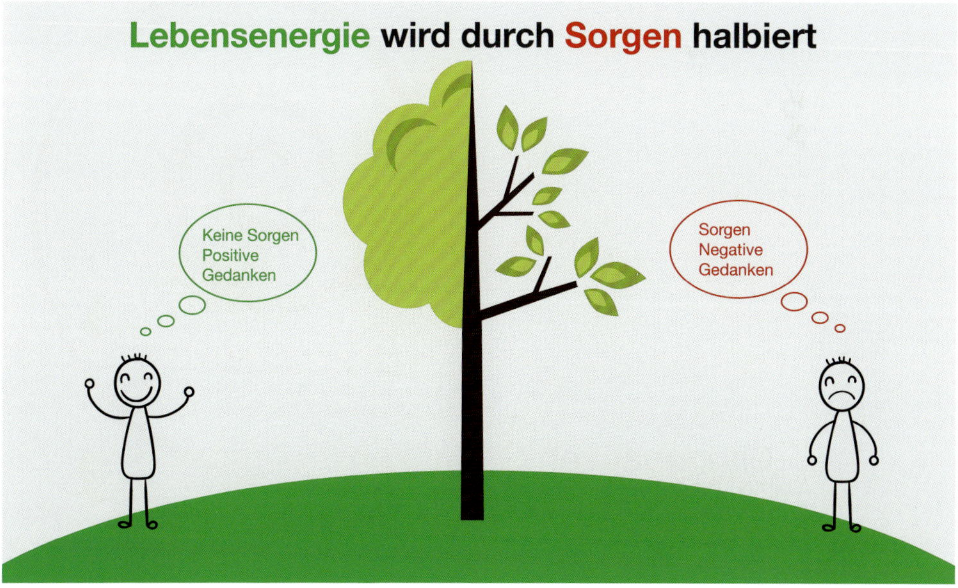

Gedankenhygiene
+
meine Lebensenergie

Was hat gesunde und hochwertige Ernährung mit meinem Selbst-Wert-Gefühl zu tun?

Bin ich es mir wert, hochwertige, biologische Lebensmittel einzukaufen? Bin ich es mir wert, in mich und in meine Gesundheit zu investieren? Warum fällt es vielen Menschen so leicht, viel Geld ins Auto, ins Haus, in viele Urlaube usw. zu investieren? Warum fällt es häufig diesen Menschen schwer, beim Einkaufen von Lebensmitteln auf Qualität zu achten? Viele Menschen sparen an der falschen Stelle und kaufen für sich selbst und die Familie nur billigsten Ramsch. Viele Fertiggerichte haben mit Ernährung nichts zu tun, das ist nur „den Bauch gefüllt".

Bin ich es mir wert, das Beste für mich zu tun? Was hat Glücklichsein, sich geborgen fühlen, mit sich im Reinen zu sein mit gesunder Ernährung zu tun? Eine gesunde und vielseitige Ernährung versorgt den Körper, die Zellen, mit den wichtigen Nähr- und Vitalstoffen. Wenn der Körper gut mit den Nährstoffen „genährt" ist, wenn die natürlichen Vitamine, Mineralstoffe, Spurenelemente u.v.m. reichlich im Körper vorhanden sind, kann der Körper von einer inneren Unruhe zur neuen inneren Ruhe finden. Eine gute innere Ruhe, ein innerer Frieden mit sich selbst, ist ein schönes Gefühl von Geborgenheit.

Zeit – wofür?

Wie oft höre ich Menschen sagen: „Ich habe keine Zeit zum Kochen, keine Zeit zum Einkaufen, keine Zeit, um Gemüse zu waschen, zu putzen und keine Zeit, ein leckeres und gesundes Essen vorzubereiten, keine Zeit zum Essen, zum Trinken, zur Toilette zu gehen". Gerne wäre ich bei diesen Menschen mal ein kleines Mäuschen, um zu beobachten, wie viel Zeit sie z.B. täglich mit dem Zeitung lesen oder vor dem Fernseher verbringen! Keine Zeit zum Essen und zum Trinken, das könnte vielleicht auch heißen: Keine Zeit zum Leben?

Nehmen Sie sich die Zeit, seien Sie es sich selbst wert, gesundes, biologisches Obst und Gemüse einzukaufen. Erleichtern Sie sich die Einkäufe und stellen Sie als roten Faden für die Woche einen Speiseplan zusammen, damit Sie die Zutaten im Hause haben, die Sie für die jeweiligen Gerichte benötigen. Haben Sie schon darüber nachgedacht, wo Gesundheit beginnt? Gesundheit beginnt im Kopf, bei der Planung der Mahlzeiten, bei den Überlegungen des Einkaufs. Jeder Tag hat 24 Stunden zur Verfügung. Die Frage ist, wie wir diese Zeit einteilen, wo wir unsere Schwerpunkte setzen.

Bei vielen Menschen ist es *5 vor 12 Uhr*, weil sie Essen zubereiten nicht für wichtig, nicht für nötig halten ...

Nutzen Sie Ihre wertvolle Lebenszeit zum Wohl Ihrer Gesundheit und investieren Sie auch Zeit in die Zubereitung Ihrer Mahlzeiten. Seien Sie es sich wert!

Hafer

Heilnahrung für Magen und Darm

Ordnung in der Ernährung – was heißt das?

Für viele Menschen ist es gut, drei Hauptmahlzeiten an einem Tag zu essen. Die alte Weisheit zählt auch heute noch: „Iss zum Frühstück wie ein Kaiser, zum Mittagessen wie ein König, abends wie ein Bettelmann". Es lohnt sich, seine Essgewohnheiten immer wieder zu überprüfen. Auf lange Sicht kann es nicht gut gehen, wenn die Hauptmahlzeit abends schwer und spät eingenommen wird. Essen Sie sich morgens zum Frühstück und mittags beim Mittagessen richtig satt, so benötigen Sie im Laufe der Zeit abends nur eine kleine Mahlzeit. Das fördert die Gesundheit. Manche Menschen haben den ganzen Tag Hunger und essen ständig. Die Verdauungsorgane leiden darunter. Darüber können Sie am Ende des Buches Wichtiges lesen.

Zusammenhänge – des Säure-Basen-Gleichgewichts im Körper

Das ist ein sehr wichtiger Faktor für unsere Gesundheit. Es ist erschreckend und ernüchternd, wenn Statistiken zeigen, dass ca. 90 % der Deutschen übersäuert sind. Übersäuerung ist eine tickende Bombe im Körper. Das ist so, auch wenn es sich hart liest. Langjährige Übersäuerung ist neben den seelischen Komponenten ein wesentlicher Faktor, aus dem sich Krankheiten bilden können. Wenn der Körper zu lange übersäuert ist, greifen Säuren auch in die Zellen ein und das sollten Sie auf jeden Fall verhindern. Inzwischen gibt es viele Bücher und Kurse, um das Säure-Basen-Gleichgewicht im Körper ins Lot zu führen. Auf diesem Gebiet ist vieles unterwegs.

Mein Rat: Sollten Sie schon einige Basentage bewältigt haben, erhalten Sie sich daraus wichtige Elemente, wie z.B. das stündliche Wassertrinken, das Frühstück und das Abendessen. Es ist zu schade, wenn Sie das einige Tage oder vielleicht einige Wochen gemeistert haben und nachher wieder in alte Gewohnheiten fallen und z.B. wieder Kaffee trinken. Es geht um viel mehr, es geht um die Ordnung in der Ernährung. Gesundheitsfördernd wäre, wenn wir unserem Körper täglich ca. 70 – 80 % basische Ernährung und ca. 20 – 30 % hochwertige Säuren zuführen würden. Basische Lebensmittel sind z.B. frische Kräuter, Salate, frisches Gemüse, gekeimte Sprossen, Obst, Beeren, Früchte, eingeweichte Trockenfrüchte, Dunstobst, Hirse, Buchweizen, Amaranth, Quinoa u.v.m. Wichtig ist, die Ordnung in der Ernährung zu beachten, die schonende und gesundheitsfördernde Zubereitung umzusetzen. Hochwertige, frische Nüsse, Sesamsaaten (hell ungeschält oder schwarz) sowie Kürbiskerne zählen selbstverständlich zum zentralen Fundament. In diesem Buch sind die meisten Rezepte basisch oder Sie können sie leicht nach Bedarf verändern.

Zu den **hochwertigen Säuren** zählen z.B. Fruchtsäuren aus Obst, Früchte und Beeren, Essigsäure aus hochwertigem Essig (Balsamico, Rotwein-, Weißwein,- Obst oder Apfelessig), L-(+)-Milchsäure in milchsauer vergorenem Gemüse, in milchsauer vergorenen Gemüsesäften (Gemüse-, Rote Bete-, Karotten-, Sauerkraut- oder Breusssaft). L-(+)-Milchsäure in hochwertigen Naturkäsearten, Joghurt oder Quark mit Biogarde®-Kulturen, am liebsten aus Ziege oder Schaf, Biovalere oder Rechtsregulat. Von Milchprodukten sind häufig nur kleine Mengen ausreichend, die Qualität ist entscheidend.

Wassertrinken – warum denn das?

Wissen Sie, was genial wäre? Wenn es mir gelingen würde, die meisten Menschen, die zu meinen Vorträgen, Beratungen, zu uns in den Laden, auf den Messestand kommen – wenn ich all diese Menschen zum täglichen Wassertrinken begeistern könnte. Das ist eines meiner großen Ziele. Beim Ischia Gesundheitsseminar im Herbst 2016 gründeten die Teilnehmerinnen und Teilnehmer „Gertruds Wasser-Trinkschule". Das finde ich eine gute Idee.
Warum ist tägliches Wassertrinken so lebens-notwendig? Sie sehen es in dem Wort, weil es in der Not des Körpers eine Wende bringen kann. Der Körper besteht zu ca. 60 – 70 % aus Wasser, nicht aus Tee, nicht aus

Kaffee, nicht aus Apfelsaftschorle, sondern aus Wasser! Gelenke und Bandscheiben bestehen zum größten Teil, ca. 90 %, aus Wasser. Deshalb ist es unumgänglich, täglich genügend Wasser zu trinken, damit auch die Knorpel und Bandscheiben gut mit Wasser versorgt sind. Jeder Mensch kann sich ausrechnen, wie viel Wasser er trinken sollte, meist viel mehr als angenommen.

Der Körper benötigt ca. 40 ml Wasser pro kg Körpergewicht pro Tag
Beispiele:
... 50 kg x 40 ml = 2 Liter Wasser pro Tag
... 60 kg x 40 ml = 2,4 Liter Wasser pro Tag
... 70 kg x 40 ml = 2,8 Liter Wasser pro Tag
... 80 kg x 40 ml = 3,2 Liter Wasser pro Tag

Wichtig ist zu verstehen, dass der Körper reines, klares Wasser ohne Kohlensäure benötigt. Sprudel mit Kohlensäure, Tee, Kaffee und sonstige Getränke zählen nicht zu Wasser. Am besten wäre es, wenn wir z.B.

- morgens nach dem Aufstehen ein bis zwei Gläser warmes Wasser trinken (siehe Morgenstart).
- nach dem Frühstück dem Körper eine Stunde Zeit lassen.
- im Laufe des Vormittags alle Stunde ein Glas Wasser trinken.
- nach dem Mittagessen dem Körper wieder eine Stunde Zeit lassen.
- im Laufe des Nachmittags alle Stunde ein großes Glas Wasser trinken.
- nach dem Abendessen noch ein bis zwei Gläser Wasser trinken.

Für den Stoffwechsel ist es wichtig, das Wasser über den Tag verteilt zu trinken und nicht einen Liter auf einmal hineinzuschütten. Gut ist, wenn wir zwischen den Mahlzeiten trinken und nicht während des Essens. Trinken wir zum Mittagessen z.B. viel Wasser oder andere Getränke, werden die Magensäfte zu sehr verdünnt und die Verdauung in ihrer Präzision gestört.

Welches Wasser soll ich trinken?

Diese wichtige Frage höre ich täglich. Ich empfehle Leitungswasser zu trinken, am besten mit dem Vitalisierungssystem von NaturSinn aus Augsburg, mit WASSER2000, vitalisiert. Dann trinken Sie Wasser in Quellwasserqualität, frisch, wie aus der Quelle, Glas für Glas, Liter für Liter. Sie schmecken es sofort. WASSER2000 stellt die Ordnung im Wasser wieder her. Ich finde es vom Preis-Leistungsverhältnis sehr gut, deshalb empfehle ich es gerne meinen Kunden. Seit vielen Jahren bin ich von WASSER2000 begeistert. Dankbar trinke ich täglich Glas für Glas. Selbstverständlich spüre ich diese gute Energie des Wassers u.a. auch in meiner guten Leistungskraft. Wenn ich mein Badewasser in die Badewanne einlaufen lasse und den bläulich smaragdgrünen Schimmer des „Quellwassers" sehe, bin ich noch heute jedes Mal aufs Neue berührt, begeistert und dankbar, in diesem wunderbaren Wasser baden zu dürfen. Über den sehr angenehmen „Nebeneffekt", der Kalkverwandlung, freue ich mich täglich aufs Neue. Herrlich, im Bad und in der Küche muss ich viel weniger putzen, weil sich der Kalk an den Armaturen spielend leicht mit einem Tuch und einem Spritzer Conlei-Klarspüler entfernen lässt. Das ist eine erhebliche Arbeitserleichterung und ich entlaste unsere Umwelt, weil ich weniger Reinigungsmittel verbrauche und selbstverständlich nur die ökologischen Conlei-Reiniger verwende.

Warum BIO-logisch?

Es lohnt sich in jeder Hinsicht, hochwertige und biologische Lebensmittel einzukaufen, denn ich bin, was ich esse. Meine eigene Erfahrung lehrt mich: Wenn ich mein Essen aus biologischen Zutaten zubereite, mir fürs Essen Zeit zum Kauen und Genießen nehme, benötige ich weniger Mengen an Essen und ich bin länger satt.
Also ist BIO umgerechnet nicht teurer. Fördern Sie durch Ihren bewussten Einkauf den Anbau biologischer Lebensmittel, für Ihre Gesundheit und zur Erhaltung unserer Mutter Erde. Seien Sie sicher, dass jede kleine Entscheidung ein wichtiges Rädchen im gesamten Gefüge ist. Tragen Sie durch Ihre Entscheidungen, Ihre Verantwortung dazu bei, dass unsere nächsten Generationen auch noch einen gesunden Planeten haben dürfen. Ich komme von der Landwirtschaft, meine Eltern hatten einen Landhandel mit Düngemittel und Spritzmittel ..., ich weiß, wovon ich schreibe.
Manche Menschen kommen zu mir und fragen: „Ich kann essen und essen und werde gar nicht richtig satt, woran kann das liegen?". Ja, das ist eine wichtige Frage. Wenn in konventionell angebauten Nahrungsmitteln nachgewiesen weniger Nährstoffe enthalten sind, ist verständlich, warum weniger Energie in den Zellen ankommt und sich deshalb kein Sättigungsgefühl im Körper einstellt.

Angebot
Öko
Kaki kg 5.50
Angebot
Öko
Clementinen
Angebot
Öko
Granatapfl kg 4.90
Türkei
HKl II

Der gute Morgenstart

Alle Funktionen des Körpers laufen im 24-Stunden-Rhythmus ab. Wir kennen den Tag-Nacht-Rhythmus. Jedes Organ hat seinen eigenen Zeitplan. So ist bekannt, dass die Hauptarbeitszeit unserer Leber in der Nacht zwischen 1 Uhr und 3 Uhr ist. Wenn wir nachts schlafen, arbeitet unser Stoffwechsel auf Hochtouren. Einerseits werden für diese Arbeiten wertvolle Stoffe verbraucht, andererseits fallen Abfallstoffe zur Ausscheidung an. Morgens, nach dem Aufstehen, findet die Entgiftung des Körpers statt. Es ist gut, diese durch Wassertrinken und gezielte Getränke zu fördern. So scheiden wir täglich anfallende Stoffwechselschlacken wieder aus. Das ist eine zentrale Voraussetzung, Übersäuerung vorzubeugen. Durch die tägliche, morgendliche Entgiftung, Entschlackung stärken wir die Körpersubstanz. Optimal ist es, wenn wir einerseits morgens entgiften und entschlacken, andererseits dem Körper gleich wieder die verbrauchten Nährstoffe in bester Qualität geben. So wird die Stoffwechselarbeit immer präziser, die Gesundheit verbessert. Es lohnt sich auf jeden Fall, sich morgens die Zeit für diesen **guten Morgenstart** zu nehmen, um dem Körper beste Voraussetzungen für einen kraftvollen Tag zu geben. Gehen Sie es mit Freude an:

Der gute Morgenstart könnte z.B. so aussehen:

Nach dem Aufstehen und Wasserlassen bewusst die Zähne putzen, um die Stoffwechselschlacken der Nacht im Mund zu entfernen.

Danach:

Erstes Getränk:

Ein Glas **warmes Wasser** trinken, wer mag kann dem ersten Wasser gleich Folgendes dazugeben: 1 EL Biomaris-Meerestiefseewasser oder 1 Msp. Heilerde oder 1 TL Rotweinessig.

Zweites Getränk:

Nach ca. 10 bis 15 Minuten – ein Glas **Kräutergetränk** (z.B. Brennnessel, Salbei, Rosmarin, Spitzwegerich, Petersilie, Thymian oder Jiaogulan) oder – wer keine frischen Kräuter hat, verwendet Pflanzensaft (Schoenenberger).

Ein Glas **warmes Wasser mit Pflanzensaft** (ein bis zwei EL) von Birke, Brennnessel oder Zinnkraut zur Entschlackung.

Drittes Getränk: Leinsamenbalsam

Nach ca. 10 – 15 Minuten – eine Tasse **Leinsamenbalsam** (ca. 200 ml) aus goldgelbem Leinsamen.

Erstes Getränk

Drittes Getränk

Zweites Getränk

Viertes Getränk

Täglich getrunkener Leinsamenbalsam ist für den Darm nicht mit Gold zu bezahlen. Bereiten Sie sich dieses wohltuende Getränk, wenn möglich, täglich frisch zu. Es ist ein unvorstellbarer Juwel für die Peristaltik des Darmes.

Zubereitung:
Bringen Sie ca. 200 ml Wasser in einem hohen Topf zum Kochen. Geben Sie 1 EL (ca. 10 g) goldgelben, ganzen Leinsamen ins kochende Wasser, stellen Sie auf kleine Stufe. Lassen Sie den Leinsamen ca. 10 Minuten köcheln, ausschalten, ca. 5 Minuten nachziehen lassen. Gießen Sie den Leinsamenbalsam durch ein Sieb in eine große Tasse und trinken Sie ihn angenehm warm. Die Körner geben Sie in den Bioabfall.

Viertes Getränk:
Bitte erst trinken, wenn Sie schon mindestens sechs Monate entgiftet haben.
Nach ca. 20 Minuten - **Bierhefegetränk** je nach Bedarf und Verträglichkeit. Dieses Bierhefegetränk versorgt den Körper mit besten B-Vitaminen, vielen Mineralstoffen, Spurenelementen. Folsäure u.v.m. (siehe Info am Ende des Buches).

Zubereitung:
Geben Sie ½ Teilstrich oder 1 Teilstrich Panaktiv®, cellulär flüssige Bierhefe in ein großes Glas, fügen Sie den Saft ½ Zitrone, ½ Grapefruit (frisch gepresst) dazu, geben Sie noch ca. 50 ml dunklen Muttersaft, z.B. Heidelbeer-, schwarzer Johannisbeer-, Holunder- oder Aronia Saft (jeweils ohne Zucker) dazu. Rühren Sie mit einem Kunststofflöffel alles um. Trinken Sie diesen Krafttrunk noch vor dem Frühstück oder nehmen Sie die Mischung in einer Flasche zur Arbeit mit, wenn Sie früh aus dem Haus müssen.
Zwischen Frühstück und Mittagessen können Sie dieses heilungsfördernde Getränk auch trinken.

Nach ca. 30 Minuten könnte das Frühstück folgen. Die Bedeutung des Frühstücks ist viel weitreichender, als uns in der Regel bewusst ist. Es soll uns mit besten Nährstoffen für den Tag versorgen. Mehr Informationen dazu finden Sie im Kapitel Frühstück der jeweiligen Jahreszeit.

Schritt für Schritt durch den Tag – jeder Schritt zählt und lohnt sich.
In der Übersicht gebe ich Ihnen Impulse, wie Sie Schritt für Schritt durch den Tag gehen könnten. Selbstverständlich kann kein Mensch alles gleich umsetzen, es sollen Impulse sein. Mein dringender Rat: Verändern Sie Ihre Gewohnheiten Schritt für Schritt, der Weg ist das Ziel. Setzen Sie sich nicht unter Druck, sondern verinnerlichen Sie einen Schritt. Wenn dieser Schritt Ihr eigener wurde, nehmen Sie den nächsten Schritt. So verhindern Sie Rückfälle, so stabilisieren Sie Ihre positive Entwicklung und das ist so schön, diese Umstellung positiv zu erleben.

Zwischenmahlzeiten: Pausen einhalten!
Versuchen Sie, einige Wochen oder Monate, zwischen den Mahlzeiten nur Wasser und wertvolle Getränke zu trinken. Essen Sie nichts zwischendurch, auch kein Obst, keine Nüsse. Der Magen dankt es mit sehr gutem Magengefühl, mit guter Magenkraft, wenn er einige Stunden in Ruhe verdauen darf. Es ist eine alte Weisheit, dass zwischen den Hauptmahlzeiten mindestens 4 Stunden Zeit für die Verdauung sein sollte. Für den Magen und die Verdauungsorgane kann es eine große Belastung sein, wenn ständig etwas zum Essen kommt. Viele Menschen verwechseln Trinken mit Essen. Sie haben einen Bedarf und denken: „Ich habe Hunger." Dabei könnte es auch heißen: „Ich habe Durst." Seien Sie behutsam mit sich, gönnen Sie Ihrem Körper die hilfreichen Essenspausen. Allein dieser Aspekt kann im Körper eine kaum vorstellbare Heilkraft entwickeln. Helfen Sie Ihrem Körper, im Rhythmus zu essen, zu trinken, zu leben, zu schlafen.

Nach dem Frühstück – siehe Rezepte – lassen Sie dem Magen ca. 1 Stunde Zeit, bevor Sie mit den Getränken weitermachen.

Zwischen Frühstück und Mittagessen empfehle ich:
Trinken Sie alle Stunde ca. ¼ Liter Wasser (im Winter gerne warmes Wasser), dann im Wechsel, nach Bedarf Biovalere (ein bis zwei EL) zur Darmsanierung in ein Glas Wasser geben. Zwischendurch ⅓ TL Heidelberger Bitterpulver in den Mund nehmen, wer kann, speichelt es ein. Trinken Sie ein Glas warmes Wasser nach. Anschließend trinken Sie ein Glas Sauerkrautsaft oder ein Glas Rote Bete-Saft, ein Energiedrink (1 Glas Wasser, ½ frisch gepresste Zitrone, 1 – 2 TL Rote Bete-Pulver).

Schritt für Schritt zum guten Gelingen

Schritt für Schritt zum Erfolg!

**Machen Sie den Schritt, dass dieser verinnerlicht und gefestigt ist.
Dann machen Sie den nächsten Schritt.
So kommen Sie gut voran, ans Ziel (in allen Bereichen).**

Vor dem Mittagessen empfehle ich:

Trinken Sie ein frisch gemixtes Kräutergetränk aus Löwenzahn, Wermut, Schafgarbe, Rucola, Kapuzinerkresse, Petersilie oder Zitronenmelisse. Trinken Sie täglich ein anderes Kräutergetränk, so haben Sie die Vitalstoffe der verschiedenen Kräuter. Wer keine frischen Kräuter zur Verfügung hat, könnte nochmals Birkensaft in Wasser nehmen oder ein Glas Sauerkraut- oder Gemüsesaft.

Mittagessen – siehe Rezepte –

Zwischen Mittag- und Abendessen empfehle ich:

- Trinken Sie alle Stunde ca. ¼ Liter Wasser (im Winter gerne warmes Wasser), dann im Wechsel, nach Bedarf zwischendurch ⅓ TL Heidelberger Bitterpulver in den Mund nehmen, wer kann, speichelt es ein, trinken Sie ein Glas warmes Wasser nach.
- Energiedrink (1 Glas Wasser, ½ frisch gepresste Zitrone, 1 – 2 TL Rote Bete-Pulver).
- Vor dem Abendessen empfehle ich: Trinken Sie ein Glas Karottensaft frisch gepresst oder milchsauer vergoren oder einen Gemüsesaft. Abendessen – siehe Rezepte –

Vor dem Schlafengehen empfehle ich:

Trinken Sie eine Tasse Bittertee oder bei Bedarf noch ein Gläschen Wasser.

Zellschutz Anthocyane im Roten, warum sind sie so wichtig?

Anthocyane sind sekundäre Pflanzenstoffe, Bioflavonoide, die in blauen, violetten, roten und blau-schwarzen Gemüsearten, Früchten und Beeren vorkommen. Das Rot der Pflanzen überrascht uns mit einer Fülle an Schutzstoffen für die Zellen, Vitaminen, Mineralstoffen und Spurenelementen. Viele Beeren enthalten u.a. Ellagsäure. Anthocyane haben eine besonders schützende Kraft. Sie können zellschädigende freie Radikale binden. Sie zählen zu den kraftvollsten Antioxidantien der Natur und schützen unsere Zellen vor Alterung und Entartung. Es gibt ca. 600 verschiedene Formen. Sie hemmen Entzündungen, auch chronische Entzündungen, wirken antibakteriell, schützen Zellen, binden, neutralisieren freie Radikale, verabschieden Krebszellen, stärken Blut und Herzkreislaufsystem.

Rotes ist Zellmedizin.

Zellschutz Chlorophyll im Grünen (Ernährung und in Getränken)

Im Grün der Pflanzen stecken mehr Vitalstoffe, Vitamine, Mineralstoffe, sekundäre Pflanzenstoffe, Enzyme, als in vielen anderen Lebensmitteln. Chlorophyll ist gespeichertes Sonnenlicht, das sind Biophotone. Sie übertragen hochwertige Lichtenergie aus dem Kosmos durch die Ernährung in die Zellen und ins Gewebe des Körpers. Der grüne Blatt-Farbstoff ist eine Magnesium-Verbindung mit vielen Spurenelementen, die in ihrer Struktur dem Hämoglobin des menschlichen Blutes sehr ähnlich ist. Das grüne Blatt ist reich an Chloroplasten, die einen hohen Eisengehalt aufweisen. Wo Chlorophyll ist, befindet sich Eisen und Magnesium. Je dunkler das Grün, desto mehr Eisen. Es kann Blut bilden, reinigen und regenerieren, Zellen entgiften, Zellatmung fördern, Zellstoffwechsel verjüngen. So trägt Chlorophyll durch seine heilende und schützende Wirkung maßgeblich an der präzisen Funktion des Gehirns, des Nerven-, Hormon- und Zellsystems bei.

Grünes ist Zellmedizin.

Trinken Sie regelmäßig Gemüsesäfte, frisch gepresst oder aus der Flasche. Genießen Sie immer wieder einen Energiedrink (Wasser, frisch gepresste Zitrone, ein bis 2 Teelöffel Rote Bete-Pulver). Denken Sie an die wertvollen Muttersäfte, z.B. aus Heidelbeeren, schwarzen Johannisbeeren und genießen Sie möglichst täglich eine der Dunstobst-Sorten.

Kräuterdrinks – Die gesunde Feuerwehr

Kräuterdrinks – frisch gemixt – sind für den Körper wie eine Art „gesunde Feuerwehr". In nur wenigen Minuten stehen die daraus gewonnenen Nähr- und Vitalstoffe dem Körper zur Verfügung. Das ist intensiver, als wenn wir die frischen Kräuter im Salat oder im Gemüse essen. Beides ist jedoch wichtig.

Kräuter-Feuerwehr

Die passenden Kräuter zum Mixen:

Bärlauch-Blätter

- **1 Blatt pro Glas**
- stärkt das Immunsystem, fördert Entschlackung
- fördert die Durchblutung, regt den Magen an

Birken-Blätter (nur im Frühjahr)

- **5 – 6 Blätter pro Glas**
- blutreinigend
- harntreibend
- entschlackend

Borretsch-Blätter/Blüten

- **1 kleines Blatt pro Glas**
- fördert die Entschlackung
- bindet negative Stoffe im Körper
- Hilfe für den ganzen Körper

Brennnesselspitzen

- **1 Krone pro Glas**
- blutreinigend, entschlackend
- beste Eisenquelle
- fördert die Gesundheit des Gehirns

Rosmarinnadeln

- **5 Nadeln pro Glas**
- aktiviert Gehirn positiv
- verbessert Konzentration, Merkfähigkeit, Lernen und Denken
- wertvoll zur Entschlackung des Körpers

Frauenmantel-Blätter

- **1 kleines Blatt pro Glas**
- fördert die Gesundheit der Frauenorgane
- hilfreich für den Hormonhaushalt

Giersch-Blätter

- **1 kleines Blatt pro Glas**
- liefert Kalium, Vitamin C, Karotin und Eisen
- wirkt entgiftend, blutreinigend, krampflösend, „Rheumakraut", fördert Harnsäureausscheidung

Ginkgo-Blätter – Jungbrunnen für's Gehirn

- **2 Blätter pro Glas**
- verbessert Fließeigenschaft des Blutes
- fördert die Durchblutung

Jiaogulan-Blätter

- **1 Blattkrone pro Glas**
- Heilkraut mit Ginseng-Wirkung für die Leistungskraft
- laut Überlieferungen stärker als Ginseng
- für Immunsystem, Nerven, Herz und Blutdruck

Rotklee-Blätter + Blüten

- **Blätter, Blüten von 2 Stängel pro Glas**
- harmonisierend für Hormonhaushalt
- für Frauen und Männer in jedem Alter
- stärkt den Knochenstoffwechsel, Haut, Herz und Kreislauf, Merkfähigkeit, Sehkraft

Löwenzahn-Blätter

- **1 Blatt pro Glas**
- Bitterstoffe für Leber und Gallenblase
- wertvolle Eisenquelle
- blutreinigend, wertvolle Mineralstoffe

Petersilie und/oder Paprika (rot)

- **5 cm Petersilie, 5 cm Paprika pro Glas**
- fördert Schilddrüsen-, Magen u. Drüsenfunktion
- wertvoll für alle Hirnregionen – jugendlich –
- Rutinquelle für Blutgefäße/feine Kapillaren

Rucola-Blätter

- **2 Blätter pro Glas**
- Rucola liefert Schärfe und Bitterstoffe

Salbei-Blätter

- **1 kleines Blatt pro Glas**
- gut für Hormonhaushalt, gegen Schwitzen
- Lymphsystem und Immunsystem

Schafgarbe-Blätter + Blüten

- **1 kleiner Stängel pro Glas**
- für die Leber, Haut und den Hormonhaushalt
- wertvolle Bitterstoffe

Zinnkraut/Ackerschachtelhalm – Zweig

- **ca. 5 cm pro Glas**
- wertvolle Kieselsäurequelle für die Haut
- unterstützt das Bindegewebe

Wermut-Blätter

- **kleiner Zweig eines Blattes pro Glas**
- stärkt den Magen und Zwölffingerdarm
- fördert die Bildung der Magensäfte

Zitronenmelisse – Blätter

- **1 Blattkrone pro Glas**
- bringt Sonne und Ruhe ins Gemüt, erfrischt

Spitzwegerich-Blätter

- **2 Blätter pro Glas**
- stärkt den Hormonhaushalt – Östrogene –
- für jede Hirnregion – besonders gut für Haut, Augen, Leber, Nieren, Atemwege, Darm

Thymian-Blätter + Blüten

- **1 kleiner Zweig pro Glas**
- besonders wertvolle ätherische Öle
- fördert die Gesundheit von Bronchien, Stirnhöhlen, Lungen und Stimmbändern
- wichtig für Menschen in der Stadt

> ***Winter***
>
> ***Wenn's im Winter keine frischen Kräuter gibt, nehmen Sie Salatblätter oder Grünkohl.***
>
> 
>
> ### Endiviensalat – BIO –
>
> - **3 cm Blatt pro Glas**
> - Chlorophyll und wertvolle Vitamine
>
> 
>
> ### Ackersalat – BIO –
>
> - **1 Röschen pro Glas**
> - Chlorophyll und wertvolle Vitamine
>
> 
>
> ### Grünkohl – BIO –
>
> - **2 cm pro Glas**
> - viele wichtige Vitalstoffe
> - wertvollstes Chlorophyll, viele Vitamine

Grundsätzliches zu den Kräuter-Energie-Drinks:

1. Die Kräuter-Energie-Drinks werden nur aus frischen Pflanzen gemixt.

   Sie benötigen dazu:

   - kleinen Mixer, z.B. unseren Mr. Magic-Mixer, 400 Watt Motor, sehr gute Mixleistung
   - 200 ml stilles Wasser (ein mittleres Glas pro Person), gerne Leitungswasser, wer hat vitalisiertes Wasser
   - Filtrierstrumpf oder feines Sieb
   - Glas oder Glaskaraffe

2. Die Kräuter werden nicht untereinander gemischt! **Spezifische Wirkung pro Pflanze ist wichtig!**
   Ausnahme: Bei Petersilie und Paprika haben wir drei Möglichkeiten: Petersilie oder Petersilie und Paprika oder Paprika.

3. Bedarf pro Person - siehe Angaben pro Pflanze
   Weniger ist mehr! Nicht zu stark machen! Dafür lieber öfters und langfristig zu sich nehmen!

4. **Zubereitung:**
   Geben Sie das jeweilige Kraut und ca. 100 ml Wasser pro Person in den Mixer, ca. 10 Sek. mixen – fertig.
   Das grüne Getränk durch einen Filtrierstrumpf oder ein feines Sieb laufen lassen. Füllen Sie das Glas mit Wasser auf. Die Zellulose geben Sie in den Kompost. Trinken Sie das Getränk ohne Zellulose vor oder zwischen den Mahlzeiten als hervorragende Energiequelle!

5. Die Wirkung ist ideal, wenn Sie z.B. ein Kräutergetränk morgens als zweites Getränk und/oder mittags ca. 15 Min. vor dem Mittagessen trinken. Innerhalb 10 Minuten wird das Getränk durch die Magenwände resorbiert und steht **sofort als Energie** zur Verfügung. Die Wirkstoffe sind besonders wertvoll.

6. Um ein möglichst breites Spektrum zu erreichen, ist **Abwechslung** hilfreich. Brennnessel, Spitzwegerich, Petersilie und Jiaogulan können Mängel im Gehirn ausgleichen.

7. Wenn im Winter keine bzw. wenig frische Kräuter vorhanden sind, können Sie die Pflanzenpresssäfte (z.B. Schoenenberger) verwenden. Hier fehlt jedoch das **wertvolle Chlorophyll.** Petersilie, Paprika, Thymian, Löwenzahn, Rosmarin, Salbei gibt es, wenn kein Schnee liegt, den ganzen Winter. Brennnesseln und Spitzwegerich hole ich im Februar unter dem Laub hervor. Wenn die Brennnesseln im Februar/März frisch treiben, sind sie besonders intensiv. Das Getränk wird dann braun/grün (hoher Eisengehalt).

Viel Spaß und Freude beim Ausprobieren!

Basis-Lebensmittel – Bausteine für gesunde Mahlzeiten

Einen Blick in die Zeit, als ich Kind und Jugendliche war …

Als Kind und Jugendliche war ich ständig krank. Mindestens dreimal im Jahr litt ich unter einer 3-wöchigen schlimmen Bronchitis, dazu quälte mich mindestens dreimal pro Jahr eine eitrige Mandelentzündung. Beides wiederholte sich jahrelang und ständig. Die chronische Bronchitis belastete mich sehr. So war ich auf der Suche, gesund zu werden.

Der Arzt sagte mir immer wieder: „Damit musst Du leben."

Nein, damit wollte ich nicht leben, jeder Strohhalm, den ich fand, war mir wichtig. Diese chronischen Entzündungen, die sich unter anderem aus meiner totalen Übersäuerung entwickelten, wollte ich überwinden.

1983 begann ich, Schritt für Schritt, mit der Umstellung meiner Ernährung und meiner Lebensweise.

Auf dem zweiten Bildungsweg startete ich zu dieser Zeit mit meiner ganzheitlichen Ausbildung als Gesundheits- und Ernährungsberaterin. Ab diesem Zeitpunkt ging es mir deutlich besser, das motivierte mich sehr. Tief in meinem Herzen spürte ich, das ist mein Weg.

In der Ausbildung lernte ich die **Basis-Lebensmittel als Bausteine für gesunde Mahlzeiten** kennen, ebenso die andere, neue Art zu kochen und anders, bewusster zu leben. Wissbegierig probierte ich aus und wuchs in dieses neue Leben hinein. Einigen lieben Freundinnen, die schon vor mir mit der Umstellung ihrer Ernährung begannen und Erfahrung hatten, danke ich von Herzen, dass sie mich an die Hand nahmen und mir den Weg wiesen.

Viele neue Lebensmittel, Obst- und Gemüsearten lernte ich neu entdecken.

Diese Basis-Lebensmittel sind z.B:

- Frische Kräuter, Salate, Gemüse
- Frisch gekeimte Sprossen
- Verschiedene Getreidearten und Saaten
- Pseudo-Getreide wie Buchweizen, Quinoa, Amaranth
- Hülsenfrüchte
- Obst, Früchte, Beeren, Trockenfrüchte, Obstkompott, Dunstobst

... alles, was Sie in diesem Buch vielleicht auch neu entdecken.

Möchten Sie wissen, was mich seit Jahren jeden Tag aufs Neue begeistert?
Ja? Gerne verrate ich es Ihnen.

Seit 1990 ist die mich quälende chronische Bronchitis ausgeheilt, ich litt auch unter keiner eitrigen Mandelentzündung mehr, Motivation pur!

Jahrzehnte später fühle ich mich gesünder und vitaler als damals, das begeistert mich.
Tag für Tag esse ich am liebsten nur noch die besten **Lebens-Mittel, denn ich spüre, diese Ernährung ist für mich Medizin! Dafür bin ich unendlich dankbar**.

Natürliche Quellen von Vitaminen, Mineralstoffen und Spurenelementen – was ist wo enthalten?

Natürliche Quellen der Vitamine

Natürliche Vitamine, unentbehrliche Helfer in der Ernährung. Sie zählen, wie Enzyme, zu den Wirkstoffen, die an allen Stoffwechselvorgängen beteiligt sind. Man unterscheidet fettlösliche (A-, D-, E- und K-Vitamine) und wasserlösliche (B- und C-Vitamine). Vitamine können durch Hitze, Sauerstoff oder Licht geschädigt werden.

Tabelle 1: Natürliche Quellen der Vitamine

Vitamine	Wichtigste Vorkommen	Aufgaben
Vitamin A	Karotten, gelb/rotes Obst und Gemüse, Kürbis, Kräuter, Grünes, Blattgemüse	Unterstützung der Augen-, Haut- und Drüsenfunktion, Zahnfleisch
Vitamin B1 und B2	Vollkorngetreide, Bierhefe, Vollkornreis, Hülsenfrüchte, Obst, Gemüse	Für das Nervensystem, den gesamten Stoffwechsel und zum Sehen, Leistungskraft
Vitamin B5	Bierhefe, Nüsse, Obst, Gemüse	Für Haut, Haare, Nägel
Folsäure B9	Bierhefe, Grünes, Gemüse, Obst	Immunsystem, Schwangerschaft
Vitamin B6	Bierhefe, Kohl, Hülsenfrüchte	Für Gehirn, Nerven, Stoffwechsel
Vitamin B12	Bierhefe, Milchsaures, Sprossen	Bildung roter Blutkörperchen
Vitamin B15 und B17	Bierhefe, gekeimte Mungbohnen- und Alfalfa-Sprossen, frische Nüsse, Vollkorngetreide, Sesamsamen, gute Sauermilcharten mit L-(+)-Milchsäure, Borretsch	Zur reibungslosen Funktion des zentralen Nervensystems, sind hilfreich bei der Entgiftung und Entschlackung
Vitamin C	Schwarze Johannisbeeren, Hagebutten, Sanddorn (ungesüßt), Zitrusfrüchte, Ananas, Holunderbeeren, Heidelbeeren, dunkle Kirschen, Äpfel, Birnen, Paprikaschoten, grüne Blätter, Grünes, Sprossen	Für die Entgiftung und Entschlackung, entzündungshemmend, fördert die Elastizität der Blutgefäße, Immunsystem, Wundheilung, Gefäß- und Zellschutz
Vitamin D	Waldpilze, grüne Blätter, Kräutergetränke, Bierhefe, Kohl, Alfalfa-Sprossen, Sauerrahmbutter	Sehr wichtig für einen gesunden Knochen- und Zahnaufbau (besonders wichtig während des Wachstums)
Vitamin E	Kaltgepresste Pflanzenöle, Avocados, Weizenkeimöl, frische Haselnüsse, grüne Blätter, Vollkorngetreide, Knollensellerie, Schwarzwurzeln, Naturkäsearten (hoher Fettstufen)	Zellerneuerung, Erhaltung der Jugendlichkeit und Schönheit, stärkt das Nervensystem sowie Herz- und Kreislaufsystem, leistungssteigernd, wichtig für die Keimdrüsentätigkeit, Elastizität von Haaren und Nägeln
Vitamin K	Grüne Blätter, Tomaten, Milchsaures, Naturkäse, kaltgepresste Pflanzenöle	Wichtig zur Bildung verschiedener Blutgerinnungsfaktoren

Natürliche Quellen der Mineralstoffe und Spurenelemente

Sie bilden den größten Anteil der anorganischen Körpersubstanz, dienen dem Wachstum und der Erhaltung aller Zellen. Sie sind das Zünglein an der Waage. Der Körper kann Mineralstoffe und Spurenelemente speichern, ein Depot anlegen. Sie werden mit der Zeit verbraucht und müssen wieder ersetzt werden. Für die Gesundheit ist es sehr förderlich, diese täglich durch die Ernährung zu uns zu nehmen. Eine gesunde und vielseitige Ernährung ist „Medizin", wie Hippokrates vor mehr als 2000 Jahren schrieb:

„Eure Nahrungsmittel sollen Eure Heilmittel sein und Eure Heilmittel sollen Eure Nahrungsmittel sein."

Tabelle 2: Natürliche Quellen der Mineralstoffe und Spurenelemente

Mineralstoffe / Spurenelemente	Vorkommen	Aufgaben
Calcium	Frische Nüsse, Nussgetränke, Gemüse, Obst, Beeren, Hülsenfrüchte, Buchweizen, Hafer, Hirse, Milchsaures, gute Naturkäsearten	Baustoffe für Zähne, Knochen, Fingernägel, Haut, Haare, für Zellkern, Säure-Basen-Gleichgewicht, Blutgerinnung
Magnesium	Nüsse, vor allem Cashewkerne, Nussgetränke, Grünes, Hülsenfrüchte, Gemüse, Milchsaures, Bierhefe, hochwertige Sauermilchprodukte	Verbessert Knochenstruktur und Muskelfunktion, krampflösend, verbessert Leistung Herzmuskel, fördert Nervenkraft, Energie in der Zelle, wichtig für das Immunsystem
Kalium	Nüsse, Nussgetränke, Obst, Bananen, Trockenfrüchte, Gemüse, Hülsenfrüchte, Vollkornreis, Hirse, gute Naturkäsearten	Fördert den Wasserentzug aus dem Gewebe, erhält zusammen mit Natrium die Gewebespannung, reguliert Säure-Basen-Gleichgewicht
Phosphor	Nüsse, Nussgetränke, Gemüse, Kartoffeln, Vollkorngetreide	Baustoffe für die Knochen, zur Energiegewinnung und Energieverwertung im Körper
Eisen	Grüne Kräutergetränke (besonders aus frischen Brennnesseln und Löwenzahn), frische Nüsse und Mandeln, Vollkorngetreide, Gemüse (z.B. Mangold, Lauch, Rosenkohl, Endivien, Linsen), Obst (z.B. Aprikosen, Äpfel, Schlehen), dunkle Muttersäfte, dunkle milchsauer vergorene Gemüsesäfte (z.B. Rote Bete, Gemüsecocktail, Breuss Saft)	Baustein des roten Blutfarbstoffs, Sauerstoffträger des Blutes, wichtig für Wachstum und Gesundheit allgemein, wichtig zur Leistungsfähigkeit, wichtig für Haare, Haut, Nägel
Fluor	Hafer, Hirse, Sauermilchprodukte	Erhält den Zahnschmelz
Jod	Hafer, Spinat, Brunnenkresse, Biomaris-Meerestiefseewasser, grüne Kräutergetränke (besonders aus Petersilie und Paprika)	Baut Schilddrüsenhormone auf, Schlüsselfunktion im Stoffwechsel
Selen	Bierhefe, Sesam, Nüsse, Getreide, Gemüse, Hülsenfrüchte	Für Muskeln, Nerven, Leber
Zink	Bierhefe, Getreide, Hülsenfrüchte, Gemüse, Obst, guter Käse	Immunsystem, Nerven, Stoffwechsel

Buchweizen

Beste Rutin-Quelle für die Elastizität der Blutgefäße

Hochwertige Zutaten

Eine gesunde Ernährung zeichnet sich einerseits durch hochwertige Grundlebensmittel, andererseits durch hochwertige Zutaten und Gewürze aus. Wichtige Faktoren sind z.B. Essig, Öle, Salz, Kräuter, Gewürze ...

Meine Empfehlungen:

Essig

Mein Favorit ist unser BIO-Balsamico, dunkel von OLI DIVINI, der ohne Farb- und Zusatzstoffe aus Weinessig und konzentriertem Traubenmost hergestellt wird. Für helle Salate, wie z.B. Gurken-, Karotten oder Kartoffelsalat, verwende ich hellen Balsamico. Wer mag, kann natürlich auch Rotwein-, Weißwein-, Apfel- oder Obstessig verwenden. Wenn wir einen hochwertigen Essig verwenden, haben wir gleichzeitig die hochwertige Essigsäure für den Körper, siehe Kapitel „Zusammenhänge Säure-Basen-Gleichgewicht".

Öle und die optimale Verwendung beim Kochen

Ich liebe, verwende und empfehle unsere hochwertigen Olivenöle, allen voran Selina oder Olivia, von OLI DIVINI. Gerade bei den Ölen lege ich allergrößten Wert auf beste Qualität. Andrea Sita, Inhaber von OLI DIVINI in Kempten, ist Olivenölexperte. Er kommt aus Italien, kennt seine Ölmühlen und stellt höchsten Anspruch an seine Olivenöle. Sie sind allerbeste Qualität und sehr sparsam im Verbrauch. Der wunderbare Geschmack der Öle hat auch damit zu tun, dass die Olivenöle „sortenrein" gepresst werden. Das gefällt mir besonders gut. Für Salatdressings verwende ich am liebsten das Olivenöl Selina oder Olivia. Beide sind angenehm mild. Wenn mein Essen auf dem Teller ist, gebe ich etwas Olivenöl Selina oder Olivia darüber. Regelmäßig verwende ich Lein- und Weizenkeimöl. Davon nehme ich z.B. zwischen Salat und Hauptgericht jeweils 1 Teelöffel.

Je nach Gericht verwende ich Kürbiskern-, Walnuss- oder Hanföl. Selbstverständlich wähle und empfehle ich ausschließlich BIO-Öle, nativer kalter und erster Pressung. Manchmal nehme ich eine Schnitte BIO-Sauerrahmbutter übers Gemüse oder über Reis. Ab und zu nehme ich Kokosöl, doch eher selten. Grundsätzlich gebe ich die Öle immer nach der Zubereitung der Speisen auf dem Teller dazu, ich erhitze keine Öle. Erhitzte, verbrannte Fette und Öle werden zu Schlacken im Körper, machen das Blut dick, die Blutgefäße zu. Sie fördern Entzündungen im Körper. Außerdem liefern sie giftige, krebserregende Transfettsäuren, auch Killerfette genannt. Diese killen die guten Omega-3-Fette. Das ist fatal. Der wichtigste Teil, alte Gewohnheiten zu verändern, ist keine Fette mehr anzubraten. Beginnen Sie einfach mal locker, Gemüse in nur wenig Wasser (ca. 1 – 2 cm im Topf) zu garen und anschließend zu würzen. Geben Sie zum Schluss das Öl oder eine Schnitte Butter darüber. Es schmeckt viel besser als mit den verbrannten Fetten. Butter hat einen sehr niedrigen Rauchpunkt. Deshalb rate ich, keine Butter anzubraten, weil sie sehr schnell verbrennt. Sobald Butter in der Pfanne gut warm wird und raucht, ist sie schon verbrannt und das ist einfach zu schade. Manche Kundinnen und Kunden sagen mir: „Ich brate nur ein bisschen an, dann ist es nicht so schlimm, oder?" Ja, dazu gebe ich gerne ein Beispiel: Ich bin entweder schwanger, oder ich bin nicht schwanger. Ein bisschen schwanger zu sein geht nicht! Ebenso ist es mit dem Anbraten der Fette. Machen Sie den wichtigsten Schritt und braten Sie nichts mehr an. Sie werden staunen, dass Sie beispielsweise selbst Zwiebeln für Käsespätzle in Wasser „anbraten" können. Wer wirklich mal ein Spiegelei essen möchte, kann auch dieses in Wasser „anbraten". Das ist kein Witz, probieren Sie es aus!

Andrea Sita

Salz ist überlebenswichtig
Ja, über Salz könnte ich Bücher schreiben. Es ist ein großes und wichtiges Thema. Grundsätzlich erlebe ich, dass viele Menschen zu viel Salz von mangelhafter Qualität falsch verwenden. Unser Körper benötigt Salz, doch bitte das Richtige und in der gesundheitsfördernden Verwendung. Salz ist überlebenswichtig. Keine Körperzelle könnte ohne Salz existieren, das Herz würde nicht schlagen, alle Nerven wären lahm gelegt. Blutzirkulation, Stoffwechsel, Muskeltätigkeit, Verdauung und Ausscheidungen wären ohne Salz unmöglich. Biologisches Natrium regelt den Wasserhaushalt, die Reizübertragung von Muskel- und Nervenzellen und aktiviert viele Stoffwechselvorgänge. Biologisches Chlorid ist unter anderem ein wichtiger Bestandteil der Verdauungssäfte. Es fördert die Bildung der Salzsäure im Magen, die als eine Komponente des Magensafts Proteine (Eiweiße) aus der Nahrung aufspaltet und unerwünschte Mikroorganismen unschädlich machen kann.

Die beiden wichtigsten Faktoren beim Salz sind:
1. Verwenden Sie bitte nur hochwertiges Salz, z.B. Tamari (milchsauer vergorene Sojasoße mit dem Kojji Ferment). Nur 1 – 2 Spritzer werden nach dem Garen auf die Speisen als Würze verwendet, es wird nicht mitgekocht.

Meersalz – nicht raffiniert und nicht gebleicht – Kristall-, Stein- und Himalayasalz – nicht raffiniert und nicht gebleicht.

Wichtig zu wissen: Salz ist nicht gleich Salz.
Raffiniertes Salz durchlief einen chemischen Prozess, in dem fast alle, für den Körper bedeutsamen Elemente, herausgefiltert wurden. Es verbleiben nur Natrium und Chlorid. Wertvolle Mineralstoffe wie z.B. Kalzium, Magnesium, Kalium, Eisen, Zink und weitere lebenswichtige Spurenelemente fehlen. Leider werden dem raffinierten Salz unnötige Stoffe wie z.B. Rieselhilfen, Aluminium, Fluor, Jod etc. zugefügt. Diese Stoffe sind nicht witzig für unsere Gesundheit.

Was ist mit Jodsalz?
Das ist eine zentrale Frage, die ich hier nur sehr vorsichtig beantworten möchte.
Für unseren Körper ist es besser, das Spurenelement Jod in natürlicher Form aus der Ernährung zu bekommen als in künstlich zugesetzter Form im Jodsalz. Ich empfehle: „Hände weg von Jodsalz!" Vor ca. 35 Jahren machte ich eine sehr interessante Erfahrung. Ich hatte damals Schilddrüsenunterfunktion, einen kleinen Kropfansatz am Hals. Laut Arzt sollte ich dementsprechende Tabletten nehmen, was ich ca. ½ Jahr lang tat.

Im Laufe meiner Ausbildung zur Ernährungsberaterin (zweiter Bildungsweg) lernte ich, dass auch in pflanzlichen Lebensmitteln Spuren von Jod enthalten sind. Dazu zählen z.B. grünes Blattgemüse, frische Kräuter, Kohlgemüse, frische und getrocknete Pilze, Nüsse und Saaten, Hülsenfrüchte u.v.m. Außerdem liefert Biomaris-Meerestiefseewasser, das ich regelmäßig im „Guten Morgenstart" verwende, ebenso Spuren von natürlichem Jod. So bemerkte ich innerhalb weniger Wochen nach der Umstellung auf die neue Ernährung, dass ich die Schilddrüsentabletten weglassen konnte und mein kleiner Kropfansatz am Hals verschwand. Das beflügelte mich als damals noch junge Frau sehr. Seitdem habe ich keine Schilddrüsenunterfunktion mehr und habe auch nie mehr diesbezügliche Medikamente genommen. Was lernte ich daraus?

Helfen wir unserem Körper mit den natürlichen Bausteinen einer gesunden Ernährung. Dadurch kann er vieles mit Selbstheilungskräften für uns regeln. Dafür bin ich jeden Tag einfach nur dankbar.

2. Würzen Sie bitte erst nach dem Garen die Speisen mit Salz.

Ja, ich weiß, wir haben es alle so gelernt, eine Hand voll Salz ins Nudelwasser zu geben, einen ½ Teelöffel Salz dem Wasser für Salzkartoffeln zuzufügen, doch diese Zeiten müssen der Vergangenheit angehören. Was geschieht mit dem Salz, wenn wir es mitkochen? Salz verändert durch das Kochen seine Molekülstruktur. In dieser veränderten Struktur ist es nicht mehr gesundheitsfördernd. Erhitztes Salz kann dazu beitragen, dass z.B. die Blutgefäße porös und brüchig werden. Außerdem kann es Bluthochdruck fördern.

Kräuter frisch oder getrocknet

Verwenden Sie für Ihre Speisen Kräuter frisch oder getrocknet. Das jeweilige Aroma der Kräuter verleiht den Speisen einen würzigen und guten Geschmack, schon allein dadurch benötigen Sie weniger Salz. Die Speisen sollen lieber nach würzigen Kräutern, als nur nach Salz und Pfeffer schmecken. Kräuter sind für unsere Gesundheit sehr wichtig. Sie liefern nicht nur wertvolles Chlorophyll, sondern sie helfen durch ihre vielfältigen Vitalstoffe den Körper zu verjüngen. Kräuter sind ein Jungbrunnen für den Körper.

- Die TuWas!-Kräutermischung empfehle ich fein gemahlen für Salatdressings, für Gemüse jeglicher Art. Sie verleiht den Speisen eine feine, frische Note.

- Frische Gewürze wie Ingwer oder Meerrettich dürfen im Winter nicht fehlen.

- Die Rasowürze empfehle ich als feine Suppenwürze, auch für Salate und Gemüse.

- Maier´s-Kräuterdip, Gute Laune Dip oder Bruschetta geben den Speisen oft eine besondere Note.

- Hanfsamen liefern einerseits einen feinen nussigen Geschmack, andererseits wertvolle Eiweiße und eine sehr gute Kombination von Omega-3- und Omega-6-Fettsäuren. Hanfsamen werden nicht mitgekocht, sondern immer nach dem Garen den Speisen zugegeben.

- Carob – wer's schokoladig mag – siehe Zucker

- Wer mag, kann mal etwas Mandelmus, Kokosmus, Kokosmilch, Kokosöl, ganz nach Belieben verwenden.

Mein Rat zu ...

... Fetten und Ölen

Hochwertige und gute Fette dienen dem Körper als Energieträger, sie liefern Bausteine für Zell- und Botenstoffe, sind Geschmacksträger, Transportmittel für fettlösliche Vitamine A, D, E. Außerdem erfüllen sie Entgiftungsfunktionen u.v.m.
Was ist bei den Fetten entscheidend? Die Qualität der mehrfach ungesättigten Fettsäuren, denn diese steuern entscheidend positiv das Stoffwechselgeschehen. Sie können helfen, erhöhte Blutfettwerte zu senken, den Cholesteringehalt zu regulieren. Nur Cholesterin negativer Qualität schadet langfristig der Gesundheit.

Gesündeste Nahrungsfette:
Verschiedene native, kaltgepresste Pflanzenöle, allen voran bestes:

- *Olivenöl*
  Königin der Öle
- *Leinöl*
  sehr gute Quelle von Omega-3-Fettsäuren
- *Weizenkeimöl*
  E-Vitamine fürs Herz
- *Hanföl*
  sehr gute Quelle von Omega-3- und Omega-6-Fettsäuren
- *Walnussöl*
  sehr gute Qualität von Omega-3-Fettsäuren
- *Avocados*
  sehr wertvolles Lecithin fürs Gehirn
- *frische Mandeln, Nüsse, Sesamsamen*
  z.B. als Nussgetränk zubereitet
- *Oliven, Olivenpaste*
- *BIO-Sauerrahmbutter*
  am besten mit Biogarde®-Kulturen – Quelle körperfreundlicher Mikroorganismen
- wenig *BIO-Sauermilcharten, Buttermilch, Naturkäse*
  am leichtesten verdaulich ist Parmesankäse frisch gerieben und Gorgonzola.

Warum sind Omega-3-Fette Baumaterial für ein leistungsfähiges Gehirn und ein gesundes Herz-Kreislaufsystem?
Unser Gehirn ist eine unvorstellbare Schalt- und Steuerzentrale des Körpers. Es besteht aus Gehirnfett (Trockenmasse), Eiweiß und Wasser. Die wertvollsten Gehirnfette sind Omega-3-Fettsäuren, die ca. 40 % abdecken sollten. Sie halten die Zellmembrane weich und elastisch. Um diesen lebenswichtigen Vorgang zu bewahren, ist tägliche Omega-3-Fettaufnahme dringend nötig. Omega-3-Fettsäuren sind mehrfach ungesättigte Fette, lebensnotwendige, essentielle Stoffe, die dem Körper durch Ernährung zugeführt werden müssen. Der Körper kann sie nicht selbst bilden. Fehlen Omega-3-Fettsäuren im Körper und im Gehirn, können viele Funktionsabläufe geschwächt oder gestört werden. Durch gehärtete, erhitzte Fette verlieren Zellmembrane ihre Flexibilität, sie werden unbeweglich. Das Verhältnis von Omega-6-Fettsäuren zu Omega-3-Fettsäuren sollte dringend beachtet werden. 3:1 sollte es sein, häufig ist es 20:1 oder schlechter. Das kann im Laufe der Lebensjahrzehnte fatale Folgen haben. Leinöl enthält z.B. als einziges Speiseöl mehr Omega-3-Fettsäuren in Form von Linolensäure als Omega-6-Fettsäuren.

Verhältnis von Omega-6- zu Omega-3-Fettsäuren in pflanzlichen Speiseölen

	Omega-6		Omega-3
Leinöl (niemals erhitzen, kalt verwenden)	1	:	3
Hanföl (niemals erhitzen, kalt verwenden)	3	:	1
Walnussöl (niemals erhitzen, kalt verwenden)	6	:	1
Weizenkeimöl (niemals erhitzen, kalt verwenden)	6	:	1
Olivenöl	8	:	1
Maiskeimöl	50	:	1
Sonnenblumenöl	120	:	1
Distelöl	150	:	1

Quellen von Omega-3-Fettsäuren:

- Mandeln
- Walnüsse
- Leinsamen
- Pflanzenöle (siehe oben)
- grünes Blattgemüse
- Wildpflanzen
- frisch gekeimte Saaten

Natürlich enthalten Kaltwasserfische auch Omega-3-Fettsäuren.

Aufgrund der Meeresbelastung kann ich, außer Wildlachs, diese Quellen nicht mehr empfehlen. Eine beachtenswerte Quelle von Omega-3-Fettsäuren ist unser sehr bewährtes Conlei-Omega-3-Öl in Kapseln aus reinem Wildlachs. Fragen Sie uns. Längst ist bekannt, dass eine gute Omega-3-Fettsäuren-Versorgung im Körper eine wesentliche Vorbeugung gegen Entzündungen ist. Zu viele Omega-6-Fettsäuren im Körper (z.B. Sonnenblumen- und Distelöl) fördern die Entzündungsbereitschaft des Körpers. Diese wird noch erhöht, werden die Omega-6-Fettsäuren mehrfach oder regelmäßig angebraten! Da gibt's noch viel zu tun …

„Ölwechsel" in Ihrer Küche

Selbstverständlich spielen gesättigte und ungesättigte Fettsäuren sowie die Qualität der Ölsaat und die Pressung eine große Rolle.

Wählen Sie ausschließlich Öle mit kalter, nativer und erster Pressung. Achten Sie beim Einkauf des Speiseöls auf beste Qualität, hier dürfen Sie nicht sparen, das können Sie anderweitig. Sparen Sie hier, ist der Preis später evtl. sehr hoch, der mit mangelnder Gesundheit, Herzinfarkt, Schlaganfall, Alzheimer, Entzündungen teuer zu bezahlen ist. Herzkreislauf- und Gehirnprobleme können u.a. mit jahrelanger Verwendung und Zubereitung der Speiseöle zusammenhängen.

Machen Sie **„Ölwechsel"** in Ihrer Küche! Kaufen Sie Lein-, Hanf-, Walnuss- und Weizenkeimöl dort, wo es im Kühlschrank steht. Omega-3-Fettsäuren sind sehr empfindlich und halten besser, wenn sie gekühlt sind. Bitte stellen Sie diese Öle auch bei sich daheim stets in den Kühlschrank und **braten Sie diese auch niemals an!**

Achtung!!!

Erhitzte, angebratene, verbrannte Fette/Öle machen:

- das Blut dick
- die Blutgefäße zu (Ablagerungen)
- fördern Entzündungen im Körper
- liefern giftige Transfettsäuren, Killerfette in den Körper
- killen hochwertige Omega-3-Fette

... Eiweiß

Der Mensch, der regelmäßig hochwertiges Eiweiß zu sich nimmt, bleibt länger jung und gesund. Mit dem Eiweiß steht und fällt der Gesundheitszustand. Eiweiß (Proteine) ist zum Aufbau der Körperzellen lebensnotwendig. Die Qualität bestimmt Entwicklung und Regeneration der Zellen, Energiestoffwechsel, Steigerung der körperlichen und geistigen Leistungsfähigkeit u.v.m.

Beste Eiweißquellen:

- Mandeln (wertvollstes Eiweiß für Kinder und Erwachsene), Macadamia-, Hasel-, Wal-, Zedern-, Paranüsse, Sesamsamen (hell ungeschält oder schwarz), Kürbiskerne – ungeröstet!
- Wenn Sie Nüsse essen, ist es sehr wichtig, sie gut zu kauen. Sie können auch mal eine Nussart mit dem Mixer fein mahlen und übers Gemüse streuen (siehe Rezepte).
- Zu den täglich frisch gemixten Nussgetränken – siehe Nussgetränke – rate ich ganz besonders. Diese sind ein unvorstellbarer Jungbrunnen, allerbeste Ernährung fürs Gehirn und für die Körperzellen. Nussgetränke sind aus meinem Leben nicht wegzudenken, ich mixe sie mir regelmäßig und täglich seit 1983.
- Keimlinge z.B. gekeimte Alfalfa, Bockshornklee, Mungbohnen, Linsen, Radieschen ...
- Frisch gepresste Gemüsesäfte (Enzyme) z.B. Karotten mit Fenchel, Rote Bete oder Gemüsepaprika.
- Getreide und Pseudogetreide: Amaranth, Vollkornreis, Quinoa, Gerste, Hafer, Hirse, Mais, Braunhirse
- Grünes Gemüse z.B. Mangold, Broccoli, Rosenkohl, frische, junge Erbsen, grüne Bohnen, Lauch, Grünkohl
- Hülsenfrüchte (Bohnenkerne, Kichererbsen, Linsen)
- Hanfsamen, Süßlupinenprodukte, Maronen

Gute Eiweißquellen:

- frische Ziegenmilch (leichter auszuwerten als Kuhmilch, da das Eiweiß unserer Muttermilch ähnlich ist)
- hochwertige BIO-Sauermilchprodukte (etwas Quark, Joghurt mit Biogarde®-Kulturen, Buttermilch, Sauermilch, Kefir)
- Wertvolle Naturkäsearten z.B. Bergkäse, Parmesan frisch gerieben, Höhlenemmentaler, Gorgonzola ...

Was ist mit veganer Ernährung?

Vegane Ernährung ist nicht für jeden Menschen optimal. Es tut mir sehr weh, wenn ich sehe, wie viele Menschen es mit ihrer veganen Ernährung (ohne tierische Produkte) sicherlich gut meinen. Dabei blutet mir das Herz, wie viele „hergestellte" Nahrungsmittel (keine Lebensmittel) gut gemeint, meist teuer gekauft und gegessen werden. Vieles davon kann ich nicht als Lebensmittel bezeichnen und häufig ist das auch nicht das beste Eiweiß. Die oben genannten besten Eiweißquellen sind besonders gut verdaulich.

... Zucker

Zucker nimmt eine Schlüsselfunktion im Stoffwechsel ein. Der menschliche Organismus braucht täglich Zucker, doch den Richtigen. Der Stoffwechsel ist im Gehirn auf hochwertigen Zucker angewiesen. Die Leber bildet aus Zucker ihre Substanz. Die Muskulatur, besonders die des Herzens, benötigt Zucker. Blutzucker wird beim gesunden Menschen stets konstant gehalten. Der Zucker, der bei den Funktionsabläufen nicht verbraucht wird, dient der Bildung von Glykogen, einer Stärke ähnlichen Substanz. Diese wird in Leber und in den Muskelzellen angereichert und, wenn nötig, wieder in Zucker überführt. Sind die Depots gefüllt, wird der Zucker der Nahrung in Fett verwandelt. Folge zu vieler Süßigkeiten können Fettpölsterchen sein.
Verwenden Sie keinen raffinierten Zucker, wählen Sie lieber aus der Fülle der Natur aus.

Hochwertige Zuckerquellen:

- Frische **Früchte** ersetzen oft jegliches Süßungsmittel
- **Obstkompott** aus Äpfel, Birnen, Quitten, Zwetschgen ..., Dunstobst in Gläsern (TuWas!)-
- **Trockenfrüchte** (ungeschwefelt), z.B. Rosinen, Aprikosen, Feigen, Pflaumen, Mangos, Datteln, Ananas, Cranberrys, Gojibeeren, Papayas ...

Trockenfrüchte werden immer beliebter, sie sind Kraftpakete der Natur, sie liefern hochwertigen Zucker, Mineralstoffe, Vitamine. Essen Sie die Trockenfrüchte in Wasser eingeweicht, weil durch das Einweichen die Nährstoffe besser ausgewertet werden können.

- **Vollfruchtmuse**, z.B. Mango (säurearm), Heidelbeeren (stärkt die Peristaltik des Darmes), können zum Süßen von Nachspeisen oder verdünnt als Saft verwendet werden.
- **Honig**, am besten hochwertigen Akazien- oder Blütenhonig. Ich liebe besonders den EM-Honig. Bei diesem erfahrenen Imker dürfen die Bienen ihren Honig behalten und es wird kein Zucker zugefüttert. Außerdem pflegt der Imker seine Bienen und den Bienenstock mit Effektiven Mikroorganismen (EM). Diese Bienen haben ein gutes Immunsystem, er hat kein Bienensterben. Honig enthält neben Trauben- und Fruchtzucker auch Mineralstoffe, Spurenelemente, Enzyme und bakterienhemmende Substanzen. Er sollte nicht erhitzt werden, da die Enzyme ab 40° C verloren gehen.

Auch zu verwenden:

- **Apfel- und Birnendicksäfte**. Das sind eingedickte Fruchtsäfte, die z.B. Quarknachspeisen ein fruchtiges Aroma verleihen.
- **Ahornsirup** ist eingedickter Saft des Zuckerahornbaumes.

Trockenfrüchte

- **Agavendicksaft** schmeckt sehr süß, völlig neutral.
- **Vollrohrzucker** wird aus Zuckerrohrsaft eingedickt, getrocknet, fein gemahlen und abgefüllt. Die Inhaltsstoffe Kalzium, Magnesium, Kalium, Phosphor, B-Vitamine bleiben weitgehend erhalten. Diesen könnten Sie z.B. zum Mürbteig für einen gesunden Zwetschgen- oder Apfelkuchen verwenden.
- **Kokosblütenzucker** enthält eine feine Süße, ein bisschen wie Karamellgeschmack.
- **Carob** wird aus den Schoten des Johannisbrotbaumes gewonnen. Der fruchteigene Zucker ist leicht und angenehm süß. Carob-Pulver kann als Schokolade-, Kaba- oder Kakaoersatz verwendet werden. In warmen Getränken löst es sich besser als in kalten.

TuWas!-Dunstobst – ohne zugesetzten Zucker

... Kohlenhydrate

Viele Menschen fragen mich, was ich davon halte, keine Kohlenhydrate zu essen. Hier gerne meine Antwort:
Wertvolle und hochwertige Kohlenhydrate sind wichtige Energieträger und Energielieferanten. Fehlen diese hochwertigen Kohlenhydrate, kann ein gewisses Ungleichgewicht im Körper entstehen. Es ist wichtig, dass wir zwischen den leeren

- Kohlenhydraten wie z.B. Brot, Weißbrot, Toastbrot, weiße Nudeln, weißer Reis ...
- und den hochwertigen Kohlenhydratarten, wie z.B. Süßkartoffeln, Blumenkohl, Kartoffeln, Vollkornreis, Mais ...

unterscheiden lernen. Die genannten hochwertigen Kohlenhydrate sind z.B. als Abendessen für erholsamen und tiefen Schlaf besonders förderlich.

Hochwertige Kohlenhydrate

Einkaufslisten – saisonal

Einkaufsliste – Gemüse

	Jan.	Feb.	März	Apr.	Mai	Juni	Juli	Aug.	Sept.	Okt.	Nov.	Dez.
Aubergine							●	●	●	●		
Blumenkohl					●	●	●	●	●	●		
Bohnen grün							●	●	●	●		
Brokkoli						●	●	●	●	●		
Butterrüben								●	●	●	●	●
Erbsen						●	●	●				
Fenchel						●	●	●	●	●		
Grünkohl	●	●									●	●
Gurke						●	●	●	●	●		
Karotten	○	○	○	○	○	●	●	●	●	●	○	○
Kartoffeln	○	○	○	○	○	●	●	●	●	●	○	○
Kohlrabi					●	●	●	●	●	●		
Kürbis	○							●	●	●	●	○
Lauch	●	○				●	●	●	●	●	●	●
Lauchzwiebel					●	●	●	●	●	●		
Mais								●	●	●		
Mangold					●	●	●	●	●	●		
Paprika							●	●	●	●		
Pastinake	●	●	●	○					●	●	●	●
Radieschen					●	●	●	●	●	●		
Rettich					●	●	●	●	●	●	●	
Rosenkohl	●	●	●							●	●	●
Rote Bete	○	○	○	○			●	●	●	●	●	○
Rotkohl	○	○	○	○		●	●	●	●	●	●	○
Schwarzwurzeln	●	●								●	●	●
Sellerieknollen	○	○					●	●	●	●	●	○
Spargel				●	●	●						
Spinat			●	●	●				●	●	●	
Stangensellerie							●	●	●	●		
Steckrüben	○	○	○					●	●	●	●	●
Tomaten							●	●	●			
Tobinambur	●	●	●							●	●	●
Weißkohl	○	○	○	○		●	●	●	●	●	●	○
Winterrettich, schwarz	○	○	○						●	●	●	○
Wirsing	●	●	○		●	●	●	●	●	●	●	●
Zucchini						●	●	●	●	●		
Zwiebeln	○	○	○	○	○	○	●	●	●	●	○	○

● frisch aus heimischen Anbau

○ Lagerware aus heimischen Anbau

Einkaufsliste – Salate

	Jan.	Feb.	März	Apr.	Mai	Juni	Juli	Aug.	Sept.	Okt.	Nov.	Dez.
Ackersalat	●	●	●	●						●	●	●
Chicorée	●	●	●	●						●	●	●
Eisberg						●	●	●	●	●		
Endivien	●	●							●	●	●	●
Kopfsalate					●	●	●	●	●			
Radicchio	○	○						●	●	●	●	○
Romana					●	●	●	●	●			
Zuckerhut	●	●									●	●

Einkaufsliste – Gewürze

	Jan.	Feb.	März	Apr.	Mai	Juni	Juli	Aug.	Sept.	Okt.	Nov.	Dez.
Ingwer	●	●	●	●						●	●	●
Meerrettich	●	●	●								●	●
Gewürzkräuter			●	●	●	●	●	●	●	●	●	
Wildkräuter	●	●	●	●	●	●	●	●	●	●	●	●
Sauerkraut	●	●	●						●	●	●	●

Einkaufsliste – Früchte, Beeren, Obst

	Jan.	Feb.	März	Apr.	Mai	Juni	Juli	Aug.	Sept.	Okt.	Nov.	Dez.
Apfel	○	○	○	○	○		●	●	●	●	●	○
Aprikose							●	●				
Birne								●	●	●	○	○
Brombeere						●	●	●	●			
Erdbeere					●	●	●					
Heidelbeere						●	●					
Himbeere						●	●	●				
Holunderbeere									●	●		
Johannisbeere						●	●	●				
Jostabeere						●	●					
Kirsche						●	●	●				
Melone							●	●				
Mirabelle							●	●	●			
Pfirsich							●	●				
Pflaume							●	●	●			
Quitte									●	●	●	
Rhabarber				●	●	●						
Reneklode							●	●				
Schwarze Johannisbeere						●	●					
Stachelbeere						●						
Wassermelone								●	●			
Weintrauben									●	●		
Zwetschgen							●	●	●	●		

● frisch aus heimischen Anbau   ○ Lagerware aus heimischen Anbau

Gerste

Beste Kombination von Eiweiß, Stärke, Mineralstoffe, Ballaststoffe

Auf die Plätze – fertig – los! Rezeptideen durch den Jahreskreislauf

Sie finden jeweils zur Jahreszeit passend eine Wochenübersicht mit Frühstück, Mittag-, Abendessen und Nachspeise. Einige Gerichte können Sie auch nach eigenem Ermessen als Ganzjahresgerichte zubereiten.

Verantwortung und Motivation

Es liegt in der Verantwortung jedes Einzelnen, achtsam auf seinen Körper zu hören und zu spüren, was wir essen sollen und was nicht. Es gibt kein Rezept, das für alle Menschen gültig ist. Gerne gebe ich Hilfestellung, Impulse, an denen Sie sich orientieren können. Jeder Mensch darf und soll seinen persönlichen Weg einer gesunden Ernährung aus biologischer und ethischer Sicht finden. Meine Motivation ist, den Platz hier im Kochbuch mit meinen langjährigen positiven Erfahrungen und Empfehlungen zu gestalten. Wichtig ist mir, Ihnen einen guten, vielleicht neuen Weg zu zeigen, den es sich zu gehen lohnt. Entdecken Sie Essen zu kochen vielleicht neu!

Manche Menschen sehen Kochen als etwas Lästiges, womöglich sogar Unwichtiges abwertend an. „Ich habe keine Zeit zum Kochen oder ich habe keine Lust zum Kochen oder ich mag nicht kochen oder ich kann nicht kochen."

Es gibt viele Gründe, die dafür sprechen, sich täglich gesunde und köstliche Mahlzeiten zuzubereiten. Essen ist etwas so Schönes. Wenn wir gesundes Essen genießen dürfen, das wir mit Liebe und Freude gekocht haben, geben wir diesem Essen unsere Liebe und gute Energie. Alles zählt zum Wohlbefinden, zur Gesundheit.

Der Mensch bildet eine Einheit aus Körper, Geist und Seele. Je mehr wir im Einklang dieser Einheit leben, desto besser geht es uns und desto mehr sind wir in unserer Mitte.

Zu dieser Einheit zähle ich auch, dass ich es mir wert bin, gesundes und wohlschmeckendes Essen zu kochen. Wer nicht kochen kann, erhält hier in diesem Buch eine Fülle an Inspirationen, Ideen, Rezepten. Es lohnt sich, mit kleinen Schritten zu beginnen, es lohnt sich, kochen zu lernen! Kochen ist etwas besonders Schönes, für jeden! Vielleicht hat das Sprichwort: „Liebe geht durch den Magen" auch damit zu tun, dass es einer Partnerschaft, einer Beziehung, gut tut, dass gekocht wird auch mit Freude und Dankbarkeit, vielleicht sogar auch mal gemeinsam.

Mit großer Liebe, Freude und Dankbarkeit koche ich jedes Essen. Die Dankbarkeit spielt für mich auch deshalb eine so große Rolle, weil ich glücklich und dankbar bin, jeden Tag ein wertvolles und köstliches Essen genießen zu dürfen. Nach diesem guten Essen schwingt in mir ein so wohliges und gutes Gefühl von Zufriedenheit und Glück. Nicht nur die Rezepte, sondern dieses „Allumfassende" möchte ich mit diesem Buch weitergeben. Ich möchte inspirieren, motivieren, dass Sie, liebe Leserinnen und Leser sich in die Küche schwingen und loslegen, ins Tun kommen. Es geht um viel mehr, als um Rezepte! Es geht um Verantwortung für sich und sein Leben zu übernehmen. Es ist wichtig, dass wir uns immer wieder bewusst werden oder sind: „Ich bin für mich zuständig, ich bin für mich, mein Wohlbefinden, meine Gesundheit, Vitalität und Leistungskraft verantwortlich." Zu dieser Verantwortung zählt als zentraler Mosaikstein eine gesunde und vielseitige Ernährung.

Hinweis zu den Zubereitungszeiten

Bei jedem Gericht gebe ich „circa"-Angaben, wie viel Zeit in etwa zur Zubereitung, Vorbereitung, zum Garen bedacht werden sollte, an. Jeder hat jedoch sein eigenes Tempo. Ich zähle z.B. eher zu den schnellen Köchinnen. Wenn Sie am Anfang Ihrer „Koch-Karriere" sind, rechnen Sie durchaus etwas längere Vorbereitungszeiten ein.

Effektiv kochen, Zeit einteilen

Bei Gerichten, wie z.B. Hülsenfrüchte, stelle ich die Hülsenfrüchte (wie z.B. weiße Bohnen, Kichererbsen) gleich morgens nach dem Aufstehen zum Garen auf den Herd. Sie garen auf kleiner Stufe, während ich mit meinen anderen Vorbereitungen für den Tag beschäftigt bin. So benötige ich keine extra Zeit fürs Garen. Wer morgens schon früh aus dem Haus geht, kann die Hülsenfrüchte auch abends vorbereiten, fertig in den Kühlschrank stellen und am nächsten Tag mitnehmen.

So lässt sich vieles spielend leicht organisieren, nach dem Motto: „Wo ein Wille ist ..."

Frühlings-Rezepte

Wochenübersicht

	Frühstück *(ab Seite 44)*	**Mittagessen** *(ab Seite 52)*	**Abendessen** *(ab Seite 65)*
Montag	Rosmaringetränk Hafer Heidelbeerkompott Feigen, eingeweicht Haselnussgetränk	Löwenzahngetränk Frühlingssalat Linsengemüsesuppe mit frischen Kräutern frisches Obst	Karottensaft Erbsen-Wildkräuter- Kartoffelsuppe Heidelbeerkompott mit Mangopüree
Dienstag	Brennnesselgetränk Quinoa mit Rosinen Apfelkompott Banane Heidelbeermus Sesamgetränk (schwarz)	Wermutgetränk Rote Bete-Salat mit frischem Rucola Buchweizen mit Gemüse frisches Obst	Karottensaft Buchweizensalat mit Schafskäse Bananen-Schoko-Genuss
Mittwoch	Gierschgetränk Amaranth Mirabellenkompott Aprikosen, eingeweicht Banane Walnussgetränk	Salbeigetränk Kohlrabi-Karotten-Salat Pellkartoffeln mit Wild- kräutersoße (Brennnesseln und Bärlauch) frisches Obst	Breuss Gemüsesaft Süße Hirse Mangocreme
Donnerstag	Bärlauchgetränk Braunhirse, gekocht Mirabellenkompott Banane Heidelbeermus Paranussgetränk	Kapuzinerkressegetränk Wildkräutersalat mit Blüten Weiße Bohnengemüse- suppe (toskanisch) mit Frühlingskräutern frisches Obst	Breuss Gemüsesaft Frühlingssuppe mit Dinkel- oder Buchweizen-Bulgur Stachelbeer- Cashew-Creme
Freitag	Spitzwegerich Dinkelbulgur Apfelkompott Banane Heidelbeermus Sesamgetränk (hell)	Zitronenmelissegetränk Linsensalat mit Kräutern Gemüse-Quinoa mit Frühlingskräutern frisches Obst	Breuss Gemüsesaft Frühlingsgemüse-Pfanne eingeweichte Trockenfrüchte
Samstag	Brennnesselgetränk Hirse mit Rosinen Apfelkompott Mangos, eingeweicht Heidelbeermus Cashewnussgetränk	Bärlauchgetränk Kichererbsensalat mit Frühlingskräutern Monis Gemüselasagne mit Brennnesseln und Bärlauch frisches Obst	Karottensaft Marias steirischer Löwenzahn- Kartoffelsalat Pflaumencreme
Sonntag	Rosmaringetränk Rundkornreis Apfelkompott Pflaumen, eingeweicht Mangomus Mandelmilch	Petersiliengetränk Grüner Salat Frühlingsgemüse-Pfanne mit Maroni-Nudeln und Pesto Süßer Reis mit Sahne	Karottensaft Gemüsesalat Peters Mousse au Chocolat

Hochwertiges Frühstück – „Goldener Weg" in einen guten Tag

Je nach Bedarf und zur Verfügung stehender Zeit bereiten Sie sich Ihr Frühstück vor. Wichtig ist, überhaupt zu frühstücken. Seien Sie es sich wert, sich ein hochwertiges Frühstück vorzubereiten. Wer sehr früh aus dem Haus geht, kann sich abends etwas vorbereiten und mitnehmen. Das lohnt sich und beugt „Versuchungen" unterwegs vor. Häufig staune ich, wie viele Menschen immer und überall unterwegs irgendwelche Brötchen essen. Dieses Essen unterwegs zählt nicht als hochwertige Zellernährung, es ist nur „der Bauch gefüllt". Das kann mal eine Notlösung, doch es sollte nicht der Alltag sein. Je besser wir unseren Körper morgens mit wichtigen Vitalstoffen ernähren, desto mehr Energie spüren wir den ganzen Tag. Gerade morgens benötigt der Körper beste Nährstoffe, damit er seine Aufgaben gut erfüllen kann. Das alte Sprichwort: „Morgenstund hat Gold im Mund" gilt für mich nicht nur für einen guten Start am frühen Morgen, sondern auch für ein optimales Frühstück. Ein hochwertiges Frühstück ist viel wichtiger, als sich dies viele Menschen bewusst sind. Einige Menschen essen morgens nichts oder einen süßen Riegel, über Mittag nichts Gescheites und abends na ja. Wie soll das auf Dauer gut gehen? Früher dachte ich, ohne Brot zum Frühstück kann ich nicht leben. Ich war der Meinung, ohne Brot werde ich nicht satt. Doch wenn ich mein Brotfrühstück gegessen hatte, meldete sich schon nach kurzer Zeit wieder ein Hungergefühl. Heute spüre ich durch das Getreidefrühstück mit dem köstlichen Nussgetränk oder dem Obst-Nüsse-Frühstück ein wohliges, sattes Gefühl über den ganzen Vormittag hinweg. Lassen Sie sich von diesem leckeren, sättigenden Frühstück begeistern.

Denken Sie immer wieder an den Leitfaden:
„Ich bin, was ich esse."
Probieren Sie nach Herzenslust und finden Sie Ihr persönliches Frühstück. Dabei ist mir wichtig, wählen Sie pro Mahlzeit maximal ein bis drei Sorten Obst oder Früchte, roh oder gedünstet. Wechseln Sie bitte ab. Das ist für die Auswertung im Körper besser, als wenn Sie pro Mahlzeit zehn verschiedene Obstsorten wählen. Jede Obstsorte hat ihre eigene Zuckerart. Mischen wir zu viele Sorten, ist es für den Körper schwieriger, diese optimal auszuwerten.

Testen Sie, welche Frühstücksvariante Sie zu welcher Jahreszeit gerne essen wollen.
Wechseln Sie bitte sowohl mit den Varianten als auch innerhalb der Varianten ab.

Getreidefrühstück

Frühling und Ganzjahres – Frühstücksvarianten

Variante 1: Getreidefrühstück

Das Getreidefrühstück wird täglich frisch zubereitet. Im Frühling, Herbst und Winter ist es ein angenehmes, warmes Frühstück. Für viele Menschen ist ein „warmer Magen" eine Wohltat und wichtige Grundlage für ein gutes Verdauungssystem. Wechseln Sie täglich mit einer anderen Sorte und den Zutaten ab. Genießen Sie Tag für Tag ein wohlschmeckendes, gut sättigendes Frühstück. Mein Rat: Gestalten Sie das Frühstück immer wieder neu und lecker. Es ist die erste Essensfreude am Morgen, die wertvolle Nährstoffe liefern soll.

Wechseln Sie ab zwischen den nachfolgenden

Getreidesorten:

Hafer, Hirse (goldgelb), Braunhirse (gemahlen), Dinkelbulgur

Pseudogetreidesorten:

Amaranth, Quinoa

Vollkornreis:

Rundkornreis, Langkornreis, Jasminreis, roter Reis, Wildreis

Zubereitung ganze Körner

Waschen Sie die ganzen Körner des Getreides direkt vor dem Garen im feinen Haarsieb kurz unter fließend, warmem Wasser. Geben Sie die Körner in kochendes Wasser und lassen Sie diese kurz aufkochen. Je nach Korn lassen Sie sie auf kleiner Stufe der Zeit entsprechend ausquellen. Bei Bedarf geben Sie noch etwas Wasser hinzu.

Zubereitung geschroteter, gemahlener Körner

Geschrotete, gemahlene Körner geben Sie ins kalte Wasser. Bringen Sie diese unter ständigem Rühren mit einem Holz- oder Kunststoffschneebesen zum Kochen. Kurz köcheln, auf kleiner Stufe, der Zeit entsprechend, ausquellen lassen.

Zubereitungshinweise und Garzeiten der verschiedenen Getreidesorten:

Diese Angaben sollen Ihnen den Einstieg erleichtern, mit ein bisschen Übung wird Ihnen das Abmessen mit Löffeln und Wasser nach Augenmaß gelingen.

Getreide Gesundheitswert	***Getreidemenge***	***Konsistenz***	***Wassermenge***	***Garzeit insgesamt köcheln und ausquellen***
Hafer Energielieferant, Kraftnahrung	2 EL / 30 g / Person	geschrotet	100 ml	ca. 10 – 15 Minuten
Hirse wichtige Nährstoffe für Augen, Haut, Haare, Knochen, Bindegewebe	2 EL / 20 g / Person	ganze Körner	50 ml	ca. 15 Minuten
Braunhirse wertvolle Vitalstoffe für Knochen, Gelenke, Haare, Nägel	2 EL / 20 g / Person	gemahlen	50 ml	ca. 10 Minuten
Dinkelbulgur viele wichtige Mineralstoffe, wärmendes Element	2 EL / 20 g / Person	geschrotet	50 ml	ca. 10 Minuten
Amaranth besonders hochwertige Eiweißarten, viele Mineralstoffe, für alles gut	2 – 3 EL / 30 g / Person	ganze Körner	90 ml	ca. 35 Minuten
Quinoa ähnlich wie Amaranth, wichtige Eiweißquelle, sehr gut für die Knochen	2 – 3 EL / 30 g / Person	ganze Körner	75 ml	ca. 20 Minuten
Vollkornreis wichtiges Eiweiß, wertvolle B-Vitamine für die Zellen	2 – 3 EL / 30 g / Person	ganze Körner	75 ml	ca. 40 Minuten

Warum Apfelkompott?

Apfelkompott ist ein wichtiger Bestandteil des Getreidefrühstücks oder eine sehr gute Basis für die Nachspeise nach dem Abendessen. Es bildet die zentrale Grundlage für einen gesunden und kraftvollen Darm. Deshalb mein Rat: Genießen Sie es täglich oder so oft wie möglich. Beim 20-minütigen Garen der Äpfel, in wenig Wasser, erschließen wir viel mehr Pektin, als es uns rohe Äpfel liefern können. Pektin dient einerseits dem Darm als wichtiger Quell- und Ballaststoff. Andererseits ist Pektin in der Lage, unerwünschte Bakterien im Darm zu binden. Diese werden mit dem Stuhlgang ausgeschieden. Apfelpektin kann helfen, die Darmwände vor unerwünschten Bakterien zu schützen und den Nahrungsbrei schlüpfriger, geschmeidiger zu machen.

Zubereitung Apfelkompott:

Garzeit ca. 20 Minuten

Je nach Bedarf schälen Sie 3–5 Äpfel. Mit einem Apfelteiler können Sie die Äpfel in kleine Schnitzchen teilen. Haben Sie keinen Apfelteiler zur Hand, teilen Sie den Apfel mit dem Messer in ca. 12 Schnitzchen. Köcheln Sie diese in wenig Wasser (die Äpfel sind knapp mit Wasser bedeckt) ca. 20 Min. bis die Äpfel glasig sind. Nach ca. 20 Minuten tritt das Pektin aus, das ist sichtbar. Geben Sie zum Schluss ca. 1 Msp. Agar Agar (pflanzliches Geliermittel aus Meeresalgen) ins Kompott. Lassen Sie das Kompott noch einmal aufkochen, schalten Sie den Herd aus. Dann geben Sie eine Msp. Zimt und Bourbon Vanillepulver für den guten Geschmack dazu.

Zum Verständnis:

Rohe Äpfel enthalten auch Pektin, 20-minütig gegartes Apfelkompott enthält weitaus mehr Pektin. Äpfel sind wie eine „Hausapotheke“. Essen Sie rohe Äpfel z.B. als Obst-Nüsse-Frühstück oder nach dem Mittagessen. Gedünstete Äpfel genießen Sie als Apfelkompott zum Getreidefrühstück oder als Nachspeise nach dem Abendessen. Äpfel sind für mich **„Ernährungsmedizin“.**

Mit eingeweichten Trockenfrüchten

ergänzen oder ersetzen Sie Apfelkompott. Sie dienen dem Körper als äußerst wertvolle Zucker- und Vitalstoffquelle für Gehirn und Nervensystem. Aus eingeweichten Trockenfrüchten kann der Körper weitaus mehr Nährstoffe erschließen, als aus nicht eingeweichten. Außerdem sind eingeweichte Trockenfrüchte für das Darmsystem „Balsam“. Das ist wichtig zu wissen. Den Unterschied spüren Sie, wenn Sie dies bewusst ausprobieren.

Wählen Sie beste Qualität an Trockenfrüchten. Entscheiden Sie sich für BIO oder Wildwuchs,

nicht geschwefelt, unbehandelt, ungezuckert. Diese Qualität erhalten Sie bei uns im TuWas!-Laden und Versand. Das ist uns wichtig für Sie. Ich kann nicht verstehen, warum es mit Zuckerglasur überzogene Datteln im Handel gibt, obwohl die Dattel mit am meisten Zucker von allen Früchten bietet.

Wechseln Sie ab zwischen: Pflaumen, Feigen, Aprikosen, Datteln, Mango, Ananas, Papaya, Rosinen, Cranberrys, Gojibeeren, Aroniabeeren, getrockneten Bananen. Jede Trockenfrucht steht für sich in ihrer Perfektion für unsere Gesundheit.

Verwendung eingeweichter Trockenfrüchte:

1. Geben Sie sie am Ende des Garprozesses zum Getreidefrühstück, wechseln Sie ab.
2. Genießen Sie sie, auch im Wechsel, in allen anderen Frühstücksvarianten.
3. Essen Sie sie auch als Nachspeise nach dem Abendessen als wertvolle Zuckerquelle für guten und erholsamen Schlaf.

TuWas!-Dunstobst

Ein weiterer Meilenstein ist das köstliche Dunstobst, das es für Sie ebenfalls im TuWas! gibt. Es dient als allerbeste Nährstoff- und Zuckerquelle für Gehirn und Nervensystem. Es wird in unserem Hause mit Liebe und Freude, ohne Zucker, ohne sonstige Zusätze, schonend im eigenen Saft gedünstet und in Twist-off-Gläser abgefüllt. Dunstobst zählt zur Kompottfamilie. Sie können es wie die eingeweichten Trockenfrüchte verwenden.

Gerne füge ich dem Getreidefrühstück regelmäßig 1 TL Minaktiv (wertvolle pflanzliche Mineralstoffe) und häufig 1 – 2 TL Heidelbeerkompott oder -mus als hochwertige Anthocyane bei.

Seit mehr als 30 Jahren genieße ich jeden Morgen eines der Nussgetränke, ein königlicher Genuss. Zum Getreidefrühstück genieße ich es direkt dazu, frühstücke ich eine andere Variante, trinke ich es als Zwischengetränk.

Variante 2: Obst-Nüsse-Frühstück

Genießen Sie zwei bis drei verschiedene Sorten reifes Obst mit einer Hand voll Walnüssen oder anderen Nüssen. Streuen Sie sich wahlweise über das klein geschnittene Obst etwas Zimt, Vanillepulver, Kokosflocken, gemahlene Erdmandeln. Nehmen Sie sich Zeit, kauen Sie, speicheln Sie ein, im Mund beginnt die Verdauung. Wechseln Sie sowohl mit Obst als auch mit Nüssen ab. Lassen Sie sich überraschen, wie gut Sie den ganzen Vormittag satt sind. Warum sättigt dieses Früh-

stück so gut? Nüsse liefern alle Nährstoffe, bestes Eiweiß, viele B-Vitamine. Obst liefert auch alle Nährstoffe und besten Zucker als Energielieferant. So ist es verständlich, dass wir langfristig mit der Obst-Nüsse-Kombination sehr gut ernährt sind und dadurch die angenehme Sättigung den Vormittag über deutlich spürbar ist. Selbstverständlich können Rosinen oder Trockenfrüchte nach Wahl im Wechsel dazugegeben werden.

Variante 3: Basisches Frühstück

Das Obst-Nüsse-Frühstück ist ein basisches Frühstück. Wer mag, kann es mit Braunhirse (gemahlen) und Mariendistelsamen erweitern. In diesem Fall geben Sie in eine Müslischale: 1 – 2 EL Erdmandeln (gemahlen), Nüsse, Kokosflocken, 1 – 2 EL Braunhirse (gemahlen), 1 – 2 TL Mariendistelsamen. Alles verrühren Sie mit etwas Wasser, gerne auch warmes Wasser. Geben Sie klein geschnittenes Obst, evtl. eingeweichte Trockenfrüchte dazu, genießen und kauen Sie alles gut. Gut gekaut ist halb verdaut, das kommt auch hier zum Tragen. Selbstverständlich könnte diesem Frühstück auch etwas TuWas!-Dunstobst oder Mango-Vollfrucht oder Heidelbeeren-Vollfrucht nach Wahl und Bedarf dazugegeben werden.

Variante 4: Obst-Joghurt-Frühstück

Wer gerne ein Obst-Joghurt-Frühstück genießen möchte, kann das natürlich auch tun. Geben Sie in eine Müslischale: 1 – 2 EL Joghurt natur mit Biogarde®-Kulturen, etwas Zimt, Vanillepulver, klein geschnittenes Obst und eine Hand voll Nüsse. Sie können nach Bedarf und Wahl dazugeben: 1 – 2 EL Erdmandel (gemahlen), 1 TL oder 1 EL Kokosflocken, 1 TL Mariendistelsamen. Ein Klacks Mango-Vollfrucht oder Heidelbeeren-Vollfrucht bringen das Genuss-Pünktchen auf das i.

Apfelkompott oder Obstkompott

Sie können zum Getreidefrühstück, Variante 1, Seite 46 außer Apfelkompott auch andere Obstkompotte wählen und abwechseln.
Genießen Sie je nach Jahreszeit Birnen-, Pflaumen-, Pfirsich-, Aprikosen-, Mirabellen- oder Zwetschgenkompott, siehe Seite 135.

Vermissen Sie in der Auflistung der Frühstücksvarianten das herkömmliche Brotfrühstück mit Vollkornbrot, Tee oder Kaffee, das übliche Müslifrühstück mit Haferflocken, Joghurt und Obst? Gerne erkläre ich Ihnen, warum diese beiden Varianten von mir nicht empfohlen werden.
Viele Menschen haben aufgrund vieler Faktoren ein geschwächtes Verdauungssystem und können deshalb Brot nicht gut auswerten. Brot ist eher schwer verdaulich. Bei vielen Menschen säuert Brot im Körper. Wenn dann noch Kaffee oder Schwarztee dazu kommen, haben wir die doppelte Säure. Kaffee liefert und bildet im Körper Säure. Diese vielen Säuren können für den Körper sehr belastend sein. Der Körper hat eine lange Pufferfähigkeit und kann lange Zeit vieles puffern. Wenn die Säurespeicher voll sind, reagiert der Körper auf seine Art und Weise durch gesundheitliche Störungen oder Probleme. Jeder Mensch ist anders, jeder Mensch verarbeitet Lebensmittel anders. Am besten spüren Sie selbst, was Ihnen gut tut, wie Sie sich wohl fühlen, wodurch Sie leistungsfähig sind.

Beim Müslifrühstück ist es die Kombination von rohen Getreidesorten oder rohen Haferflocken, Obst und Joghurt oder Milch. Diese Kombination säuert im Körper, wenn sie verstoffwechselt wird. Das ist nicht sofort spürbar, das zeigt sich manchmal erst nach Jahren.

Leichter für die Verdauung ist es, wenn wir eine neue Ordnung wählen. Sie essen entweder:

Variante 1: Getreidefrühstück mit Obstkompott und Nussgetränk

Variante 2: Obst mit Nüssen

Variante 3: Basisches Frühstück

Variante 4: Obst-Joghurt-Frühstück

... jedoch nicht, Müsli mit Joghurt oder Milch und frisches Obst. Das säuert stark im Körper, weil diese Kombination nicht leicht auszuwerten ist.

Nussgetränke – Ernährung vom Allerfeinsten

Nussgetränke, täglich frisch gemixt, sind Ernährung vom Feinsten. Nüsse sind unvorstellbare Kraftpakete der Natur. Wenn wir nur eine kleine Ahnung hätten, wie viele Nähr- und Vitalstoffe uns Nüsse bieten, wir würden noch viel dankbarer und demütiger jede Nuss verzehren. Nüsse können wir täglich essen und trinken. Beim Essen ist wichtig, die Nüsse gut zu kauen, sie einzuspeicheln.

Nussgetränke wirken im Körper anders, als wenn wir Nüsse essen. Durch das feine Mixen der Nüsse, die daraus entstehende Nuss-Emulsion aus Wasser und Dattel oder Honig, ergibt sich ein besonders hochwertiges Vitalstoffgetränk.

Nussgetränke liefern dem Körper:

- beste Gehirnnahrung
- wichtige Mineralstoffe
- allerbestes Eiweiß zum Zellaufbau
- Vitamin A, B und E und vieles mehr
- wertvollste Fette, auch Omega-3-Fettsäuren

Mandelgetränk – 10 geschälte Mandeln pro Glas

- bestes Eiweiß für jedes Alter
- wichtig für alle Gehirnregionen
- fördert gutes Denken, Lernen, Entscheiden
- beste Vitamin E-Quelle für Herz, Drüsen u. v. m.

Mandeln waren das Grundnahrungsmittel in alten Zeiten. Sie enthalten ca. 20 % allerbestes Eiweiß, das gut sättigt, schlank und fit hält. Mandeln enthalten u. a. wertvollste, ungesättigte Fette, Kalzium, Magnesium, Kupfer, Zink, Vitamin B, E und eine Fülle an Antioxidantien. Sie sind eine optimale Kalzium- und Magnesiumquelle.

Macadamiagetränk – 5 – 6 St. pro Glas – Königin der Nüsse

- wertvolles Eiweiß, wertvolles Fett
- ähnlich wie Mandelmilch
- beste Vitalstoffe fürs Gehirn

Macadamianüsse enthalten besonders hochwertige Fette und besonders hochwertige Eiweiße. Sie beschenken uns mit Vitamin B1, B2, B6, Vitamin E, A, C, D, Kalium, Kalzium, Eisen, Magnesium, Phosphor, Folsäure, Natrium, Niacin, Fluor, Kupfer und Mangan.

Cashewkerngetränk – 10 St. pro Glas

- erstklassige Magnesiumquelle
- bestes Eiweiß
- hoher Tryptophangehalt, fördert Serotoninproduktion im Körper (Glückshormone)

Cashewkerne haben den höchsten Magnesiumgehalt aller Nüsse. Außerdem liefern Sie uns Kalzium, Eisen, Phosphor, Phosphat, Kalium, Natrium, Zink, Kupfer, Mangan, Selen, Provitamin A, Vitamin B1, B2, B6, Vitamin E.

Haselnussgetränk – ca. 15 St. pro Glas

- fördert die Gesundheit der Knochen
- Zellregeneration, für alles gut
- fördert Wachstum der Kinder

Haselnüsse sollten nicht unterschätzt werden. Sie bieten Kalzium, Eisen, Natrium, Phosphor, Kalium, Vitamin B1, B2, B3, B6, B9, Vitamin C, Vitamin E.

Kürbiskerngetränk – 1 EL pro Glas

- wertvoll für den Hormonhaushalt
- stärkt das Drüsensystem
- wichtig für die Prostata

Der hohe Zinkgehalt ist bemerkenswert. Außerdem bieten sie uns hochwertiges Kalium, Tryptophan (fördert die Produktion von Serotonin, Glückshormone im Körper), Vitamin A, C, E, B5.

Sesamgetränk – 1 EL pro Glas

- beste Kalzium- und Magnesiumquelle für die Knochen
- beste Selenquelle für das Gehirn
- stärkt das Drüsensystem

- begünstigt das Zusammenwirken der Hirnregionen

Es gibt hellen, ungeschälten und schwarzen Sesam. Der schwarze Sesam ist am wertvollsten. Sesam ist die beste Selenquelle, eine ideale Kalzium- und Magnesiumquelle sowie eine wertvolle Zinkquelle. Am besten ist es, aus ungeröstetem Sesam, im Wechsel (mal hell, mal schwarz), ein Getränk zu mixen. So kann der Körper alle Vitalstoffe aufnehmen.

Walnussgetränk – 8 Stk. pro Glas

- beste Omega-3-Fette
- stärkt Herz und Gehirn
- Walnüsse sollten vor dem Verzehr ca. 4 Std. gewässert werden.
  Das Wasser immer wieder wechseln, bis es klar ist (Gerbsäure in der Schale).

Walnüsse zählen mit zu den allerbesten Lebensmitteln. Sie liefern beste Fette, Omega-6 und höchster Gehalt an Omega-3-Fetten. Außerdem erhalten wir durch Walnüsse Zink, Melatonin u.v.m.

Paranussgetränk – 4 Stk. pro Glas

- erstklassige Selenquelle für das Gehirn
- Vitamin E, B1, B2, B6
- Quelle von Kalium, Kalzium, Magnesium

Paranüsse wollen auch integriert sein. Sie bieten eine Fülle an hochwertigen Nährstoffen, allen voran Selen. Außerdem liefern sie Zink, Kalzium, Magnesium, Kalium, Natrium, Eisen, Phosphor, Vitamin A, C, E, B6.

Zedernussgetränk – 1 EL pro Glas

... aus Sibirien „Perlen der Taiga"

- besonders hochwertige Fette
- direkter Energieschub
- positiv für Stoffwechsel, ausleitend
- stärkt Haare, Nägel, Haut

Zedernüsse zeichnen sich durch das besonders hochwertige Eiweiß und die besonders hochwertigen Fette aus. Der hohe Vitamin E-Gehalt ist auch bemerkenswert. Sie liefern wertvolles Eisen, Magnesium, Mangan, Kupfer, Zink, Kobalt, die ganze Vitamin B-Gruppe und Lecithin.

Wichtig für den Einkauf der Nüsse:

1. nicht geröstet, nicht gesalzen

2. frisch, BIO und beste Qualität

Zubereitung eines Nussgetränkes:

Die verschiedenen Nüsse, Kerne und Samen **nicht** untereinander mischen, dadurch haben wir die **spezifische Wirkung.**

1. Große Nüsse (Macadamia-, Wal- und Paranüsse) mixen Sie mit ca. 50 ml Wasser fein.
2. Die kleinen Nüsse bzw. Samen sortenrein und trocken im Mixer fein mahlen.
   Dann geben Sie bei 1. und 2. jeweils ca. 100 ml warmes Wasser und ca. 1 TL guten Honig (z.B. Akazienhonig oder EM-Honig) oder eine eingeweichte Dattel dazu. Mixen Sie die Emulsion ca. 1 Minute. Das fertige Nussgetränk ist nun eine feine Emulsion.

Das Nussgetränk aus Haselnüssen, Kürbiskernen, Sesam und Walnüssen wird durch ein Sieb gegossen. Streichen Sie die Nussreste mit dem Löffel auf dem Sieb trocken. Die Nussreste können Sie in den Kompost geben.
Das Nussgetränk aus Mandeln, Cashewkernen, Macadamia- und Zedernüssen kann ungesiebt verwendet werden.
Das Nussgetränk wird zum Frühstück oder zwischen den Mahlzeiten oder zum Abendessen getrunken.
Wechseln Sie jeden Tag ab. So haben Sie das breite Spektrum aller Nüsse und nutzen die **spezifische Wirkung!**

Frühling Mittagessenvarianten – Salate

Frühlingssalate

... gerne esse ich mittags zum Salat 2 – 3 mal in der Woche ca. 1/3 Avocado schön reif. Reife Avocados liefern sehr wertvolles Lecithin fürs Gehirn.

Frühlingssalat mit Kräutern und Blüten

Zubereitungszeit	10 – 15 Minuten

Zutaten für 2 Personen:

Je nach Bedarf 2 – 4 Blätter grüner Salat
½ Zwiebel
2 – 4 Stängel Giersch
2 – 4 Stängel Löwenzahnblätter
2 – 4 Stängel Spitzwegerichblätter
1 Hand voll Rucola
Blüten z.B. Gänseblümchen
1 Hand voll Veilchen
2 – 3 Löwenzahnblüten
einige Borretschblüten

Dressing in einer Schüssel vorbereiten:

1 TL Zitronensaft
1 EL Olivenöl
1 – 2 EL Wasser
1/3 TL feine RASO®-Würze
1 TL Mandelmus
1 kleinen Spritzer Agavensirup
1 Prise TuWas!-Kräutermischung, gemahlen
2 – 3 Spritzer Tamari

Zubereitung:

Salatblätter und Wildkräuter waschen, vorbereiten, Wildkräuter und grünen Salat ins Dressing untermengen.
Vor dem Servieren die Blüten untermengen, einige Blüten zur Deko verwenden.
Wer mag, kann anstatt Zitronensaft auch Balsamico hell oder Obstessig verwenden.
Dazu reichen Sie z.B. auf einem Teller vorbereitete Kohlrabi-Scheiben, auf die Sie verschiedene pflanzliche Brotaufstriche streichen. Das schmeckt lecker!

Tipp: Wildkräuter und frische Kräuter werten jeden Salat, jedes Essen auf.

Rote Bete-Salat mit frischem Rucola

Garzeit	ca. 1 Stunde
Zubereitungszeit	10 – 15 Minuten

Zutaten für 2 Personen:

1 – 2 Knollen Rote Bete (je nach Größe)
1 Stück frischen Meerrettich,
alternativ ½ TL Meerrettich aus dem Glas
½ Zwiebel
1 Hand voll frischen Rucola
etwas frische Petersilie

Dressing in einer Schüssel vorbereiten:

1 – 2 EL dunklen Balsamico
1 EL Olivenöl
2 EL Wasser
1/3 TL feine RASO®-Würze
1 Schuss Agavensirup
1 Prise TuWas!-Kräutermischung, gemahlen
1 TL Senf mittelscharf
1 TL Maier´s-Bruschetta
2 – 3 Spritzer Tamari

Zubereitung:

Die Knollen Rote Bete waschen, abbürsten und ca. 1 Stunde in Wasser garen. Wenn die Knollen fertig sind, Wasser abgießen, Rote Bete abkühlen lassen, schälen.
Rote Bete mit der Gemüseraspel grob ins Dressing raspeln, sowie die kleingeschnittene Zwiebel dazugeben und zu einem gut würzigen Salat zubereiten. Von dem Stück Meerrettich ein bisschen drüberreiben.
Dieser Salat sollte mindestens ein bis zwei Stunden durchziehen.
Vor dem Servieren nochmals umrühren, nach Bedarf nachwürzen, mittelfein geschnittenen Rucola untermengen, geschnittene Petersilie drüberstreuen.

Tipp: Sehr lecker als Mittag- oder Abendessen. Rote Bete zählt zum wertvollsten Gemüse ...
Garen Sie die Rote Bete am Vorabend oder gleich morgens nach dem Aufstehen. Wenn Sie aus dem Haus gehen, sind die Rote Bete gegart oder der Salat fertig.

Kohlrabi-Karotten-Salat mit geraspelten Äpfeln

Zubereitungszeit	10 – 15 Minuten

Zutaten für 2 Personen:
1 Knolle Kohlrabi
1 – 2 Karotten
1 Apfel
½ Zwiebel
etwas frische Petersilie

Dressing:
1 TL Zitronensaft oder 1 EL Balsamico hell
1 EL Olivenöl
1 – 2 EL Wasser
½ TL Senf mittelscharf
⅓ TL feine RASO®-Würze oder 1 Prise Kräutersalz
1 Prise TuWas!-Kräutermischung, gemahlen
1 TL Mandelmus oder 1 Schuss Sahne
1 kleinen Spritzer Agavensirup
2 – 3 Spritzer Tamari

Zubereitung:
Dressing in einer Schüssel vorbereiten, klein geschnittene Zwiebel dazugeben, umrühren. Kohlrabi und Karotten schälen, mit der Gemüseraspel mittelfein gleich ins Dressing raspeln. Apfel mit der Gemüseraspel grob dazu raspeln, alles miteinander mischen. Diesem Salat tut es gut, wenn er mindestens eine Stunde durchziehen kann. Vor dem Servieren nochmals umrühren, ggf. nachwürzen, geschnittene Petersilie drüberstreuen.

Tipp: Die geraspelten Äpfel geben diesem Salat eine feine, süße Note.

Wildkräutersalat mit Blüten

Zubereitungszeit	10 – 15 Minuten

Zutaten für 2 Personen:
Je nach Bedarf ½ Zwiebel
4 Stängel Giersch
4 Stängel Löwenzahnblätter
4 Stängel Spitzwegerichblätter
1 Hand voll Rucola
4 Stängel Bärlauchblätter
Blüten z.B. 1 Hand voll Gänseblümchen
1 Hand voll Veilchen
2 – 3 Löwenzahnblüten
einige Borretschblüten

Dressing in einer Schüssel vorbereiten:
1 EL Balsamico dunkel (oder Zitronensaft), 1 EL Olivenöl, 1 – 2 EL Wasser, ⅓ TL feine RASO®-Würze oder 1 Prise Kräutersalz, 1 Prise TuWas!-Kräutermischung gemahlen, ½ TL Senf mittelscharf, 1 kleinen Spritzer Agavensirup, 2 – 3 Spritzer Tamari, 1 Prise Schabzigerklee.

Zubereitung:
Wildkräuter und Rucola waschen, mundgerecht vorbereiten, sowie die kleingeschnittene Zwiebel dazugeben, kurz vor dem Servieren mit dem Dressing vermischen und den Blüten verzieren.

Tipp: Wildkräuter und frische Kräuter enthalten weitaus mehr Nährstoffe als mancher gekaufte grüne Salat. Bevorzugen Sie bei jedem Salat frische Kräuter und Wildkräuter.

Linsensalat mit Frühlingskräutern

Garzeit der Linsen	25 Minuten
Zubereitungszeit	10 Minuten

Zutaten für 2 Personen:

1 kleine Tasse (120 g) Beluga-Linsen (schwarz)
oder andere Linsen, siehe Tipp1.
1 Karotte
½ Kohlrabi oder mittlere Pastinake oder
1 Petersilienwurzel
½ Zwiebel
1 Lorbeerblatt

Kräuter und Zutaten zum Verfeinern:

2 Tomaten
nach Bedarf 6 – 8 kleine Würfel Schafskäse
frischen Meerrettich,
alternativ Meerrettich aus dem Glas
1 Hand voll frischen Rucola
4 Blätter Bärlauch
1 Hand voll klein geschnittene Petersilie

Dressing:

1 – 2 EL dunklen Balsamico
1 EL Olivenöl
2 – 3 EL Wasser
⅓ TL feine RASO®-Würze
1 Schuss Agavensirup
1 Prise TuWas!-Kräutermischung, gemahlen
1 Prise Kräutersalz
1 TL Senf mittelscharf
1 TL Maier´s-Bruschetta
2 – 3 Spritzer Tamari

Zubereitung:

Die Linsen in 2 – 3facher Menge Wasser, ohne Salz, mit Lorbeerblatt ca. 20 Min. garen. Linsen ins kochende Wasser geben, auf kleiner Stufe ca. 20 Minuten köcheln lassen, Herd ausschalten, die Linsen noch ca. 5 Minuten nachquellen lassen.
Vorbereitete Karotten, Zwiebeln und Kohlrabi oder Pastinake parallel ca. 10 Minuten extra garen, TuWas!-Kräutermischung am Ende des Garens dazugeben.
Wenn die gegarten Linsen und das extra gegarte Gemüse noch lauwarm sind, kann der Salat mit den Zutaten vollendet werden. Vom frischen Meerrettich reiben Sie ein bisschen dazu. Wenn möglich, lassen Sie den Linsensalat mindestens 2 Stunden durchziehen.
Vor dem Servieren würzen Sie nach Bedarf nochmals z.B. mit Essig nach.
Mischen Sie die Würfel Schafskäse, die geschnittenen Tomaten, Petersilie und Rucola unter.

Tipp 1: Linsensalat ist eine sehr wertvolle Eiweißquelle. Er sättigt sehr gut und schmeckt zum Mittagessen, mal als Vorspeise, auch mal als Hauptgang.
Der Linsensalat kann mit grünen Linsen, Berglinsen oder mit den schwarzen Beluga-Linsen zubereitet werden, nicht mit den gelben oder roten Linsen. Letztere beiden sind für Linsenpüree oder Linsenaufstriche gedacht. Selbstverständlich kann der Linsensalat auch schon einen Tag vorher zubereitet werden.

Verwöhnen Sie auch mal Ihre Gäste damit, Sie werden überrascht sein.

Tipp 2: Arbeitsschritte in der Zubereitung
Ich stelle den Topf mit dem Wasser für die Linsen auf den Herd, schalte die Herdplatte ein. Wenn das Wasser kocht, gebe ich die Linsen ins kochende Wasser, ohne Salz.
Parallel stelle ich das Wasser im zweiten Topf fürs Gemüse auf den Herd, schalte ein. Bis das Wasser kocht, schäle und schneide ich das Gemüse. Anschließend gebe ich das Gemüse ins kochende Wasser, lasse es ca. 10 Minuten köcheln, dann schalte ich aus und lasse es noch etwas nachgaren.

Kichererbsensalat mit Frühlingskräutern

Garzeit der Kichererbsen	ca. 1½ Std.
Zubereitungszeit nach dem Garen	ca. 10 Min.

Zutaten für 2 Personen:

1 kleine Tasse (120 g) Kichererbsen
1 Karotte
½ Zwiebel
1 Lorbeerblatt

Kräuter und Zutaten zum Verfeinern:

2 Tomaten
etwas Schafskäse nach Bedarf
frischen Meerrettich
1 Hand voll frischen Rucola
1 Hand voll klein geschnittene Petersilie
wer hat und mag 1 – 2 Blätter Bärlauch oder andere Frühlingskräuter

Dressing:

2 – 3 EL dunklen Balsamico
1 EL Olivenöl
2 EL Wasser
⅓ TL feine RASO®-Würze
1 Schuss Agavensirup
1 Prise TuWas!-Kräutermischung, gemahlen
1 Prise Kräutersalz
1 TL Senf mittelscharf
1 TL Maier´s-Bruschetta
2 – 3 Spritzer Tamari

Zubereitung:

Die Kichererbsen in 3 – 4facher Menge Wasser, ohne Salz, mit Lorbeerblatt garen. Kichererbsen ins kochende Wasser geben, auf mittlerer Stufe ca. 1½ Stunden köcheln lassen, Herd ausschalten, sie quellen noch nach. In den letzten 15 Minuten des Garens die klein geschnittene Karotte dazugeben und mitgaren. Zum Schluss die TuWas!-Kräutermischung dazugeben.

Wenn die Kichererbsen noch lauwarm sind, kann der Salat mit der kleingeschnittenen Zwiebel und den Dressing-Zutaten vollendet werden. Etwas Meerrettich darüber reiben. Lassen Sie den Kichererbsensalat mindestens zwei Stunden durchziehen, würzen Sie nach Bedarf vor dem Servieren nochmals z.B. mit Essig nach. Geben Sie vor dem Servieren einige Würfel Schafskäse, geschnittene Tomaten, Petersilie und Rucola dazu.

Tipp: Kichererbsensalat ist eine wichtige, gut sättigende Eiweißquelle zum Mittagessen.
Wer morgens früh aus dem Haus geht, kann sich diese Köstlichkeit abends vorbereiten, das lohnt sich auf jeden Fall.

Grüner Salat

Zubereitungszeit	10 Minuten

Zutaten für 2 Personen:

½ – 1 Kopf grüner Salat
(je nach Größe)
1 Zwiebel rot oder weiß
1 Hand voll Rucola
1 – 2 Stängel Zitronenmelisse (ca. 10 cm)
1 Stängel Minze (ca. 5 cm)
2 Kronen Basilikum
(jeweils die obersten 4 Blätter)
2 Stängel Petersilie
etwas Dill
(oder Kräuter nach Wahl)

Dressing in einer Schüssel vorbereiten:

1 EL Zitronensaft oder
1 EL Balsamico hell oder dunkel
2 EL Wasser
1 Msp. Senf mittelscharf
1 Msp. feine RASO®-Würze oder
eine Prise Kräutersalz
1 Prise TuWas!-Kräutermischung, gemahlen
1 kleinen Spritzer Agavensirup
2 Spritzer Tamari

Alles vermengen, anschließend
2 EL Olivenöl unterrühren.

Zubereitung:

Schneiden Sie die Zwiebel klein, vermengen Sie diese mit dem Dressing in der Schüssel.
Waschen Sie die Salatblätter kurz, bereiten Sie diese in mundgerechte Stücke vor, vermischen Sie diese und die klein geschnittenen Kräuter vorsichtig mit dem Dressing.
Bitte den Salat sofort servieren, damit er nicht zusammenfällt und mit Petersilie garnieren.

Tipp: Grüner Salat mit frischen Frühlingskräutern ist eine sehr wertvolle Quelle von Chlorophyll (grüne Farben) für die Gesundheit des Blutes. Chlorophyll ist außerdem ein wichtiger Schutz in den Zellen.

Frühling Mittagessenvarianten – Gemüsegerichte

Linsengemüsesuppe mit frischen Kräutern

Vorbereitungszeit	5 – 10 Minuten
Garzeit	20 Minuten

Zutaten für 2 Personen:

je nach Bedarf und Hunger
1 kleine Tasse (120 g) Berglinsen
½ Zwiebel

Gemüse nach Wahl:

1 – 2 mittlere Kartoffeln
2 kleine Karotten
1 Stück (ca. 10 cm) Lauch
1 Lorbeerblatt
1 kleiner Zweig Liebstöckel
1 kleiner Zweig Bohnenkraut

Zubereitung:

Linsen mit dem vorbereiteten, klein geschnittenen Gemüse ca. 20 Minuten in 2–3facher Menge Wasser, mit dem Lorbeerblatt, ohne Salz, garen. 1 Prise TuWas!-Kräutermischung am Ende des Garprozesses dazugeben, ausschalten, noch etwas ziehen lassen.

Kräuter und Zutaten zum Verfeinern:

1 Prise Kräutersalz
2 –3 EL Balsamico dunkel
1 EL Olivenöl
⅓ TL RASO®-Würze
Liebstöckel
Bohnenkraut

Wenn Linsen und Gemüse gar sind, kräftig nach Bedarf würzen. Die klein geschnittene Petersilie drüberstreuen. Wer mag, gibt auf dem Teller noch etwas frisch geriebenen Parmesankäse oder nach Bedarf frisch geriebenen Meerrettich dazu.

Tipp: Es ist wichtig, dass Linsengerichte nach dem Garen mit reichlich hochwertigem Essig abgeschmeckt werden, dadurch sind sie leichter verdaulich und es gibt weniger Blähungen.

Außerdem ist es wichtig, Linsen stets ohne Salz zu kochen, weil Linsen mit Salz gekocht hart werden. Ohne Salz gegart, werden sie in kurzer Zeit schön weich.

Buchweizen mit Gemüse

Vorbereitungszeit	5 – 10 Minuten
Garzeit	15 – 20 Minuten

Zutaten für 2 Personen:

4 – 6 EL Buchweizen
1 Stängel Zwiebelgrün
von Frühlingszwiebeln
1 Stück roter Paprika (ca. 3 cm breit)
2 kleine Karotten
1 Zwiebel
1 Stück Lauch (ca. 6 cm)
wer mag, einige Stückchen Schafskäse

Kräuter:

1 Prise TuWas!-Kräutermischung, gemahlen
frische Kräuter
z.B. 1 kleiner Zweig Liebstöckel,
1 kleiner Zweig Bohnenkraut,
1 kleiner Zweig Zitronenmelisse
3 – 4 Blätter Rucola
2 – 3 Blätter Bärlauch frisch
und/oder Kräuter nach Wahl

Gewürze:

1 TL – 1 EL Balsamico dunkel
1 – 2 Spritzer Tamari
1 Prise feine RASO®-Würze
1/3 TL Maier´s-Bruschetta
1 TL Olivenöl
wer mag gerne ½ TL Kräuter-pesto Basilikum oder Olive oder Tomate oder Bärlauch

Zubereitung:

Bringen Sie das Wasser (Verhältnis 1 : 2 als Buchweizen : Wasser) im Topf auf dem Herd zum Kochen, waschen Sie den Buchweizen im feinen Sieb kurz unter fließend heißem Wasser, geben Sie ihn ins kochende Wasser. Das in mundgerechte Stücke vorbereitete Gemüse geben Sie gleichzeitig ins Wasser. Garen Sie alles zusammen ca. 15 – 20 Minuten auf kleiner Stufe (quellen lassen).

Zum Schluss geben Sie die TuWas!-Kräutermischung, gemahlen dazu. Wenn alles gegart ist, würzen Sie das Gericht schmackhaft mit den Gewürzen.
Vor dem Servieren geben Sie die fein geschnittenen Kräuter, wer mag, noch einige Würfelchen Schafskäse, dazu.

Tipp 1: Der Buchweizen benötigt gute Gewürze, er schmeckt von sich aus nach wenig. Ich reiche manchmal einen Klacks Maier´s-Bruschetta, in Olivenöl und Wasser angerührt, dazu.

Tipp 2: Buchweizen ist eine sehr wertvolle Rutinquelle. Rutin ist für die Elastizität der Blutgefäße von großer Bedeutung. Deshalb rate ich, gerne einmal in der Woche ein Buchweizengericht zum Mittag- oder Abendessen zuzubereiten.

Tipp 3: Garen Sie beim Mittagessen die doppelte Menge an Buchweizen und Gemüse und zaubern daraus in wenigen Minuten das Abendessen: Buchweizen-Gemüse-Salat.
Sie könnten sich den Buchweizensalat mit Schafskäse auch als Abendessen zubereiten oder abends die doppelte Menge zubereiten und am nächsten Tag zur Arbeit zum Mittagessen mitnehmen. Buchweizengerichte lassen sich sehr gut mitnehmen.

Pellkartoffeln mit Wildkräutersoße (Brennnesseln und Bärlauch)

Vorbereitungszeit	15 Minuten
Garzeit Kartoffeln	20 Minuten
Garzeit Wildkräutersoße	5 Minuten

Zutaten für 2 Personen:

4 – 6 Kartoffeln
(je nach Größe)

Wildkräutersoße

Zutaten für 2 Personen:
zwei Hände voll Brennnesseln
4 – 6 Blätter Bärlauch
eine Hand voll Giersch (ohne Stängel nur die Blätter)
½ Zwiebel

Gewürze für die Wildkräutersoße:

⅓ TL Kapern in Salz
1 Prise TuWas!-Kräutermischung, gemahlen
⅓ TL Maier´s-Bruschetta
1 – 2 Spritzer Tamari

Zutaten zum Verfeinern der Wildkräutersoße:

1 TL Kokosmus oder
1 TL Mandelmus oder
1 Stück Butter oder
1 Schuss Sahne nach Wahl

Zum Verfeinern über die Kartoffeln

ca. 1 – 2 TL Leinöl pro Person

Zubereitung:

Kartoffeln waschen und in Wasser ca. 20 Minuten garen.

Zubereitung der Wildkräutersoße:

In den Topf ca. 3 cm Wasser geben, zum Kochen bringen. Die klein geschnittene Zwiebel ins kochende Wasser geben, die gewaschenen, etwas zerkleinerten Wildkräuter dazu geben, alles zusammen einmal aufkochen lassen, dann Herdplatte auf kleine Stufe stellen und alles zusammen ca. 5 – 7 Minuten garen.
Kurz vor dem Servieren wird die Wildkräutersoße portionsweise im Mixer (mein Tipp: Mr. Magic-Mixer, da besonders fein gemahlenes Ergebnis) mit den Gewürzen als homogene Soße, mit etwas Garwasser, gemixt und zu den Kartoffeln gereicht. Geben Sie über die kleingeschnittenen Kartoffeln noch das Leinöl darüber.

Tipp 1: Die Wildkräutersoße ist in Kombination mit Kartoffeln oder Maispolenta oder Nudeln eine besonders hochwertige Mahlzeit. Sie versorgt uns mit einer Fülle an wertvollen Nährstoffen. Sie kann während der ganzen Kräutersaison auch nur aus Brennnesseln (ohne Bärlauch und ohne Giersch) zubereitet werden.

Tipp 2: Genießen Sie die Wildkräutersoße während der Kräutersaison mindestens einmal pro Woche, auch gerne mal zum Gemüse. Sie ist unvorstellbar hochwertig, kostet fast nichts und ist durch fast nichts anderes zu ersetzen.

Tipp 3: Leinöl liefert uns hochwertige Omega-3-Fettsäuren. Diese sind für Gehirn, die Blutgefäße, fürs Herzkreislaufsystem sehr wichtig. Leinöl muss kalt gepresst, erster Pressung, BIO und frisch sein. Wenn Sie ein Fläschchen Leinöl öffnen, achten Sie bitte darauf, dass Sie dieses innerhalb von 2 – 3 Wochen verbrauchen. Die Omega–3–Fettsäuren von Leinöl sind sehr empfindlich, deshalb rate ich Ihnen, Leinöl nur dort zu kaufen, wo es im Kühlschrank steht und es bei Ihnen daheim auch wieder stets in den Kühlschrank zu stellen.
Leinöl wird niemals erhitzt und angebraten, es verbrennt sofort. Es wird immer über die gegarten (etwas abgekühlten) Speisen gegeben oder zwischen Salat und Hauptgericht auf einem Teelöffel pur genommen.

Weiße Bohnensuppe (toskanisch) mit Frühlingskräutern

Garzeit der weißen Bohnen	ca. 1 ½ Stunden
Garzeit Bohnen mit Gemüse	15 Minuten

Zutaten für 2 Personen:

1 kleine Tasse (120 g) weiße Bohnenkerne
1 Lorbeerblatt
½ Zwiebel
1 mittlere Karotte
1 Stück (ca. 5 cm) Stangensellerie

Gewürze, Kräuter und Zutaten zum Verfeinern:

ca. 50 g Tomatenmark
½ TL Maier´s-Bruschetta
⅓ Glas Tomatensoße Arrabiatta (ca. 100 ml)
1 Hand voll kleine Schafskäsewürfel
1 Prise TuWas!-Kräutermischung, gemahlen
⅓ TL feine RASO®-Würze/1 Prise Kräutersalz
1 Prise Scharfmachergewürz
2 – 3 EL Balsamicoessig dunkel
1 EL Olivenöl
etwas klein geschnittene Petersilie
2 – 3 Blätter Bärlauch
1 Prise Schabzigerklee

Zubereitung:

Wasser im Topf (ca. 300 ml) zum Kochen bringen, Bohnenkerne ins kochende Wasser geben und ca. 1 ½ Std. mit dem Lorbeerblatt fast gar köcheln lassen. Klein geschnittene Karotten, Zwiebel, Stangensellerie dazugeben und ca. 15 Minuten fertig garen. TuWas!-Kräutermischung am Schluss des Garens dazugeben. Anschließend Tomatenmark, Tomatensoße, Maier´s-Bruschetta und die anderen Gewürze einrühren und eine angenehme, eher dickere Suppenkonsistenz entwickeln lassen. Vor dem Servieren kräftig abschmecken, Olivenöl dazugeben, klein geschnittene Petersilie, Bärlauch und die klein geschnittenen Würfel Schafskäse darüberstreuen. Wenn die Bärlauchzeit vorbei ist, passt auch gut 1 klein geschnittenes Blatt Liebstöckel als Gewürzkraut dazu.

Tipp 1: Die Bohnenkerne sollen nicht eingeweicht werden, sie werden nur in Wasser mit Lorbeerblatt, **stets ohne Salz,** gekocht.

Tipp 2: Der dunkle Balsamico wird immer zum Schluss dazugegeben, so bleiben die wertvollen Enzyme des Essigs gut erhalten. Er gibt eine besonders feine Note. Essig ist bei allen Hülsenfrüchten sehr wichtig, er hilft bei der Auswertung. Je mehr Essig, desto weniger Blähungen.

Tipp 3: Weiße Bohnen sollten einmal in der Woche oder spätestens alle 2 Wochen auf dem Tisch stehen. Sie sind ein sehr wertvoller Eiweißlieferant. Viele Mineralstoffe und Spurenelemente zeichnen die weißen Bohnen aus. Ein Bohnen-Gemüseeintopf schmeckt lecker, sättigt gut und ist sehr gesund. Streuen Sie ca. ⅓ TL Enzyvit im Teller in die Suppe. Enzyme unterstützen die Auswertung.

Gemüse-Quinoa mit Frühlingskräutern

Vorbereitungszeit	5 – 10 Minuten
Garzeit	15 – 20 Minuten

Zutaten für 2 Personen:

4 – 6 EL Quinoa
doppelte Menge Wasser
1 Karotte
4 – 6 Röschen Brokkoli
½ Zwiebel
1 Stängel Zwiebelgrün von Frühlingszwiebeln
½ kleine Zucchini

Gewürze:

1 Prise TuWas!-Kräutermischung, gemahlen
1 Msp. Maier´s-Bruschetta
1 Msp. feine RASO®-Würze oder Kräutersalz
1 EL Olivenöl
2 – 3 Spritzer Tamari
1 Prise Schabzigerklee
½ TL Kapern, wer mag und hat

Frische Frühlingskräuter:

1 kleines Blatt Liebstöckel
1 kleines Blatt Salbei
5 – 6 Blätter Rucola
2 Stängel Zitronenmelisse
2 Bärlauchblätter oder,
wenn es keinen Bärlauch mehr gibt,
1 Hand voll Basilikumblättchen

Zubereitung:

Quinoa in einem Sieb unter fließend warmem Wasser waschen, ins kochende Wasser (1:2) geben, klein geschnittenes Gemüse dazugeben und alles zusammen ca. 15 Minuten auf kleiner Stufe garen. Herd ausschalten, ca. 5 Minuten nachquellen lassen.
Vor dem Servieren würzen Sie das Gericht, mischen Sie die klein geschnittenen Kräuter sowie das Olivenöl unter. Wer mag, kann etwas frisch geriebenen Parmesankäse oder einige Würfel Schafskäse und Kapern darübergeben.

Tipp: Dieses Gericht können Sie als Mittag- oder Abendessen zu allen Jahreszeiten mit dementsprechenden Zutaten und Kräutern zaubern.
Sie könnten auch die doppelte Menge zum Mittagessen vorbereiten und die andere Hälfte zum Abendessen als Gemüse-Quinoa-Salat kreieren.
Gemüse-Quinoa lässt sich auch sehr gut zum Mitnehmen zur Arbeit vorbereiten. Bereiten Sie die doppelte Menge und genießen Sie den Rest zum Mittagessen am nächsten Tag.

Monis Gemüselasagne mit frischen Brennnesseln und Bärlauch

Vorbereitungszeit	15 Minuten
Garzeit der Lasagne	35 – 40 Minuten

Zutaten für 4 Personen:

2 Karotten
1 mittlere Knolle Kohlrabi mit Blättern
1 Zwiebel
1 Hand voll frische Brennnesselblätter
4 – 6 Bärlauchblätter
1 Packung Dinkel Lasagneblätter oder Lasagneblätter aus Reis/Mais (glutenfrei)

Kräuter und Gewürze:

1 Prise TuWas!-Kräutermischung
1 TL Maier´s-Bruschetta
1/3 TL feine RASO®-Würze
zum Garnieren nach dem Backen
ca. ½ Hand voll frisch geschnittene Petersilie

Zubereitung:

Schneiden Sie das Gemüse (Karotten, Kohlrabi, -blätter, Zwiebel) in kleine, mundgerechte Stückchen, geben Sie das Gemüse ins kochende Wasser. Nehmen Sie nur so viel Wasser, dass das Gemüse gerade bedeckt ist. Garen Sie alles ca. 10 Minuten. In den letzten 5 Minuten geben Sie die klein geschnittenen Brennnesselblätter dazu, zum Schluss die TuWas!-Kräutermischung.

Pfiffige Tomatensoße

Zutaten für 4 Personen: 1 Glas Tomatensoße Basilico (ca. 300 ml), 1 Glas Tomatensoße Arrabiata (ca. 300 ml), 2 EL Tomatenmark, 1 Zwiebel, 2 Stängel Frühlingszwiebel, 1 Prise Scharfmachergewürz, 3 – 4 Spritzer Tamari, 1 Schuss Agavendicksaft, 1 TL Maier´s-Bruschetta, 1 Knoblauchzehe, nach Bedarf noch 1 Prise Kräutersalz, wer mag, etwas frisch geriebenen Meerrettich, einen Schuss Sahne

Zubereitung der Soße:

Geben Sie Tomatensoße und -mark in den Topf und ca. 100 ml Wasser dazu. Garen Sie die Tomatensoße zunächst mit der klein geschnittenen Zwiebel und dem Zwiebelgrün ca. 5 – 10 Minuten. Würzen Sie die Tomatensoße pfiffig, am Schluss pressen Sie eine Knoblauchzehe dazu. Die Tomatensoße darf bzw. sollte schön pfiffig sein, sie gibt den „Ton" an. Die Konsistenz sollte schön homogen, nicht zu dick, nicht zu dünn, sein. Die Lasagneblätter und das Gemüse schlucken einiges an Würze.

Gemüselasagne einschichten:

Zuerst geben Sie 2 – 3 Schöpfkellen Tomatensoße in die Auflaufform, dass der Boden gut bedeckt ist. Dann legen Sie eine Schicht Lasagneblätter in die Soße, so dass die Blätter darin gegart werden. Danach bedecken Sie die Lasagneblätter mit etwas Tomatensoße, darauf etwas vorbereitetes, gewürztes Gemüse. Sie schichten dann wieder Soße, Lasagneblätter, Soße, Gemüse. Die letzte Schicht ist Gemüse und ist von der Tomatensoße bedeckt. Streuen Sie die Bärlauchblätter einfach zwischen die Schichten. Backen Sie die Lasagne ca. 35 Minuten auf 220 Grad.
Füllen Sie die Auflaufform nicht ganz bis zum Rand, damit während des Backens nichts aus der Auflaufform läuft. Lassen Sie auf jeden Fall noch 2-3 cm Platz. Sollten Sie noch Soße und Gemüse übrig haben, füllen Sie lieber eine zweite kleine Auflaufform.
Wenn die Lasagne fertig ist, Backofen ausschalten. Sie können sie noch einige Minuten nachziehen lassen. Vor dem Servieren lassen Sie die Lasagne kurz etwas abkühlen, reiben Sie dann erst den frischen Parmesankäse darüber. Streuen Sie noch klein geschnittene Petersilie darauf.
Servieren: Schneiden Sie die Lasagne in angenehme Stückchen und servieren Sie diese, wer mag, mit noch etwas Tomatensoße.

Tipp 1: Je nach Jahreszeit, Gemüsevorrat oder -bedarf können Sie die Lasagne mit allen Gemüsearten zubereiten. Im Sommer mit Tomaten, Paprika und Zucchini, im Herbst mit Wirsing und Karotten oder Mangold und Karotten, im Winter mit Grünkohl und Karotten.
Wenn die Bärlauchzeit vorbei ist oder wer keinen Bärlauch mag, lässt ihn einfach weg.

Tipp 2: Die Lasagne kann auch schon einen Tag vorher zubereitet werden, sie schmeckt auch kalt am nächsten Tag sehr lecker. Überraschen Sie Ihre Gäste doch auch mal damit, Gemüselasagne kommt immer gut an.

Frühlingsgemüse-Pfanne mit Maroni-Nudeln und Pesto

Zutaten für 2 Personen:

2 Karotten
1 Kohlrabi mit Blättern, wenn diese schön sind
6 Röschen Brokkoli
1 Zwiebel
1 Stange Zwiebelgrün

Gewürze und Kräuter zum Verfeinern:

1 Prise TuWas!-Kräutermischung, gemahlen
1 Msp. RASO®-Würze oder Kräutersalz
½ TL Maier´s-Bruschetta (trockene Mischung oder als Dip vorbereitet)
1 Msp. Schabzigerklee
3 – 4 Spritzer Tamari
½ TL Kapern in Salz
1 EL Olivenöl
1 TL Kräuterpesto im Glas

3 – 4 Stängel Petersilie oder etwas Schnittlauch
4 Blätter Zitronenmelisse
4 Blätter Zitronenverbene
1 Hand voll Rucola
2 Kronen Basilikum (jeweils die obersten 4 Blätter)

Zubereitung:

Garen Sie das klein geschnittene Gemüse (außer Brokkoli) in wenig Wasser (Bodendecke) ca. 10 Minuten, geben Sie die Brokkoli Röschen dazu und garen Sie alles weitere 5 Minuten, Herd ausschalten, etwas nachgaren lassen. Schneiden Sie die Frühlingskräuter fein.

Würzen Sie das Gemüse vor dem Servieren im Topf, mischen Sie die Frühlingskräuter und das Kräuterpesto unter das Gemüse oder jeder würzt das Essen im Teller.

Wer mag, streut etwas frisch geriebenen Parmesankäse darüber.

Zutaten und Zubereitung der Maroni-Nnudeln für 2 Personen:

ca. 160 – 200 g Maroni-Nudeln
1 Prise TuWas!-Kräutermischung, gemahlen
½ TL Maier´s-Bruschetta (trockene Mischung oder als Dip vorbereitet)
½ TL Kokosmus

Achtung: Die Garzeit der Maroni-Nudeln beträgt nur 3 – 4 Minuten!

Garen Sie erst kurz vor dem Servieren des Essens die Maroni-Nudeln in Wasser. Geben Sie die Maroni-Nudeln in kochendes Wasser. Nehmen Sie nur so viel Wasser, dass die Nudeln knapp bedeckt sind. Rühren Sie diese mit einem Holzkochlöffel vorsichtig um, stellen Sie die Herdplatte auf kleine Stufe, nach 3 Minuten aus. Wenn die Maroni-Nudeln gar sind, gießen Sie das wenige verbleibende Wasser ab, würzen Sie sie und servieren Sie diese mit der Gemüsepfanne und dem Pesto.

Außergewöhnliche BIO-Maroni-Nudeln – warum?

Aus BIO-Maronenmehl (= Esskastanienmehl) und BIO-Urdinkelmehl (Oberkulmer Rotkorn oder Frankenkorn) werden diese basischen Nudeln nach einem speziellen Rezept und Herstellungsverfahren mit Lichtwasser produziert. Mit viel Liebe und Handarbeit sind sie gefertigt. Der Teig wird gewalzt, nicht gepresst, langsam und schonend unter 55 Grad getrocknet.

Keine Verkleisterung im Dünndarm – warum?

Das Besondere ist, dass durch den Verzehr dieser Nudeln keine Verkleisterung im Dünndarm stattfindet.
Selbst Menschen, die unter **Glutenunverträglichkeit** leiden (siehe Unverträglichkeiten am Ende des Buches), können sie genießen. Es zeigt sich, dass der enthaltene BIO-Urdinkel leicht und gut verdaulich ist. Maronen sind glutenfrei. Durch die Herstellung mit dem Lichtwasser erhalten die Nudeln eine besonders hohe Energie, die sich nicht nur im köstlichen Geschmack, sondern auch in der guten Verträglichkeit spiegelt.
Probieren Sie diese gesunde Köstlichkeit einfach aus!

Leinsamen

Leinsamenbalsam, wichtig für den Darm

Gesundheitliche Vorteile unserer Abendessenvarianten

Gesundheitliche Vorteile dieser Art von Abendessen, Auswirkungen auf den Schlaf

Vielleicht wundern Sie sich bei den Abendessen, dass ich Ihnen leichte, gedünstete Mahlzeiten empfehle und kein „Vesper" mit Brot, Käse, Wurst, Paprika, Gurke und vieles mehr.

Das Abendessen dient „schon" zur Sättigung des Hungergefühls. Viel wichtiger für unsere Gesundheit ist allerdings, den Körper abends mit besonders hochwertiger Stärke zu bedienen. Dadurch erhält der Körper lebensnotwendige Bausteine für einen ruhigen und tiefen Schlaf. Das Besondere daran ist, dass die nächtliche Körperregeneration erheblich präziser vonstatten gehen kann und Sie somit morgens frischer, kraft- und energievoller aufstehen und in den Tag starten.

Diese Art von Abendessen hat wesentlich größere Dimensionen für unsere Gesundheit als wir uns vorstellen können. Die Qualität des Schlafs hängt unter anderem auch von der Qualität des Abendessens ab.

Die Vorteile dieser Art des Abendessens:
- in kurzer Zeit zubereitet
- schmeckt lecker
- leicht verdaulich, gut bekömmlich
- besonders hochwertig
- gesund, höhere Lebensqualität, mehr Energie am nächsten Tag

Wichtig! Achten Sie beim Abendessen noch auf vier Punkte:

1. Uhrzeit
Essen Sie, wenn möglich, nicht viel später als 18 Uhr, spätestens 19 Uhr.

2. Menge
Genießen Sie abends eher eine kleine Mahlzeit, nicht die Hauptmahlzeit, zu schwer verdaulich.

3. Sinn der Nachspeise
Die tägliche Nachspeise nach dem Abendessen ist einer der wichtigsten Ernährungsfaktoren des Tages. Ja, Sie lesen richtig! Diese Nachspeisen mit Obstkompott, eingeweichten Trockenfrüchten oder Dunstobst und daraus hergestellte Köstlichkeiten, wie Sie sie in den Rezepten finden, sind extrem wichtig. Sie bedienen Ihren Körper mit diesem hochwertigen Zucker bester Qualität und gleichzeitig mit dem wichtigen Nährstoff für eine hervorragende Gehirnleistung. Das Gehirn benötigt hochwertigen Zucker (siehe Seite 36). Probieren Sie es selbst aus und lassen Sie sich von Ihrer neuen Lebensqualität überraschen. Kinder, die regelmäßig gesunde Nachspeisen nach dem Abendessen essen, verlangen weniger nach Süßigkeiten. Kinder benötigen häufig noch mehr Zucker als Erwachsene, der gesunde Zucker fördert die gesamte Entwicklung noch besser.

4. Essen Sie danach nichts mehr …
Damit das Verdauungssystem in Ruhe arbeiten kann, ist es sehr wichtig, nach dem Abendessen und der Nachspeise nichts mehr zu essen, auch kein Obst, keinen Käse und keine Nüsse mehr. Das Verdauungssystem möchte zur Ruhe kommen, dann schlafen Sie tiefer und besser.

Verschiedene Faktoren fördern einen ruhigen und tiefen Schlaf, folgendes kann sich im Schlaf spiegeln:

- den vergangenen Tag verarbeiten, Belastungen des Tages loslassen, abschalten
- Abendessen (Uhrzeit, Qualität, Menge)
- Innerer Frieden mit sich und seinem Leben fördert ruhigen und tiefen Schlaf
- Loslassen von Belastungen und vieles mehr

Frühling Abendessenvarianten

Erbsen-Wildkräuter-Kartoffelsuppe

Zubereitungszeit	5 – 10 Minuten
Garzeit	15 – 20 Minuten

Zutaten für 2 Personen:

300 g gefrorene Erbsen
2 mittelgroße Kartoffeln
1 Zwiebel
Zwiebelgrün von zwei Frühlingszwiebeln

Kräuter:

1 Hand voll Brennnesselblätter
2 Stängel Löwenzahnblätter
2 – 4 Blättchen Spitzwegerich
1 Prise Bohnenkraut
2 cm Estragon
1 Blatt Liebstöckel
1 Blatt Zitronenmelisse
etwas Schnittlauch
2 – 3 Blätter Bärlauch
½ Bund frische Petersilie
oder die Kräuter nach Geschmack und Wahl

Gewürze:

½ TL TuWas!-Kräutermischung, gemahlen
⅓ TL feine RASO®-Würze
1 Prise Scharfmachergewürz
1 Prise Schabzigerklee
½ TL Balsamico hell oder
1 TL Zitronensaft frisch
1 Prise Muskatnuss, gemahlen
⅓ TL Maier´s-Bruschetta

Zubereitung:

Kartoffeln schälen, in mundgerechte Stücke schneiden, ca. 10 Minuten in ca. ¾ Liter Wasser köcheln lassen. Die gefrorenen Erbsen mit den klein geschnittenen Zwiebeln dazugeben, weitere 10 Minuten köcheln lassen, zum Schluss TuWas!-Kräutermischung dazugeben.
Wenn alles gar ist, geben Sie die mittelgrob zerkleinerten Kräuter dazu, kurz ziehen lassen, dann mit dem Zauberstab fein pürieren und würzen. Vor dem Servieren streuen Sie etwas geschnittenen Schnittlauch darüber. Vor dem Pürieren könnten Sie eine Hand voll Erbsen zur Seite geben, die Sie dann vor dem Servieren wieder ganz dazugeben.

Tipp 1: Sie können Wildkräuter oder Gartenkräuter nach Geschmack und Bedarf verwenden, gerne auch nur Schnittlauch und/oder Petersilie, wenn Sie keine anderen Kräuter zur Hand haben. Dann nehmen Sie für 2 Personen ½ Bund Schnittlauch und ½ Bund Petersilie, damit der Kräutergeschmack gut zur Wirkung kommt. Je nach Kräutern können Sie diese Suppe durch das Jahr in allen Jahreszeiten zubereiten.

Tipp 2: Sie können diese leckere Suppe anstatt mit Kartoffeln auch mit Quinoa oder Hirse zubereiten. In diesem Fall nehmen Sie pro Person 1 EL Quinoa oder Hirse.
Quinoa oder Hirse in einem Sieb unter fließend warmem Wasser waschen, mit den Zwiebeln ca. 15 Min. garen, die gefrorenen Erbsen dazugeben und ca. 7 Minuten köcheln lassen. Anschließend geben Sie die geschnittenen Kräuter dazu, pürieren alles mit dem Zauberstab und würzen abschließend.

Süße Hirse

Zubereitungszeit	10 Minuten
Garzeit Hirse	15 – 20 Minuten
Garzeit Apfelkompott	20 Minuten

… Hirse und Apfelkompott garen parallel …

Zutaten für 2 Personen:

4 EL Hirse
2 Äpfel
1 Prise Zimt
1 Prise Bourbon Vanillepulver
Cashewkerne nach Bedarf
einen Klacks Mango-Vollfrucht
Kokosflocken

Zubereitung Apfelkompott:
Äpfel schälen, Kernhaus entfernen, in mittelgroße Stücke schneiden, im kleinen Topf in wenig Wasser ca. 20 Minuten schonend garen lassen. Nehmen Sie gerade so viel Wasser, dass die Äpfel knapp bedeckt sind.

Zubereitung Hirse:
Hirse im feinen Haarsieb unter fließend warmem Wasser kurz waschen, ins kochende Wasser geben, (Wasser : Hirse 2 : 1), ca. 15 Minuten auf kleiner Stufe garen, Herd ausschalten und einige Minuten nachquellen lassen.

Wer das Apfelkompott nicht extra zubereiten möchte, kann einfach zusammen mit der Hirse einen geschnittenen Apfel garen.

Vor dem Servieren geben Sie Zimt, Vanillepulver, Apfelkompott, Kokosflocken, einige Cashewkerne dazu. Zum Schluss den Klacks Mango-Vollfrucht.

Tipp: Sollte es schnell gehen müssen, garen Sie nur die Hirse und verwenden Sie entweder Apfelkompott vom Vortag oder Dunstobst aus dem Glas (z.B. Heidelbeeren oder Mirabellen oder Zwetschgen).

So ein süßes Abendessen ist auch einmal etwas Feines.

Buchweizensalat mit Schafskäse

Zubereitungszeit	5 Minuten, wenn Sie zum Mittagessen Buchweizen-mit Gemüse hatten

Sie haben ein leckeres und schnell vorbereitetes Abendessen, wenn Sie z.B. zum Mittagessen Buchweizen mit Gemüse (Seite 58) zubereiten, die doppelte Menge nehmen und abends daraus den Buchweizensalat zaubern. Sie würzen mit etwas Essig, Kräutern, Tamari, RASO®-Würze nach, verfeinern den Geschmack mit Rucola, Basilikum, Zitronenmelisse und geben einige Würfel Schafskäse (wer mag) dazu. Genießen Sie diesen leckeren Salat.

Tipp: Sie könnten das Buchweizen-Gemüse (Seite 58) auch als Abendessen zubereiten, die doppelte Menge nehmen und diese am anderen Tag zur Arbeit mitnehmen oder mittags als Buchweizensalat genießen. Buchweizen-Gemüse oder Buchweizensalat eignen sich sehr gut zum Mitnehmen für unterwegs. Einige Blätter Rucola, Basilikum, Zitronenmelisse geben ihm zusätzlich einen feinen Geschmack.

Frühlingssuppe mit Dinkel- oder Buchweizen-Bulgur

Zubereitungszeit	5 – 10 Minuten
Garzeit	15 – 20 Minuten

Zutaten für 2 Personen:

1 Kohlrabi
(gerne auch die Blätter,
falls diese schön sind)
2 kleine Karotten
1 Stück Lauch (ca. 10 cm)
½ Zwiebel
2 EL Dinkel- oder Buchweizenbulgur

Gewürze:

1 Prise TuWas!-Kräutermischung, gemahlen
⅓ TL Maier´s-Bruschetta
⅓ TL feine RASO®-Würze oder
1 Prise Kräutersalz
1 Prise Schabzigerklee
½ TL Balsamico hell oder dunkel
1 TL Olivenöl, Leinöl oder Walnussöl

Frische Kräuter:

½ Bund Schnittlauch oder
2–4 Blätter Bärlauch oder
⅓ Bund Petersilie
gerne 2 Blättchen Zitronenmelisse
ca. 5 cm Stängel Zitronenverbene
1 kleines Blatt Liebstöckel
2 – 3 Blätter Rucola

Zubereitung:

Karotten, Kohlrabi und Lauch in mundgerechte Stücke schneiden. Zwiebeln und Kohlrabi Blätter ebenso klein schneiden. Alles ca. 10 Minuten in ca. ¾ Liter Wasser garen lassen. Dinkel- oder Buchweizenbulgur dazugeben, weitere 10 Minuten garen, bis dieser sämig ist.
Vor dem Servieren mischen Sie die klein geschnittenen Kräuter unter und geben das Öl dazu.

Tipp: Sie können die Frühlingssuppe wie oben genannt oder püriert servieren. Falls püriert, könnten Sie nach Bedarf einen Klacks saure Sahne dazugeben. Der Schuss Balsamico gibt der Suppe eine feine Nuance.

Frühlingsgemüse-Pfanne

Zubereitungszeit	10 Minuten
Garzeit	20 Minuten

Zutaten für 2 Personen:

1 Pastinake
2 Karotten
½ Kohlrabi mit Blättern
1 Stück Lauch (ca. 8 cm)
1 Zwiebel

Gewürze:

1 Prise TuWas!-Kräutermischung, gemahlen
⅓ TL Maier´s-Bruschetta
⅓ TL feine RASO®-Würze oder
1 Prise Kräutersalz oder
1 Prise Rosmarinsalz
1 Prise Schabzigerklee
½ TL Balsamico hell oder dunkel
1 TL Olivenöl oder Leinöl oder Walnussöl
½ Bund Schnittlauch
2 – 3 Blätter Zitronenmelisse
einige Blättchen Pfefferminze oder
eine andere Minzenart
½ TL Kapern, wer mag

Zubereitung:

Gemüse schälen, in mundgerechte Stücke schneiden, Zwiebel und Kohlrabi-Blätter fein schneiden und alles zusammen in der Pfanne in einer Bodendecke Wasser ca. 15 Minuten garen. Zum Schluss würzen, Kräuter und Öl dazugeben.

Tipp 1: Servieren Sie einige Scheiben gutes Knäckebrot mit verschiedenen pflanzlichen Aufstrichen oder Kräuterpestos dazu.

Tipp 2: Pastinaken in BIO-Qualität enthalten Spuren von Gold, das sehr wertvoll für das Gehirn ist.

Marias steirischer Löwenzahn-Kartoffelsalat

Zubereitungszeit	15 Minuten
Garzeit Kartoffeln	20 Minuten

Zutaten für 2 Personen:

4 mittlere mehlige Kartoffeln
1 Hand voll Löwenzahnblätter und Löwenzahnblüten
2 EL Kürbiskerne

Gewürze:

1 Prise TuWas!-Kräutermischung
2 – 3 Spritzer Tamari
1 TL Balsamico hell
1 Zehe Knoblauch
1 cm Ingwer
½ TL Kapern
1 EL Kürbiskernöl
3 – 4 EL Wasser

Zubereitung Kartoffeln:

Entweder Kartoffeln waschen, schälen, in grobe Stücke schneiden und ca. 15 Minuten in Wasser garen oder Kartoffeln in der Schale ca. 25 Minuten garen. Nehmen Sie gerade so viel Wasser zum Garen, dass die Kartoffeln bedeckt sind. Nach dem Garen etwas abkühlen lassen und in Scheiben schneiden (ca. 3 mm).

Zubereitung Löwenzahnsalat:

Geben Sie in eine Schüssel die sehr fein geschnittenen Löwenzahnblätter und -blüten, fein geriebenen Ingwer, im Mixer fein gemixte Kürbiskerne und frisch gepressten Knoblauch. Mischen Sie dann die anderen Zutaten und die Gewürze unter. Diese Mischung darf kräftig gewürzt sein, da die gegarten Kartoffeln einiges an „Würze" schlucken.
Den Löwenzahnsalat mit den noch warmen Kartoffeln gut vermischen, gerne auch noch warm essen.

Tipp: Dieses Gericht kann als Mittag- oder Abendessen zubereitet werden.
Dies ist ein sehr leckeres Gericht von Maria aus der Steiermark. Danke für das gute Rezept.

Auf dem Foto unten sehen Sie die einzelnen Zutaten. Bereiten Sie den Salat bitte wie oben beschrieben zu.

Gemüsesalat

Zubereitungszeit	5 Minuten, wenn Sie zum Mittagessen ein Gemüsegericht zubereitet haben

Gewürze und Kräuter:

1 Prise TuWas!-Kräutermischung, gemahlen
1 Msp. RASO®-Würze oder Kräutersalz
3 – 4 Spritzer Tamari
1 EL Olivenöl
1 EL Zitronensaft oder 1 EL Balsamico dunkel oder hell
ca. 80 ml Wasser oder vorhandene Gemüsebrühe vom Mittagessen
3 – 4 Stängel Petersilie oder etwas Schnittlauch
4 Blätter Zitronenmelisse

Zubereitung:

Garen Sie zum Mittagessen die doppelte Menge Gemüse und zaubern Sie daraus in wenigen Minuten den Gemüsesalat. Würzen Sie das Gemüse und vermischen Sie dieses mit den klein geschnittenen Kräutern.

Tipp: Wenn Sie Gemüse abends frisch zum Abendessen zubereiten, nehmen Sie die doppelte Menge und zaubern Sie sich den Gemüsesalat für den nächsten Tag zum Mitnehmen.

Heidelbeerkompott mit Mangopüree

Zubereitungszeit 3 Minuten

Zutaten für 2 Personen:
1 Glas Dunstobst-Heidelbeeren (190 ml)
1 Msp. Zimt
1 Msp. Bourbon Vanillepulver
zwei Schuss Sahne
oder
1 TL Mandelmus
Kokosflocken
einen großen Klacks Mangopüree

Zubereitung:
Die Heidelbeeren in Glasschalen geben, mit Zimt, Vanillepulver, Mandelmus oder ungeschlagener Sahne verrühren. Streuen Sie Kokosflocken darüber. Zum Schluss geben Sie einen großen Klacks Mango Püree auf die Köstlichkeit, fertig.

Tipp: Eine feine Nachspeise, nach dem Abendessen genossen, beugt süßen Gelüsten im Laufe des Abends vor. Heidelbeeren sind für das Blut, für das Gehirn und für die Augen besonders wertvoll.
Diese Nachspeise können Sie vielfältig weiterentwickeln, wie z.B. mal mit Banane oder Datteln, mal mit Cashewnüssen oder gemahlenen Walnüssen oder worauf Sie sonst noch Lust haben. Seien Sie kreativ.

Bananen-Schoko-Genuss

Zubereitungszeit 5 Minuten

Zutaten für 2 Personen:
2 sehr reife Bananen
2 EL Carob Pulver
oder
Rohkakao schwach entölt
½ TL frisch gepressten Zitronensaft
1 Msp. Zimt
1 Msp. Bourbon Vanillepulver
Kokosflocken

Zubereitung:
Zerdrücken Sie die reifen Bananen mit der Gabel in einem Teller, rühren Sie Carob oder Kakao, Zimt, Vanillepulver und den Zitronensaft mit der Gabel schön unter. Die Creme wird dann sämig.

Vor dem Servieren streuen Sie Kokosflocken darüber, wer mag, einige Tropfen ungeschlagene Sahne.

Tipp: Diese Bananencreme könnte zu Ihrem Lieblings-Schokoladen-Ersatz werden.

Stachelbeer-Cashew-Creme

Zubereitungszeit	5 Minuten

Zutaten für 2 Personen:

4 TL Stachelbeeren Dunstobst
½ Banane
1–2 entkernte und eingeweichte Datteln (an der Rispe)
2 Hände voll Cashewnüsse
1 Msp. Bourbon Vanillepulver
1 Msp. Zimt
Kokosflocken
etwas Ingwerwurzel
2 Klacks Mango Püree

Zubereitung:

Mahlen Sie die Cashewkerne oder andere Nüsse zuerst trocken im Mixer, anschließend mixen Sie Stachelbeeren, Banane, eingeweichte Datteln, Ingwer, Zimt, Vanillepulver alles zusammen zu einer feinen Creme.

Geben Sie die Creme in Glasschalen oder Gläser, streuen Sie Kokosflocken darüber. Garnieren Sie die Creme z.B. mit einem Blatt Zitronenmelisse oder Minze und verfeinern Sie die Creme mit je einem Klacks Mango Püree.

Tipp: Stachelbeeren sind erstklassige **Schmiermittel für die Gelenke** und zum **Aufbau der Knorpel in den Gelenken**.

Deshalb rate ich, diese Nachspeise häufig zu genießen.

Stachelbeerkompott

Mangocreme mit Kokosmilch, Dunstheidelbeeren oder Heidelbeermus

Zubereitungszeit	5 Minuten falls die getrockneten Mangos vorher eingeweicht wurden

Zutaten für 2 Personen:

ca. 50 g getrocknete Mangos
2 EL Kokosmilch
1 Msp. Zimt
1 Msp. Bourbon Vanillepulver
zwei Schuss Heidelbeermus
Kokosflocken

Zubereitung:

Weichen Sie die getrockneten Mangostreifen am besten über Nacht in ca. ¼ Liter Wasser ein. Mixen Sie die eingeweichten Mango Streifen mit 2–3 EL Einweichwasser, Kokosmilch, Zimt und Vanillepulver zu einer feinen Creme.
Geben Sie die Creme in Glasschalen, den Schuss Heidelbeermus oder Dunstheidelbeeren als Farbklacks dazu. Streuen Sie die Kokosflocken noch darüber, fertig.

Tipp: Selbstverständlich können Sie die Mangocreme auch aus frischen Mangos zubereiten. Anstatt Kokosmilch könnten Sie 1 EL Joghurt oder einen Schuss Sahne verwenden. Wer kein Heidelbeermus oder Dunstobst zur Hand hat, kann sie auch nur als Mangocreme zubereiten. Legen Sie ein kleines Blatt Zitronenmelisse oder Minze oder einige Erdbeeren zum Garnieren dazu.

Mangocreme

Eingeweichte Trockenfrüchte – süßer Juwel im Alltag

Zubereitungszeit	2 Minuten

Zutaten für 2 Personen, bitte verwenden Sie jeweils immer nur eine Sorte:

4 Scheiben Ananas
– mundgerechte Stücke
4 Stücke Mangos
– mundgerechte Stücke
6 Stück Pflaumen
– ganz lassen
6 Stück Aprikosen
– ganz lassen
2 – 3 EL Aprikosen wild
– so lassen
4 Stück Feigen
– Stielansatz entfernen
– Feigen halbieren
4 Stück Papayas
– mundgerechte Stücke
4 Stück Datteln (an der Rispe)
– ganz lassen, jedoch entkernt
2 Stück getrocknete Bananen
– in kleine Stücke schneiden

Zubereitung:
Füllen Sie die jeweiligen Trockenfrüchte (mundgerechte Stücke) in ein leeres Honigglas ca. halbvoll, das Glas mit Wasser auffüllen. Stellen Sie das Glas über Nacht in den Kühlschrank. Die Trockenfrüchte saugen sich mit Wasser voll, schmecken köstlich. Das Aroma und der Geschmack kommen durch das Einweichen noch mehr zur Geltung.

Tipp 1: Weichen Sie je nach Bedarf und Vorrat alle 2 – 3 Tage verschiedene Trockenfrüchte in Wasser in einem Schraubglas ein. So haben Sie auch für den nächsten Tag etwas „Süßes" zum Mitnehmen. Wechseln Sie mit den Trockenfrüchten ab. Kaufen Sie Trockenfrüchte in bester Qualität, biologisch, nicht geschwefelt, nicht behandelt, ein.

Tipp 2: Eingeweichte Trockenfrüchte sind zu oder nach jeder Mahlzeit etwas Besonderes. Sie versorgen den Körper mit allerbesten Nähr- und Vitalstoffen sowie dem besten Zucker fürs Gehirn. Wer abends eingeweichte Trockenfrüchte oder daraus zubereitete Nachspeisen oder Dunstobst als Nachspeise isst, kann häufig besser, tiefer schlafen. Der hochwertige Zucker gibt dem Körper eine angenehme innere Ruhe.
Warum „suchen" viele Menschen abends im Vorratsschrank nach Süßem? Weil der Körper abends noch etwas Zucker benötigt. Es ist gut, wenn wir uns mit hochwertigem Zucker versorgen.

Tipp 3: Bei manchen Früchten bevorzuge ich Trockenfrüchte anstatt frischen Früchten. Die Früchte, die im Ernteland zum Trocknen geerntet werden, sind immer reif geerntet. Die Früchte, die aus fernen Ländern zu uns geliefert werden, müssen grün und unreif geerntet werden, weil sie den Transport sonst nicht überstehen würden. Somit ist Geschmack und Aroma der „reif geernteten Früchte", die zu Trockenfrüchten verarbeitet werden, deutlich spürbar.

Pflaumencreme

Zubereitungszeit	2 Minuten

Zutaten für 2 Personen:
ca. 250 g getrocknete Pflaumen (ungeschwefelt), über Nacht in Wasser einweichen. Die Pflaumen sollen gut im Wasser liegen.
1 Prise Zimt
1 Prise Bourbon Vanillepulver

Mixen Sie am nächsten Morgen die eingeweichten Pflaumen mit etwas Einweichwasser, geben Sie die Gewürze dazu, umrühren, fertig und genießen! Die Pflaumencreme können Sie gut 3 – 4 Tage im Kühlschrank aufbewahren.

Reis

Bestes Eiweiß, wertvolle Kohlenhydrate, leicht verdaulich

Süßer Reis mit geschlagener Sahne

Zubereitungszeit	5 Minuten, wenn der Reis gekocht und die Trockenfrüchte eingeweicht sind

Zutaten für 2 Personen:
2 Feigen getrocknet
1 Hand voll (ca. 50 g) Gojibeeren getrocknet

4 EL Vollkorn Rundkornreis

Gewürze:
1 Msp. Zimt
1 Msp. Bourbon Vanillepulver

Zum Verfeinern:
Abrieb und Saft einer halben Zitrone (BIO)
1/8 l Schlagsahne
1 Schuss Agavendicksaft
1 Msp. Carobpulver oder Rohkakao
1 Klacks Mangopüree

Zubereitung:
Garen Sie den gewaschenen Reis ca. 35 Minuten in 150 ml Wasser am Vorabend oder morgens, damit er für die Zubereitung abgekühlt ist. Geben Sie die eingeweichten Feigen (geschnitten), die Gojibeeren (einige für die Dekoration zurückbehalten), die Gewürze, Zitrone dazu, vermengen Sie alles. Wenn möglich, ca. 1 Stunde kaltstellen.
Vor dem Servieren heben Sie die geschlagene Sahne (mit Agavendicksaft gesüßt) unter, geben die Nachspeise in Nachtischschalen, verzieren Sie mit Carobpulver oder Rohkakao, Mangopüree und einigen eingeweichten Gojibeeren.

Variante im Glas servieren:
Vermischen Sie Zimt, Bourbon Vanillepulver, Abrieb und Saft der Zitrone mit dem Reis. Schichten Sie die Zutaten ins Glas, verzieren Sie mit Sahne, Carob oder Rohkakao, Mangopüree und Gojibeeren.
Verwenden Sie statt Feigen immer wieder eine andere Trockenfrucht, so kommt Abwechslung in diese Nachspeise.

Gojibeere – die Glücksbeere

Die Gojibeere ist ein Gruß aus dem Himalaya mit langer Geschichte, vollgepackt mit einer Fülle einmaliger Nähr-, Schutz- und Heilstoffe. In ihrer Heimat ist sie ein Jahrtausende altes Geheimnis für Gesundheit und Schönheit. Seit einigen Jahren hält sie in unseren Regionen Einzug. Sie überrascht mit ihrem kräftigen Wuchs und, wenn man Glück hat, mit guter Ernte. Die „Glücksbeere", wie ihr Name übersetzt heißt, wächst als groß werdender, winterharter Strauch in Schrebergärten. Achtung: Sie benötigt Platz.

... aus dem Buch: Goji – Die ultimative Superfrucht, Shalila Sharamon und Bodo J. Baginski

„Die Goji, geheimnisvolle kleine rote Beere, mit ihrem außergewöhnlichen, gesundheitsfördernden Potential ist sehr bemerkenswert. In der chinesischen Kräuterheilkunde nehmen „Gojis", neben Ginseng, den höchsten und wichtigsten Platz ein."

Wissenschaftler entdeckten ein bislang unvergleichliches Potential an Mineralstoffen und Spurenelementen sowie vielen Vitaminen und bisher unbekannten Wirkstoffen. Mit Blaubeeren verglichen enthält die Gojibeere:

- das 10fache an Vitamin C, Provitamin A und B-Vitaminen
- sowie fast das 20fache an Kalzium.

Fortsetzung siehe Winter Nachspeisen, Seite 162

Sommer-Rezepte

Wochenübersicht

	Frühstück *(ab Seite 44)*	**Mittagessen** *(ab Seite 78)*	**Abendessen** *(ab Seite 91)*
Montag	Borretschgetränk Frische Früchte Kokosflocken, Zimt Erdmandelflocken 1 Hand voll Nüsse Sesamgetränk (hell)	Wermutgetränk Grüner Sommersalat Spargel mit Hirse oder Quinoa und Brennnessel- oder Mangoldsoße Frische Erdbeeren	Karottensaft Süßkartoffeln Lauchgemüse Aprikosenkompott
Dienstag	Rosmaringetränk Frische Früchte Nüsse nach Wahl Haselnussgetränk	Petersiliengetränk Griechischer Bauernsalat Gemüsenudeln mit Sommerkräutern Frisches Obst	Karottensaft Nudelsalat mit Rucola und Basilikum Mirabellenkompott
Mittwoch	Salbeigetränk Frische Früchte Nüsse nach Wahl Sesamgetränk (schwarz)	Löwenzahngetränk Linsensalat mit Rucola und Sommerkräutern (Hauptgericht) Frische Beeren und Früchte	Karottensaft Zucchini-Mahlzeit Schwarze Johannisbeercreme
Donnerstag	Brennnesselgetränk Basisches Sommer-frühstück Macadamianussgetränk	Frauenmantelgetränk Kräutersalat mit Tomate und Paprika Grüne Bohnen mit Kartoffeln Erdbeer-Mango-Traum	Karottensaft Blumenkohl, Karotten und Avocadosoße Peters Mousse au Chocolat
Freitag	Spitzwegerichgetränk Basisches Sommer-frühstück Paranussgetränk	Kapuzinerkressegetränk Tomaten-Gurken-Salat Sommergemüse, Kichererbsenpüree und Mangoldsoße Frische Beeren und Früchte	Karottensaft Feine Spargelsuppe Knäckebrot mit pflanzlichen Brot-aufstrichen Mirabellenkompott
Samstag	Petersiliengetränk Basisches Sommer-frühstück Walnussgetränk	Kapuzinerkressegetränk Bohnensalat Frische Erbsen, Karotten und Kartoffeln Frisches Obst	Karottensaft Spaghetti-Mahlzeit mit Sommerkräutern eingeweichte Trocken-früchte
Sonntag	Zitronenmelissegetränk Frische Früchte und Nüsse Cashewnussgetränk	Jiaogulangetränk Bunter Paprikasalat Gefüllte Zucchini oder gefüllte Paprika Konnys Tiramisu	Karottensaft Maispolenta mit Brennnesselsoße oder Brokkoli Pfirsichkompott

Sommer Mittagessenvarianten – Salate

Grüner Sommersalat

Zubereitungszeit	10 Minuten

Zutaten für 2 Personen:

½ – 1 Kopf grüner Salat (je nach Größe)
1 Zwiebel rot oder weiß
1 Hand voll Rucola
1 – 2 Stängel Zitronenmelisse (ca. 10 cm)
1 Stängel Minze (ca. 5 cm)
2 Kronen Basilikum
(jeweils die obersten 4 Blätter)
2 Stängel Petersilie
etwas Dill (frisch oder getrocknet)
(oder Kräuter nach Wahl)
etwas klein geschnittene Petersilie

Dressing in einer Schüssel vorbereiten:

1 EL Zitronensaft oder
1 EL Balsamico hell oder dunkel
2 EL Wasser
1 Msp. Senf mittelscharf
1 Msp. feine RASO®-Würze oder
eine Prise Kräutersalz
1 Prise TuWas!-Kräutermischung, gemahlen
1 kleinen Spritzer Agavensirup
2 Spritzer Tamari
Alles vermengen, anschließend
2 EL Olivenöl unterrühren.

Zubereitung:

Vermengen Sie die klein geschnittene Zwiebel mit dem Dressing in der Schüssel.
Waschen Sie die Salatblätter kurz, bereiten Sie diese in mundgerechte Stücke vor, mischen Sie diese und die klein geschnittenen Kräuter vorsichtig mit dem Dressing.
Bitte den Salat sofort servieren, damit er nicht zusammenfällt.

Tipp: Die Kombination grüner Salat und Spargel sind besonders wertvoll für die Regeneration in der Harnblase. In diesem Fall fördert grüner Salat die Regeneration mehr als gemischter Salat mit Paprika, Gurke …

Griechischer Bauernsalat

Zubereitungszeit	10 Minuten

Zutaten für 2 Personen:

1 Zwiebel rot
1 kleine Gurke
250 g Tomaten
1 Römersalatherz
50 g schwarze Oliven
100 g Schafskäse
etwas klein geschnittene Petersilie

Dressing in einer Schüssel vorbereiten:

1 EL Zitronensaft oder
1 EL Balsamico hell
2 EL Wasser
1 Msp. Senf mittelscharf
1 Msp. feine RASO®-Würze oder
eine Prise Kräutersalz
1 Prise TuWas!-Kräutermischung, gemahlen
1 kleinen Spritzer Agavensirup
2 Spritzer Tamari
Alles vermengen, anschließend
2 EL Olivenöl unterrühren.

Zubereitung:

Klein geschnittene Zutaten (ohne Oliven und Schafskäse) mit dem Dressing in der Schüssel vermengen. Vor dem Servieren den gewürfelten Schafskäse untermengen, Oliven daraufgeben, mit etwas klein geschnittener Petersilie garnieren.

Tipp: Der Griechische Bauernsalat kann entweder mit Zitronensaft oder mit Essig zubereitet werden. Mit den Zutaten können Sie nach Bedarf abwechseln.

Linsensalat mit Rucola und Sommerkräutern

Garzeit der Linsen	ca. 20 Minuten
Zubereitungszeit	10 Minuten, wenn die Linsen gegart sind

Zutaten für 2 Personen:

1 kleine Tasse (ca. 120 g) Beluga-Linsen (schwarz) oder grüne Linsen
1 Karotte
½ Paprika rot
½ Paprika gelb
1 Stück Lauch (ca. 10 cm)
½ Zwiebel
1 Lorbeerblatt

Kräuter und Zutaten zum Verfeinern:

2 Tomaten
1 Stück Gurke (ca. 10 cm)
nach Bedarf 6 – 8 kleine Würfel Schafskäse
1 Hand voll Rucola
2 kleine Stängel Zitronenmelisse
1 kleiner Stängel Minze
1 Hand voll klein geschnittene Petersilie

Dressing:

2 EL dunklen Balsamico
1 EL Olivenöl
2 – 3 EL Wasser
⅓ TL feine RASO®-Würze
1 Schuss Agavensirup
1 Prise TuWas!-Kräutermischung, gemahlen
1 Prise Kräutersalz
1 TL Senf mittelscharf
1 TL Maier´s-Bruschetta
2 – 3 Spritzer Tamari

Zubereitung:

Die Linsen in 2 – 3-facher Menge Wasser, ohne Salz, mit Lorbeerblatt ca. 20 Min. garen. Linsen ins kochende Wasser geben, auf kleiner Stufe ca. 20 Minuten köcheln lassen, Herd ausschalten, die Linsen noch ca. 5 Minuten nachquellen lassen. Vorbereitete Karotten, Zwiebel, Lauch, Paprika parallel ca. 10 Minuten extra garen, TuWas!-Kräutermischung am Ende des Garens dazugeben. Wenn die gegarten Linsen und das separat gegarte Gemüse noch lauwarm sind, kann der Salat mit den Zutaten vollendet werden. Wenn möglich, lassen Sie den Linsensalat mindestens 2 Stunden durchziehen. Vor dem Servieren würzen Sie nach Bedarf nochmals z.B. mit Essig nach. Mischen Sie die Würfel Schafskäse, die geschnittenen Tomaten und die Kräuter unter.

Tipp 1: Linsensalat ist eine sehr wertvolle Eiweißquelle. Er sättigt gut und schmeckt im Sommer als Hauptgericht zum Mittagessen vorzüglich. Der Linsensalat kann mit grünen Linsen, oder Berglinsen oder mit den schwarzen Beluga-Linsen zubereitet werden, nicht mit den gelben oder roten Linsen. Letztere beiden sind für Linsenpüree oder Linsenaufstriche gedacht. Der Linsensalat kann auch einen Tag vorher zubereitet werden. Er eignet sich sehr gut zum Mitnehmen (z.B. zur Arbeit als Mittagessen). Verwöhnen Sie auch mal Ihre Gäste damit, Sie werden überrascht sein.

Tipp 2: Arbeitsschritte in der Zubereitung
Ich stelle den Topf mit dem Wasser für die Linsen auf den Herd, schalte die Herdplatte ein. Wenn das Wasser kocht, gebe ich die Linsen ins kochende Wasser, ohne Salz. Parallel stelle ich das Wasser im zweiten kleinen Topf für das Gemüse auf den Herd, schalte ein. Bis das Wasser kocht, schäle und schneide ich das Gemüse. Das Gemüse gebe ich ins kochende Wasser, lasse es ca. 10 Minuten köcheln, dann schalte ich aus und lasse es noch etwas nachgaren.

Kräutersalat mit Tomate und Paprika

Zubereitungszeit	10 Minuten

Zutaten für 2 Personen:

2 Tomaten
½ Paprikaschote gelb
½ Paprikaschote rot
1 kleine Zwiebel rot oder weiß
1 Hand voll Rucola
1 Stängel Zitronenmelisse (ca. 10 cm)
1 Stängel Minze (ca. 5 cm)
2 Kronen Basilikum
(jeweils die obersten 4 Blätter)
2 Stängel Petersilie
(oder Kräuter nach Wahl)
100 g Schafskäse (nach Bedarf)

Dressing in einer Schüssel vorbereiten:

1 EL Zitronensaft oder
1 EL Balsamico hell oder dunkel
2 EL Wasser
1 Msp. Senf mittelscharf
1 Msp. feine RASO®-Würze oder
eine Prise Kräutersalz
1 Prise TuWas!-Kräutermischung, gemahlen
1 kleinen Spritzer Agavensirup
2 Spritzer Tamari
Alles vermengen, anschließend
2 EL Olivenöl unterrühren.

Zubereitung:

Schneiden Sie zuerst Paprika, Zwiebel und Tomaten klein, vermengen Sie diese mit dem Dressing. Vor dem Servieren geben Sie die kleingeschnittenen Kräuter und den gewürfelten Schafskäse dazu, alles untermengen. Bei den Kräutern werden nur die Blätter verwendet.

Tipp: Den Kräutersalat können Sie im Wechsel mit allen Sommerzutaten zubereiten. Verwenden Sie mal Gurke, mal Kohlrabi, mal Rettich oder Radieschen, mal Zucchini.
Wechseln Sie je nach Bedarf und Wahl ab. So zaubern Sie immer wieder eine neue Variante, von der Sie selbst überrascht sind. Die frischen Kräuter haben mehr Inhaltsstoffe als ein hoch gezüchteter grüner Salat. Deshalb nutzen Sie im Sommer die Kraft in den Kräutern für Ihre Gesundheit.

Sommerlicher Tomaten-Gurken-Salat

Zubereitungszeit	10 Minuten

Zutaten für 2 Personen:

4 Tomaten
1 mittlere Gurke
1 kleine Zwiebel rot oder weiß
4 Blätter Rucola
1 Stängel Zitronenmelisse (ca. 10 cm)
1 Stängel Minze (ca. 5 cm)
2 Kronen Basilikum
(jeweils die obersten 4 Blätter)
2 Stängel Petersilie
etwas Dill (frisch oder getrocknet)
(oder Kräuter nach Wahl)
100 g Schafskäse (nach Bedarf)

Dressing in einer Schüssel vorbereiten:

1 EL Zitronensaft oder
1 EL Balsamico hell oder dunkel
2 EL Wasser
1 Msp. Senf mittelscharf
1 Msp. feine RASO®-Würze oder
eine Prise Kräutersalz
1 Prise TuWas!-Kräutermischung, gemahlen
1 kleinen Spritzer Agavensirup
2 Spritzer Tamari
Alles vermengen, anschließend
2 EL Olivenöl unterrühren.

Zubereitung:

Schneiden Sie zuerst Zwiebel, Gurke, Tomaten klein, vermengen Sie diese mit dem Dressing. Vor dem Servieren geben Sie die kleingeschnittenen Kräuter und den gewürfelten Schafskäse dazu, alles untermengen.

Tipp: Den Tomaten-Gurken-Salat können Sie mit verschiedenen Kräutern zubereiten. Verwenden Sie mal nur Basilikum oder mal nur Rucola. Wechseln Sie nach Geschmack und Bedarf die Kräuter ab. Falls Sie diesen Salat nur mit Basilikum und Dill zubereiten wollen, haben Sie auch hiermit eine sehr gute Variante. Seien Sie kreativ.

Bohnensalat

Garzeit der Bohnen	15 Minuten
Zubereitungszeit	5 Minuten, wenn die Bohnen gegart sind

Zutaten für 2 Personen:

ca. 300 g grüne Bohnen
1 kleine Zwiebel rot oder weiß
Bohnenkraut, frisch (1 Zweig ca. 5 cm) oder getrocknet (1 Msp.)
1 Zweig Petersilie

Dressing in einer Schüssel vorbereiten:

1 EL Zitronensaft oder
1 – 2 EL Balsamico hell oder dunkel
2 EL Wasser
1 Msp. Senf mittelscharf
1 Msp. feine RASO®-Würze oder
eine Prise Kräutersalz
1 Prise TuWas!-Kräutermischung, gemahlen
1 kleinen Spritzer Agavensirup
2 Spritzer Tamari
Alles vermengen, anschließend
2 EL Olivenöl unterrühren.
Mischen Sie die klein geschnittene Zwiebel unter das Dressing.

Zubereitung:

Schneiden Sie die Spitzen der zarten Bohnen oben und unten ab, schneiden Sie diese in ca. 5 cm große Stücke. Geben Sie die vorbereiteten Bohnen in kochendes Wasser (so viel Wasser, dass die Bohnen bedeckt sind). Garen Sie die Bohnen mit dem Zweig Bohnenkraut ca. 15 Minuten (nur köcheln lassen). Gießen Sie das Wasser ab, lassen Sie die Bohnen etwas abkühlen und vermengen Sie diese mit dem Dressing.

Tipp: Bohnensalat ist eine sehr hochwertige Eiweißquelle. Er wird zum Mittagessen gegessen, nicht abends. Abends könnte er Blähungen verursachen. Wer kein frisches Bohnenkraut zur Hand hat, verwendet getrocknetes Bohnenkraut, dieses wird ins Dressing gegeben.

Bunter Paprikasalat

Zubereitungszeit	10 Minuten

Zutaten für 2 Personen:
½ – 1 Schote Paprika gelb
½ – 1 Schote Paprika rot
(je nach Größe der Schoten)
1 kleine Zwiebel rot oder weiß
4 Blätter Rucola
2 – 3 Kronen Basilikum
(jeweils die obersten 4 Blätter)
1 Zweig Petersilie
(oder Kräuter nach Wahl)
100 g Schafskäse (nach Bedarf)

Dressing in einer Schüssel vorbereiten:
1 EL Zitronensaft oder
1 EL Balsamico hell oder dunkel
2 EL Wasser
1 Msp. Senf mittelscharf
1 Msp. feine RASO®-Würze oder
eine Prise Kräutersalz
1 Prise TuWas!-Kräutermischung, gemahlen
1 kleinen Spritzer Agavensirup
2 Spritzer Tamari
Alles vermengen, anschließend
2 EL Olivenöl unterrühren.

Zubereitung:
Schneiden Sie zuerst die Zwiebel fein, mischen Sie diese ins Dressing. Dann geben Sie den geschnittenen Paprika dazu, mischen Sie alles unter. Vor dem Servieren mengen Sie die Kräuter und, wer mag, Schafskäse unter.

Tipp: Der Paprikasalat ist ein farbenfroher Sommersalat. Mit den Kräutern wechseln Sie ab, so haben Sie immer wieder eine neue Variante. Die Kräuter geben den Sommersalaten viele wertvolle Nährstoffe, Vitamine und einen besonders feinen Geschmack.

Spargel mit Hirse oder Quinoa und Brennnessel- oder Mangoldsoße

Zubereitungszeit	10 Minuten
Garzeit	20 Minuten

Zutaten Spargel für 2 Personen:

ca. 500 g Spargel
ca. 20 ml frisch gepressten Zitronensaft
1 Msp. RASO®-Würze
2 – 3 Spritzer Tamari oder Kräutersalz
1 Msp. TuWas!-Kräutermischung, gemahlen
etwas Butter
klein geschnittener Schnittlauch

Zubereitung Spargel:
Garen Sie den geschälten Spargel ca. 10 – 15 Minuten (köcheln lassen) ohne Salz. Geben Sie nur so viel Wasser in den Topf, dass die Spargelstangen bedeckt sind. Auf dem Teller würzen Sie den Spargel nach Ihrem Geschmack.

Tipp 1: Spargel fördert die Regeneration der Harnblase. Deshalb rate ich, während der Spargelzeit ein- bis zweimal pro Woche Spargel zu genießen. Trinken Sie das Spargelwasser zum Essen oder zwischen den Mahlzeiten. Es fördert auch die Gesundheit der Harnblase. Nach der „Spargelkur" spüren Sie die Verbesserung der Harnblase deutlich.

Tipp 2: Weißer Spargel benötigt etwas mehr Garzeit als Grüner Spargel. Die Dicke der Spargelstangen bestimmen die Garzeit. Grüner Spargel wird nicht geschält. Sollten Sie zu viel Spargel gekocht haben, können Sie diesen kalt essen oder daraus für das Abendessen einen leckeren Spargelsalat zubereiten.

Zutaten Hirse oder Quinoa für 2 Personen:

4 – 5 EL (ca. 50 g) Hirse oder Quinoa
½ Zwiebel
2 Stangen Frühlingszwiebel
1 Msp. TuWas!-Kräutermischung, gemahlen
1 Msp. RASO®-Würze oder Kräutersalz oder
2 – 3 Spritzer Tamari
½ TL Olivenöl

Zubereitung Hirse oder Quinoa:
Hirse oder Quinoa im feinen Haarsieb unter fließend warmem Wasser kurz waschen, ins kochende Wasser (ca. 200 ml) geben, auf kleiner Stufe ca. 15 Minuten köcheln lassen, nicht umrühren. Schalten Sie den Herd aus, lassen Sie einige Minuten nachquellen. Würzen Sie die gegarte Hirse oder Quinoa nach dem Garen im Topf oder auf dem Teller.

Tipp: Bei der Hirse gibt es unterschiedliche Sorten. Kleine oder größere Körner benötigen dann etwas mehr oder weniger Wasser und eine etwas kürzere oder längere Garzeit.
Probieren Sie aus, welche Hirse Ihnen am besten schmeckt. Wir führen im Sortiment die Spreewälder Hirse, sie ist angenehm körnig, nicht zu groß.

Brennnessel- oder Mangoldsoße

Zutaten für 2 Personen:

zwei Hände voll Brennnesselblätter oder
4 große Blätter Mangold oder
6 kleine Blätter Mangold
½ Zwiebel

Gewürze für die Kräutersoße:

⅓ TL Kapern in Salz
1 Prise TuWas!-Kräutermischung, gemahlen
⅓ TL Maier´s-Bruschetta
1 – 2 Spritzer Tamari
1 Prise Muskatnuss, gemahlen

Zum Verfeinern der Kräutersoße:

1 TL Kokosmus oder
1 TL Mandelmus oder
1 Stück Butter oder
1 Schuss Sahne nach Wahl

Zubereitung der Brennnessel- oder Mangoldsoße:
Garen Sie die gewaschenen Brennnesselblätter oder Mangoldblätter (etwas zerkleinert) mit den geschnittenen Zwiebeln in wenig Wasser (Bodendecke) ca. 5 Minuten. Schalten Sie den Herd aus, lassen Sie die Blätter ca. 5 Minuten nachgaren. Mixen Sie die gegarten Blätter mit ca. 30 ml Garwasser, den Gewürzen und dem Kokosmus o.ä. im Mixer zu einer feinen Soße.

Gemüsenudeln mit Sommerkräutern

Zubereitungszeit	10 Minuten
Garzeit	20 Minuten

Zutaten für 2 Personen:

ca. 200 g – 250 g Nudeln
(je nach Hunger)
1 l Wasser
½ Zwiebel
2 Karotten (mittelgroß)
2 Stangen Frühlingszwiebel
1 kleine Pastinake
½ Paprikaschote (rot oder gelb)

Gewürze und Zutaten zum Verfeinern:

⅓ TL Kapern in Salz
1 Prise TuWas!-Kräutermischung, gemahlen
½ TL Maier´s-Bruschetta
3 – 4 Spritzer Tamari
1 Msp. RASO®-Würze oder Kräutersalz
1 EL Olivenöl
2 TL Kräuterpesto (Basilikum, Bärlauch, Tomate oder Olive)
6 Oliven ganz, Kalamata schwarz (nicht gefärbt) oder grün

Sommerkräuter nach Wahl und Bedarf:

1 Stängel Petersilie
1 Stängel Zitronenmelisse (ca. 10 cm)
1 Stängel Minze (ca. 5 cm)
1 Hand voll Rucola
3 – 4 Blättchen Zitronenverbene
1 cm Olivenkraut

Zubereitung:

Waschen, schälen, schneiden Sie das Gemüse in mundgerechte Stücke und geben Sie dieses ins kochende „Nudelwasser" ohne Salz. Lassen Sie alles zusammen ca. 2 Minuten köcheln, dann geben Sie die Nudeln dazu und garen Sie das Ganze ca. 10 Minuten, Herd ausschalten, ca. 5 Minuten nachquellen lassen. Entweder Sie würzen die Gemüsenudeln noch vor dem Servieren im Topf oder jeder würzt sich das Essen selbst auf dem Teller mit den fein geschnittenen Kräutern und Würz-Zutaten.

Tipp 1: Garen Sie einfach alles zusammen in einem Topf. Wechseln Sie die Gemüsesorten nach Saison. So haben Sie immer wieder eine neue Variante.

Tipp 2: Ich koche Nudeln grundsätzlich mit so viel Wasser, dass am Ende der Garzeit kein Wasser mehr abzugießen ist. Die Nudeln kleben trotzdem nicht zusammen. Bei den Gemüsenudeln soll das Wasser am Ende ebenfalls aufgenommen sein.

Tipp 3: Inzwischen gibt es auch sehr gute glutenfreie Nudeln aus Reis- und Maismehl. Probieren Sie diese einfach aus, sie schmecken sehr lecker. Wer es nicht weiß, bemerkt es evtl. nicht, dass sie nicht aus Weizen oder Dinkel sind. Das Würzen ist das A und O!

Tipp 4: Pastinaken in BIO-Qualität enthalten Spuren von Gold, das sehr wertvoll für das Gehirn ist.

Grüne Bohnen mit Kartoffeln

Zubereitungszeit	10 Minuten
Garzeit	15 – 20 Minuten

Zutaten für 2 Personen:

2 Hände voll grüne Bohnen (je nach Bedarf)
6 Kartoffeln (oder ½ Hokkaido-Kürbis)
3 Zwiebeln (zwei gekocht für die Bohnen, eine roh zum Servieren)

Gewürze und Kräuter zum Verfeinern:

½ TL Kapern in Salz
1 Prise TuWas!-Kräutermischung, gemahlen
½ TL Maier´s-Bruschetta (trockene Mischung oder als Dip vorbereitet) oder
1 TL Kräuterpesto (Basilikum, Bärlauch, Tomate oder Olive)
3 – 4 Spritzer Tamari
1 Msp. RASO®-Würze oder Kräutersalz
1 EL Olivenöl
1 kleiner Zweig Bohnenkraut (ca. 5 cm) oder
1 Msp. getrocknetes Bohnenkraut
1 Stängel Petersilie oder etwas Schnittlauch
5 – 6 Nadeln Rosmarin (wer hat)

Zubereitung:

Waschen und garen Sie die Kartoffeln ca. 15 – 20 Minuten. Schneiden Sie die Spitzen der zarten Bohnen oben und unten ab. Verwenden Sie die Bohnen ganz oder schneiden Sie sie nur einmal durch (falls sie sehr lang sind). Garen Sie die Bohnen mit den beiden ganzen Zwiebeln und dem Zweig Bohnenkraut ca. 15 Minuten in wenig Wasser. Verwenden Sie nur so viel Wasser, dass die Bohnen knapp bedeckt sind. So garen die Bohnen schonend in wenig Wasser, im Dampf, bitte nur köcheln lassen.

Servieren:

Servieren Sie die Kartoffeln als Pellkartoffeln, legen Sie die Bohnen dazu. Entweder Sie würzen die Bohnen noch vor dem Servieren im Topf, oder jeder würzt sich das Essen selbst auf dem Teller mit den Kräutern und Würz-Zutaten. Das bereitet viel Freude und die persönliche Geschmacksnote kann sich entfalten. Mahlen Sie die Rosmarinnadeln im Mixer sehr fein, streuen Sie diese über die geschälten Kartoffeln, so haben Sie Rosmarinkartoffeln.

Die dritte Zwiebel wird klein geschnitten als Gewürz übers Essen gestreut. Die frisch geschnittene Zwiebel ist eine sehr wertvolle Schwefelquelle fürs Herz.

Tipp 1 Optimale Arbeitsschritte:

Stellen Sie zuerst die gewaschenen ganzen Kartoffeln zum Garen auf. Dann bereiten Sie die Bohnen vor.

Sommergemüse, Kichererbsenpüree und Mangoldsoße

Zubereitungszeit	20 Minuten, wenn die Kichererbsen gegart sind
Garzeit der Kichererbsen	ca. 1 ½ – 2 Stunden

Sommergemüse, Zutaten für 2 Personen:
2 Karotten
½ Aubergine
½ Paprika rot
½ Paprika gelb
4 Röschen Brokkoli
1 Zwiebel
1 Stange Zwiebelgrün

Gewürze, Kräuter und Zutaten zum Verfeinern:
1 Prise TuWas!-Kräutermischung, gemahlen
1 Msp. RASO®-Würze oder Kräutersalz
½ TL Maier´s-Bruschetta (trockene Mischung oder als Dip vorbereitet)
1 Msp. Schabzigerklee
3-4 Spritzer Tamari
½ TL Kapern in Salz
1 EL Olivenöl
4 Stängel Petersilie oder etwas Schnittlauch
4 Blätter Zitronenmelisse
4 Blätter Zitronenverbene
1 Hand voll Rucola
2 Kronen Basilikum (jeweils die obersten 4 Blätter)

Zubereitung:
Garen Sie das klein geschnittene Gemüse (außer Brokkoli) in wenig Wasser (Bodendecke) ca. 10 Minuten, geben Sie die Brokkoli-Röschen dazu und garen Sie alles zusammen weitere 5 Minuten, Herd ausschalten, etwas nachgaren lassen. Würzen Sie das Sommergemüse vor dem Servieren im Topf oder jeder würzt sich das Essen auf dem Teller. Streuen Sie die fein geschnittenen Kräuter auf dem Teller übers Essen. Wer mag, kann auch etwas frisch geriebenen Parmesankäse darüberstreuen.

Kichererbsenpüree

Gewürze und Zutaten zum Verfeinern:
1 kleine Tasse (ca. 120 g) Kichererbsen
1 Lorbeerblatt
1 Prise TuWas!-Kräutermischung, gemahlen
⅓ TL Maier´s-Bruschetta
1 – 2 Spritzer Tamari oder Kräutersalz
1 kleiner Spritzer Balsamico hell oder dunkel wer mag, 3 Blattkronen Basilikum oder 5 Blätter Rucola (schmeckt besonders fein)

Zubereitung:
Lassen Sie die Kichererbsen ca. 1½ – 2 Stunden mit einem Lorbeerblatt in ca. 1 Liter Wasser schön weich köcheln. Herd ausschalten, noch einige Minuten nachquellen lassen. Pürieren Sie kurz vor dem Servieren die gegarten Kichererbsen mit etwas Kochwasser, den Gewürzen, Kräutern und dem Balsamico fein.

Mangoldsoße

Zutaten, Gewürze und Zutaten zum Verfeinern:
4 große Blätter Mangold oder
6 kleine Blätter Mangold
½ Zwiebel
⅓ TL Kapern in Salz
1 Prise TuWas!-Kräutermischung, gemahlen
⅓ TL Maier´s-Bruschetta
1 – 2 Spritzer Tamari oder Kräutersalz
1 Prise Muskatnuss, gemahlen
1 TL Kokosmus oder
1 TL Mandelmus oder
1 Stück Butter oder
1 Schuss Sahne, nach Wahl

Zubereitung:
Garen Sie die gewaschenen, etwas zerkleinerten Mangoldblätter mit der geschnittenen Zwiebel in wenig Wasser (Bodendecke) ca. 5 Minuten. Schalten Sie den Herd aus, lassen Sie die Blätter ca. 5 Minuten nachgaren. Mixen Sie die gegar-

ten Mangoldblätter mit ca. 30 ml Garwasser, den Gewürzen und dem Kokosmus im Mixer zu einer feinen Soße.

Tipp 1: Kichererbsen zählen zu den hochwertigen, gut sättigenden Eiweißquellen zum Mittagessen. Sie dürfen gerne einmal pro Woche serviert werden. Wechseln Sie ab: mal als Püree, als Salat, als Aufstrich oder auch in einer Suppe. Kichererbsen begeistern mit ihrem feinen Geschmack.

Tipp 2 – Optimale Arbeitsschritte:
Sie könnten die Kichererbsen schon am Vorabend garen, über Nacht in den Kühlschrank stellen. Dann haben Sie das Püree am nächsten Mittag in wenigen Minuten gezaubert. Wer das Püree mit zur Arbeit nehmen möchte, kann das Püree vollständig am Vorabend zubereiten.

Frische Erbsen, Karotten und Kartoffeln

Zubereitungszeit	10 Minuten
Garzeit	20 Minuten

Zutaten für 2 Personen:

ca. 600 g Erbsen frisch oder gefroren
2 – 3 Karotten
4 – 6 Kartoffeln (je nach Größe und Bedarf)
2 Zwiebeln
1 Stange Zwiebelgrün

Gewürze, Kräuter und Zutaten zum Verfeinern:

1 Prise TuWas!-Kräutermischung, gemahlen
½ TL Maier´s-Bruschetta (trockene Mischung oder als Dip vorbereitet)
3 – 4 Spritzer Tamari
1 Msp. RASO®-Würze oder Kräutersalz
1 Msp. Schabzigerklee
2 TL Oliven- oder
4 TL Leinöl oder
ein Stück Butter
3 Stängel Petersilie oder
etwas Schnittlauch
1 Hand voll Rucola
2 Kronen Basilikum
(jeweils die obersten 4 Blätter)
½ TL Kapern in Salz
1 TL Kräuterpesto (Basilikum oder Bärlauch oder Tomate oder Olive)
etwas frisch geriebenen Parmesankäse oder
6 – 8 Würfel Schafskäse (je nach Bedarf)

Zubereitung:

Karotten schälen, in ca. 1 cm Stücke schneiden, Kartoffeln waschen, schälen, in mundgerechte Stücke (ca. 5 cm) schneiden, 1 Zwiebel schälen, vierteln, alle Zutaten in wenig Wasser ca. 10 Minuten köcheln lassen. Nehmen Sie nur so wenig Wasser, dass das Gemüse knapp bedeckt ist. Nach ca. 10 Minuten geben Sie die Erbsen (frisch oder gefroren), das klein geschnittene Zwiebelgrün und die TuWas!-Kräutermischung dazu. Lassen Sie alles zusammen noch ca. 5 Minuten köcheln, Herd ausschalten, 5 Minuten nachgaren lassen.

Würzen:

Sie würzen das Gemüse entweder im Topf oder jeder würzt mit den Zutaten das Gemüse auf dem Teller. Dafür werden die verschiedenen Sommerkräuter klein geschnitten und als frische Kräutermischung direkt auf den Teller über das Gemüse gegeben. Die klein geschnittene Zwiebel wird auch roh übers Gemüse gegeben. Wer mag, kann etwas frisch geriebenen Parmesankäse darüberstreuen.

Tipp 1: Erbsen, Karotten und Kartoffeln ergänzen sich optimal in der Qualität des Eiweißes der Erbsen und der Kohlenhydrate der Kartoffeln. Karotten passen immer dazu. Die dazu gereichten klein geschnittenen Zwiebeln sind eine sehr wertvolle Schwefelquelle für das Herz. Diese Kombination können Sie als Mittag- oder Abendessen zubereiten. Dieses Essen eignet sich sehr gut zum Mitnehmen für unterwegs. Es ist leicht zu kochen, sättigt gut und schmeckt lecker.

Tipp 2: Im Sommer bereiten Sie diese Mahlzeit am besten mit frischen Erbsen, in den anderen Jahreszeiten mit gefrorenen Erbsen zu.

Gefüllte Zucchini oder gefüllte Paprika mit Quinoa

Zubereitungszeit	15 Minuten
Garzeit	30 – 40 Minuten

Zutaten für 2 Personen:
2 Zucchini (mittelgroß)
für gefüllte Paprika siehe Tipp 3

Zum Verfeinern:
1 Hand voll Rucola, 2 Kronen Basilikum (jeweils die obersten 4 Blätter)
etwas frisch geriebenen Parmesan- oder Bergkäse

Zutaten für die Füllung:
2 EL Quinoa, 1 kleine Karotte, 1 kleiner Apfel, ½ Zwiebel, ½ Stange Zwiebelgrün
1 Prise TuWas!-Kräutermischung, gemahlen
1 Msp. RASO®-Würze oder Kräutersalz
1 Msp. Schabzigerklee
1 Msp. Scharfmachergewürz

Zubereitung:
Garen Sie sich zum Frühstück 2 EL Quinoa mehr, dann haben Sie die Grundlage für die Füllung, oder Sie garen Quinoa für die Füllung extra in der 2,5-fachen Menge Wasser. Geben Sie das vorbereitete Quinoa in eine Schüssel, raspeln Sie die geschälte Karotte, den ungeschälten Apfel dazu, mischen Sie alles mit der klein geschnittenen Zwiebel, dem klein geschnittenen Zwiebelgrün und den Gewürzen zur fertigen Füllung.

Pikante Tomatensoße Zutaten:
ca. 300 ml Tomatensoße (selbst zubereitet oder aus dem Glas)
2 – 3 EL Tomatenmark, ½ Zwiebel
1 Stange Zwiebelgrün
1 Prise Scharfmachergewürz
½ TL Maier´s-Bruschetta, 1 Msp. RASO®-Würze
1 Knoblauchzehe (wer mag)

Zubereitung:
Garen Sie die klein geschnittene Zwiebel und das Zwiebelgrün in der Tomatensoße ca. 5 Minuten, würzen Sie die Tomatensoße mit den Gewürzen pikant. Die Knoblauchzehe pressen Sie durch eine Knoblauchzehenpresse in die Tomatensoße.

Zubereitung der gefüllten Zucchini:
Schneiden Sie die Zucchini quer durch, stechen Sie mit einem Esslöffel das Innere der Zucchini für die Mulde der Füllung aus. Geben Sie einen Teil der ausgestochenen Zucchini, klein geschnitten, in die Füllung. Legen Sie die ausgehöhlten Zucchinihälften in die Tomatensoße in der Auflaufform. Geben Sie die vorbereitete Füllung in die Zucchinihälften. Geben Sie pro Zucchinihälfte noch 2 EL Tomatensoße auf die Füllung. Den Rest der Füllung können Sie in die Tomatensoße geben und mitgaren. Garen Sie alles zusammen ca. 35 Minuten auf 200 Grad. Die restliche Tomatensoße können Sie beim Servieren reichen.

Tipp 1 – Optimale Arbeitsschritte:

1. Garen Sie Quinoa (für die Gemüsefüllung) morgens, wenn Sie das Frühstück vorbereiten.
2. Bereiten Sie die Tomatensoße zu. Während diese köchelt, zaubern Sie die Quinoafüllung.
3. Bereiten Sie die Zucchini zum Füllen vor, schalten Sie den Backofen auf 200 Grad ein.
4. Geben Sie einen Teil der pikanten Tomatensoße (ca. 3 cm) in eine Auflaufform.
5. Setzen Sie die ausgehöhlten Zucchini-Hälften in die Tomatensoße, füllen Sie sie mit der Gemüse-Quinoa-Füllung, schieben Sie die Auflaufform in den Backofen.
6. Garen Sie das Gericht auf 200 Grad ca. 35 Minuten, ausschalten, 5 Minuten nachgaren.
7. Holen Sie die Auflaufform mit Topflappen aus dem Backofen, stellen Sie diese auf einen Topfuntersetzer, lassen Sie sie kurz abkühlen. Geben Sie jetzt, nach Bedarf, etwas frisch geriebenen Parmesan- oder Bergkäse darüber. Die frisch geschnittenen Kräuter (Rucola und Basilikum) streuen Sie beim Servieren auf dem Teller über das Essen.

Tipp 2: Gefüllte Zucchini oder gefüllte Paprika sind ein leckeres Sommeressen. Wenn Sie es zum Mittagessen zubereiten, könnten Sie die doppelte Menge rechnen und den Rest kalt zum Abendessen genießen. Verfeinern Sie dieses mit 3 – 4 Blättern Rucola und 2 Kronen Basilikum (jeweils die obersten 4 Blätter). Sie könnten einen Teil auch am anderen Tag zur Arbeit mitnehmen.

Tipp 3: Für gefüllte Paprika (rot) nehmen Sie einfach die doppelte Menge der Zutaten, die Garzeit beträgt 45 Minuten.

Mais

Sehr wertvolles Eiweiß, viele Mineralstoffe

Sommer Abendessenvarianten

Süßkartoffeln mit Lauchgemüse

Zubereitungszeit	5 Minuten
Garzeit	15 – 20 Minuten (je nach Größe der Süßkartoffeln)

Zutaten für 2 Personen:

2 Süßkartoffeln (mittelgroß)
1 Stück Lauch (ca. 20 cm)
1 Stange Zwiebelgrün

Gewürze, Kräuter und Zutaten zum Verfeinern:

1 Prise TuWas!-Kräutermischung, gemahlen
1 Msp. RASO®-Würze oder Kräutersalz
1 Msp. Schabzigerklee
3 – 4 Spritzer Tamari
½ TL Kapern in Salz
1 EL Olivenöl oder ein Stück Butter
½ TL Kräuterpesto
(Basilikum, Bärlauch, Olive oder Tomate)

Zubereitung:

Garen Sie die Süßkartoffeln ca. 15 Minuten im Topf so, als würden Sie Pellkartoffeln zubereiten. Garen Sie im zweiten, kleinen Topf den geschnittenen Lauch (ca. 3 cm Stücke) mit dem Zwiebelgrün in wenig Wasser (Bodendecke) ca. 5 Minuten.
Servieren Sie die Süßkartoffeln wie Pellkartoffeln in der Schale, geben Sie das Lauchgemüse auf den Teller. Würzen Sie das Lauchgemüse entweder im Topf oder alles zusammen auf dem Teller, wenn die Süßkartoffeln geschält und geschnitten sind.

Tipp 1:. Süßkartoffeln sind eine unserer wertvollsten Gemüsearten. Durch Ihre einmalige Stärke ist sie ein Juwel für das Abendessen (siehe Basis-Lebensmittel Seite 25). Lauch liefert wertvolle Schmiermittel für die Gelenke, diese Kombination ist ganz besonders hochwertig.

Tipp 2: Wenn Sie große Süßkartoffeln haben, garen Sie sie entsprechend länger, bis sie schön weich sind. Sie können die Süßkartoffeln auch schälen, in ca. 5 cm Stücke schneiden und gleich in einem Topf mit dem geschnittenen Lauch in wenig Wasser (Bodendecke) ca. 10 Minuten garen.

Tipp 3: Garen Sie auch mal eine oder zwei Süßkartoffeln mehr und genießen Sie diese am nächsten Tag kalt zum Salat, auch gut zum Mitnehmen für unterwegs.

Nudelsalat mit Rucola und Basilikum

Zubereitungszeit	5 Minuten, wenn die Nudeln und das Gemüse gegart sind

Sie haben ein leckeres und schnell vorbereitetes Sommerabendessen, wenn Sie z.B. mittags die doppelte Menge Gemüsenudeln (Seite 84) zubereiten und abends aus der Hälfte den Nudelsalat zaubern.
Wenn Sie den Nudelsalat frisch zubereiten wollen, weil Sie mittags nicht daheim sind, verwenden Sie das Rezept Gemüsenudeln und bereiten Sie den Salat zu.

Zubereitung:
Geben Sie die Gemüsenudeln in eine Schüssel, 2 EL Balsamico hell oder dunkel, 2 EL Olivenöl, 1/3 TL RASO®-Würze dazugeben, alles untermengen.
Geben Sie frische, klein geschnittene Sommerkräuter, 3 – 4 Kronen Basilikum (jeweils die obersten 4 Blätter), 4 Blätter Rucola, 6 Blätter Zitronenmelisse, 2 Blätter Minze dazu.
Wer mag, kann gerne noch 6 – 8 Würfel Schafskäse dazugeben.

Rucola und Basilikum – Gewürze und Heilpflanzen

Rucola – dekorative, scharfe Würze
Rucola ist ein beliebter, dekorativer, schmackhafter und sehr wertvoller Bestandteil in Sommersalaten, Nudelgerichten, Pestos, Kräutersoßen. Sein leicht scharfer Geschmack gibt den Sommergerichten eine feine, würzige Note.
Rucola besitzt viele wertvolle Inhaltsstoffe, er ist eine sehr gute Quelle für Eisen, Calcium, Kalium, Vitamin C, Vitamin A und vieles mehr. Die enthaltenen Bitterstoffe und Senföle (für die Schärfe verantwortlich) sind für Stoffwechsel, Leber und Verdauung förderlich.

Tipp: Beim Rucola ist es besonders wichtig, ihn selbst im Garten, im Kübel, auf dem Balkon, der Terrasse zu haben oder ihn in BIO einzukaufen.

Basilikum – Krönung der Sommergerichte
Basilikum, echte Gaumenfreude, zählt durch seinen außergewöhnlich feinen und aromatischen Geschmack weltweit zu den beliebtesten Gewürzpflanzen. Zu allen Sommergerichten können Sie einige Blätter Basilikum als „Krönung" des Würzens verwenden. Basilikum enthält eine bemerkenswerte Nährstoffdichte. Als sehr gute Quelle von Calcium, Magnesium, Eisen, Vitamin A, Vitamin K und vielem mehr findet er Beachtung. Basilikum ist auch als äußerst wichtige Heilpflanze bekannt. Fast unvorstellbare Inhaltsstoffe hemmen Entzündungen, helfen Magen, Darm, Herz, Blutdruck und fördern das Gleichgewicht des Hormonhaushalts. Basilikum wird auch **„Balsam für die Seele"** genannt.

Tipp 1: Geben Sie Basilikum immer nach dem Garen dazu, es wird nie mitgekocht. Die Blätter immer zupfen, nie schneiden.
Tipp 2: Pflanzen Sie Basilikum in Schalen oder Kübel, Größe je nach Basilikumbedarf, niemals in den Gartenboden. Schnecken wissen, was gut schmeckt, am anderen Tag ist nichts mehr von den Blättern zu sehen, sie haben alles kahl gefressen.
Tipp 3: Ernten Sie Basilikum an der „Krone" (die obersten 4 Blätter), er wächst sofort nach.

Zucchini-Mahlzeit

Zubereitungszeit	5 Minuten,
Garzeit	ca. 10 Minuten (je nach Größe der Zucchini)

Zutaten für 2 Personen:

2 – 3 Zucchini (mittelgroß)
2 Zwiebeln (mittelgroß)

Gewürze, Kräuter und Zutaten zum Verfeinern:

1 Prise TuWas!-Kräutermischung, gemahlen
1 Msp. Schabzigerklee
3 – 4 Spritzer Tamari
½ TL Kapern in Salz
1 EL Olivenöl
3 Stängel Petersilie fein geschnitten
etwas frisch geriebenen Parmesankäse

Zubereitung:

Vierteln Sie die Zucchini der Länge nach und schneiden Sie sie in ca. 10 cm lange Stücke, garen Sie diese mit einer der Zwiebeln (auch geviertelt) ca. 10 Minuten in wenig Wasser (Bodendecke), nur köcheln lassen, Herd ausschalten, kurz nachgaren lassen.

Servieren Sie die Zucchini mit der gekochten Zwiebel auf dem Teller. Bei dieser Mahlzeit ist es sinnvoll, wenn jeder auf dem Teller selbst würzt. Die zweite Zwiebel wird klein geschnitten als Gewürz über die Zucchini gegeben.

Tipp 1: Diese Zucchini-Mahlzeit ist wie die Spaghetti Mahlzeit (Seite 95) eine Besonderheit. Beide dienen nicht der „Ernährung", sondern der Reinigung des Darmes, als Darmpflege besonderer Art. Das Schöne dabei ist, dass es im Sommer jede Menge Zucchini gibt, die gerne einmal pro Woche in dieser Weise als Mittag- oder Abendessen zubereitet werden können. Wer abends keine rohe Zwiebel mag, verdauen kann, belässt es bei der gekochten Zwiebel. Als Mittagessen zubereitet ist die rohe, klein geschnittene Zwiebel wichtig, weil sie die Entgiftung fördert und gleichzeitig als hochwertige Schwefelquelle für Herz und Sauerstoffauswertung in der Zelle dient.

Tipp 2: Dieser Mahlzeit werden sonst keine anderen Zutaten (außer Gewürze etc. wie oben) zugegeben. Die positive Wirkung der Zucchini-Mahlzeit für die Darmpflege wird durch einen Nachtisch mit Obstkompott oder aus eingeweichten Trockenfrüchten besonders gut gefördert.

Blumenkohl, Karotten und Avocadosoße

Zubereitungszeit	10 Minuten
Garzeit	ca. 10 Minuten

Zutaten für 2 Personen:

1 Blumenkohl (klein), ca. 300 – 400 g
2 Karotten (mittelgroß)
1 Zwiebel (mittelgroß)

Gewürze, Kräuter und Zutaten zum Verfeinern:

1 Prise TuWas!-Kräutermischung, gemahlen
1 Msp. Schabzigerklee
1 Prise RASO®-Würze
3 – 4 Spritzer Tamari
½ TL Kapern in Salz
1 EL Olivenöl
3 Stängel Petersilie fein geschnitten
etwas frisch geriebenen Parmesankäse

Zubereitung:

Verwenden Sie einen Topf mit ca. 20 cm Durchmesser. Geben Sie die geschälten, geviertelten Karottenstücke (ca. 5 cm) sowie die geschälte, geviertelte Zwiebel ins kochende Wasser. Garen Sie das Gemüse in wenig Wasser, so dass die Karotten knapp mit Wasser bedeckt sind. Legen Sie die Blumenkohlröschen (Größe: mundgerecht) gleich oben drauf, Deckel zu. Auf kleiner Stufe lassen Sie alles ca. 10 Minuten köcheln. In den letzten Minuten geben Sie die Prise TuWas!-Kräutermischung und die Msp. Schabzigerklee über das Gemüse. Herd ausschalten, noch etwas nachgaren lassen.

Servieren Sie bitte den Blumenkohl und die Karotten mit der Avocadosoße auf dem Teller. Bei dieser Mahlzeit ist es sinnvoll, wenn jeder auf dem Teller selbst würzt.

Avodacosoße

Zutaten:

1 reife Avocado
1 Hand voll Walnusskerne
ca. 50 ml Karottensaft
1 Prise Rasowürze
2 Spritzer Tamari
⅓ TL Kapern in Salz
½ Knoblauchzehe

Zubereitung:

Mixen Sie die Walnusskerne im Mixer fein, geben Sie die anderen Zutaten dazu und mixen Sie alles zusammen zu einer homogenen Soße, die Sie zum Blumenkohl und den Karotten servieren. Wer mag, kann der Avocadosoße noch ein kleines Stück Gorgonzola hinzufügen.

Tipp 1: Während das Gemüse gart, bereiten Sie die Avocadosoße zu.

Tipp 2: Zu dieser Mahlzeit essen Sie bitte keine anderen Gemüsearten. Diese Kombination ist die Beste. Die besonders hochwertige Stärke des Blumenkohls ist, als Abendessen gegessen, eine wertvolle Hilfe für einen guten und tiefen Schlaf. Als Nachtisch passen Obstkompott oder eingeweichte Trockenfrüchte besonders gut dazu.

Feine Spargelsuppe

Zubereitungszeit	5 – 10 Minuten
Garzeit	ca. 15 Minuten

Zutaten für 2 Personen:
ca. 300 g Spargel
2 Kartoffeln, mittelgroß
1 Stange Frühlingszwiebel

Gewürze, Kräuter und Zutaten zum Verfeinern:
1 Prise TuWas!-Kräutermischung, gemahlen
4 Spritzer Tamari
1 EL Olivenöl
1 – 2 TL Zitronensaft, frisch gepresst
2 Stängel Petersilie
2 Blätter Zitronenmelisse
etwas frisch geriebenen Parmesankäse

Zubereitung:
Geben Sie die geschälten, in mundgerechte Stücke geschnittenen Kartoffeln in ca. 600 ml kochendes Wasser, lassen Sie diese 5 Minuten köcheln. Währenddessen schälen und schneiden Sie den Spargel in kleine Stücke (ca. 4 cm), die Stange Frühlingszwiebel in kleine Ringe. Geben Sie diese Zutaten zu den Kartoffeln dazu. Garen Sie alles zusammen ca. 10 – 12 Minuten, ausschalten, kurz nachgaren lassen. Würzen Sie die Suppe, verfeinern Sie sie mit den klein geschnittenen Kräutern und wer mag, mit dem Parmesankäse.

Tipp: Sie können die Suppe in dieser Variante reichen.
2. Variante:
Alles püriert (mit dem Zauberstab) servieren.
3. Variante:
Aus den Kartoffeln eine Kartoffelsuppe garen, pürieren und den Spargel dazugeben.

Dazu reichen Sie Knäckebrot mit pflanzlichen Brotaufstrichen.
Knäckebrot ist leicht verdaulich. Aufgrund der Herstellung wirkt Knäckebrot im Körper wie "vorverdaut". Wählen Sie beim Kauf Knäckebrot aus Vollkornmehl, dieses hat mehr wertvolle Ballaststoffe als Knäckebrot aus Auszugsmehl.

Spaghetti-Mahlzeit mit Sommerkräutern

Zubereitungszeit	5 Minuten
Garzeit	ca. 12 Minuten

Zutaten für 2 Personen:
ca. 200 g – 250 g Spaghetti (je nach Hunger)
1 Zwiebel (klein)

Gewürze, Kräuter und Zutaten zum Verfeinern:
1 Prise TuWas!-Kräutermischung, gemahlen
3 – 4 Spritzer Tamari
1 Msp. RASO®-Würze oder Kräutersalz
1/3 TL Kapern in Salz
2 EL Olivenöl
2 Stängel Petersilie
1 Knoblauchzehe
etwas frisch geriebenen Parmesankäse
2 Kronen Basilikum
(jeweils die obersten 4 Blätter)

Zubereitung:
Geben Sie die Spaghetti ins kochende Wasser (ca. 1 Liter), garen Sie diese köchelnd ca. 12 Minuten, Herd ausschalten, kurz nachgaren lassen.
Während die Spaghetti garen, schneiden Sie die Zwiebel klein, geben Sie diese in eine kleine Schale. Die klein geschnittenen Kräuter geben Sie als Kräutermischung auf einen kleinen Teller. Stellen Sie diese Würz-Zutaten mit den anderen Gewürzen auf den Tisch. Servieren Sie die Spaghetti auf dem Teller. Die Gewürze gibt sich jeder selbst über die Spaghetti.

Tipp 1: Die Spaghetti-Mahlzeit ist wie die Zucchini-Mahlzeit (Seite 93) eine Besonderheit. Beide dienen nicht der „Ernährung", sondern der Reinigung des Darmes, als Darmpflege besonderer Art. Bei dieser Variante wird keine Tomatensoße dazugegeben. Die Spaghetti dienen mit den besonderen Zutaten, der Zwiebel, den Kräutern, dem Knoblauch als Watte, die im Darm Schadstoffe bindet und sanft zur Ausscheidung vorbereitet. Die Spaghetti Mahlzeit kann einmal in der Woche als Mittag- oder Abendessen gegessen werden.

Tipp 2: Wer glutenfreie Nudeln bevorzugt, kann diese Mahlzeit mit Nudeln aus Reis und Mais zubereiten.

Maispolenta mit Brennnesselsoße oder Brokkoli

Zubereitungszeit	10 Minuten
Garzeit	15 – 20 Minuten

Maispolenta

Zutaten und Zubereitung für 2 Personen:

6 EL (ca. 120 g) Speisemais
½ Zwiebel
1 Stange Frühlingszwiebel

Kräuter und Gewürze:

1 Prise TuWas!-Kräutermischung
4 Spritzer Tamari
1 EL Olivenöl
⅓ TL Maier´s-Bruschetta, wer mag

Zubereitung:

Mahlen Sie den Speisemais im Mixer fein, rühren Sie ihn mit einem Schneebesen ins kalte Wasser (ca. 300 ml), bringen Sie dieses langsam unter Rühren zum Kochen. Bitte bleiben Sie am Herd, rühren Sie immer wieder, damit der Mais nicht am Topf anhängt. Die klein geschnittene Zwiebel und das Zwiebelgrün geben Sie dazu und garen dies mit.
Wenn der Mais köchelt, stellen Sie die Herdplatte auf kleine Stufe. Lassen Sie ihn ca. 15 Minuten ausquellen, ausschalten, einige Minuten nachquellen lassen. Vor dem Servieren würzen Sie die Maispolenta mit der TuWas!-Kräutermischung, dem Tamari, Olivenöl, Maier´s-Bruschetta.

Tipp 1: Im Mr. Magic-Mixer mahlen wir alles fein, auch den Speisemais. Am besten mahlen Sie den Speisemais in kleinen Schritten, indem Sie jeweils 2 EL Mais mahlen, das klappt sehr gut.

Brennnesselsoße

Zutaten für 2 Personen:

4 Hände voll Brennnesselblätter
½ Zwiebel

Gewürze, Kräuter und Zutaten zum Verfeinern:

1 Prise TuWas!-Kräutermischung
2 Spritzer Tamari
1 EL Olivenöl
⅓ TL Maier´s-Bruschetta, wer mag
⅓ TL Kapern in Salz
1 TL Kokosmus oder
1 TL Mandelmus oder
1 Stück Butter oder
1 Schuss Sahne, nach Wahl

Zubereitung:

Geben Sie die klein geschnittene Zwiebel und die gewaschenen Brennnesselblätter ins kochende Wasser. Nehmen Sie nur so viel Wasser, dass die Brennnesselblätter knapp bedeckt sind. Garen Sie diese ca. 7 Minuten (köcheln lassen), dann Herdplatte ausschalten, kurz nachgaren lassen.
Kurz vor dem Servieren mixen Sie die Brennnesselsoße portionsweise im Mixer mit den Gewürzen, den Kapern, dem Kokosmus o. ä. und wenig Garwasser als homogene Soße. Servieren Sie die Maispolenta mit der Brennnesselsoße.

Tipp:
Diese Kombination ist ein besonders hochwertiges Abendessen, das gerne einmal pro Woche auf dem Tisch stehen könnte, sollte. Wer keine Brennnesseln zur Hand hat, gart sich einfach Brokkoli Röschen in etwas Wasser.

Sommer Nachspeisen

Frische Erdbeeren mit Minze

Zubereitungszeit	5 Minuten

Zutaten für 2 Personen:

ca. 400 g – 500 g Erdbeeren, frisch
8 Blätter Zitronenmelisse oder
6 Blätter Minze
1 Msp. Zimt
1 Msp. Bourbon Vanillepulver
1 TL Mandelmus, wer mag

Zubereitung:

Waschen Sie die Erdbeeren kurz im Salatsieb unter fließendem Wasser, entfernen Sie die Stiele mit einem Küchenmesser, halbieren oder vierteln Sie die Erdbeeren (je nach Größe). Geben Sie die geschnittenen Erdbeeren in eine Schüssel, Zimt, Vanillepulver, Mandelmus dazu. Legen Sie von den Kräuterblättern jeweils 2 Blätter für die Dekoration zur Seite. Schneiden Sie die Kräuter und mischen Sie sie unter die Erdbeeren. Geben Sie die Erdbeeren in Nachtischschalen, garnieren Sie sie mit je einem Blatt Zitronenmelisse oder Minze.

Tipp: Frische Erdbeeren schmecken nicht nur lecker, sie sind auch sehr gesund mit vielen wichtigen Nährstoffen. Da sie u.a. entwässernd wirken, empfehle ich, sie eher zum Mittagessen zu genießen. Sie können die Erdbeeren auch waschen, entstielen und einfach nur so, ohne alles andere, genießen.

-

Frisches Obst, frische Beeren

Tipp 1: Genießen Sie täglich nach dem Mittagessen frisches Obst. Wechseln Sie ab. Es muss nicht immer Obstsalat sein. Schneiden Sie zwei bis drei verschiedene Obstsorten klein und genießen Sie diese. Pro Nachtisch genügen ein bis drei verschiedene Sorten.

Tipp 2: Essen Sie sich mit frischem Obst nach dem Mittagessen richtig gut satt. Das gibt Ihnen für den Nachmittag sehr viel Energie, hilft über den „süßen Hunger" hinweg. Hochwertiger Zucker aus Früchten, Obst und Beeren ist eine sehr wichtige Nährstoff- und Energiequelle für die Gesundheit und Leistungskraft (siehe Kapitel Zucker, Seite 36 und 37).

Erdbeer-Mango-Traum

Zubereitungszeit	ca. 10 Minuten, wenn die getrockneten Mangos eingeweicht sind

Zutaten für 2 Personen:
ca. 400 g Erdbeeren, frisch
½ reife Mango, alternativ getrocknet, siehe Tipp 2
1 kleine, reife Banane
1 Hand voll Cashewnüsse
etwas Zitronensaft, frisch gepresst
1 kleinen Schuss Agavensirup, je nach Geschmack
1 Msp. Zimt
1 Msp. Bourbon Vanillepulver
1 TL Kokosflocken
1 Hand voll Zitronenmelisse-Blätter (2 für die Dekoration)
4 Blätter Minze
1 Msp. Zimt
1 TL Mandelmus, wer mag

Zubereitung:
Waschen Sie die Erdbeeren kurz im Salatsieb unter fließendem Wasser, entfernen Sie den Blattstiel mit einem Küchenmesser, halbieren oder vierteln Sie die Erdbeeren (je nach Größe). Schneiden Sie die Mango, die Banane und die Kräuter klein. Die Cashewnüsse verwenden Sie ganz, gehackt oder gemixt. Vermischen Sie alle Zutaten in einer Schüssel, füllen Sie die fertige Nachspeise in Nachtischschalen und garnieren Sie sie mit einem Blatt Zitronenmelisse oder Minze.

Tipp 1: Frische Erdbeeren schmecken nicht nur lecker, sie sind auch sehr gesund mit vielen wichtigen Nährstoffen. Da sie u. a. entwässernd wirken, empfehle ich, sie eher zum Mittagessen zu genießen. Diese Kombination mit Mangostücken schmeckt besonders lecker. Die Mangofrucht enthält sehr wertvolle Mineralstoffe, besonders viel Kalium und keine Säure.

Tipp 2: Die Alternative zu reifen Mangos sind die getrockneten Mangos. Weichen Sie 4 Mangostücke am Vorabend oder gleich morgens ca. 2 Stunden in Wasser (250 ml) ein. Geben Sie die Mangostücke kleingeschnitten mit etwas Einweichwasser zu den anderen Zutaten.

Konnys Tiramisu

Zubereitungszeit	ca. 10 Minuten, wenn das Apfelkompott gekocht ist

Zutaten Apfelkompott für 2 Personen:

4 – 5 Äpfel (je nach Größe)
1 Msp. Zimt
1 Msp. Bourbon Vanillepulver

Zutaten für das Tiramisu:

6 Scheiben Knäckebrot
ca. 50 – 100 ml Birnen- oder Mango- oder Traubensaft
¼ Liter Schlagsahne
1 TL guten Kakao oder Carob
etwas Agavensirup für die Sahne
1 Msp. Zimt
1 Msp. Bourbon Vanillepulver
ca. 100 ml Mangopüree

Zubereitung Apfelkompott:

Schälen und achteln Sie die Äpfel, geben Sie sie in kochendes Wasser. Nehmen Sie nur so viel Wasser, dass die Äpfel knapp bedeckt sind. Garen Sie das Kompott ca. 20 Minuten, nur köcheln lassen. Geben Sie zum Schluss Zimt und Vanillepulver dazu. Das Apfelkompott muss abgekühlt sein, bevor es zur Zubereitung des Tiramisu verwendet werden kann.

Zubereitung Tiramisu:

Schlagen Sie die gekühlte Schlagsahne und geben Sie zum Schluss etwas Agavensirup, Zimt und Bourbon Vanillepulver dazu. Als nächstes schichten Sie die Zutaten wie folgt in eine rechteckige oder quadratische Glasform oder in eine Glasschüssel:

1. Schicht: Legen Sie den Boden des Gefäßes mit Knäckebrot aus, tränken Sie das Knäckebrot mit etwas Birnensaft.
2. Schicht: Geben Sie auf das Knäckebrot eine Schicht abgekühltes Apfelkompott (ca. 2 cm) und bedecken Sie dieses mit ca. der Hälfte des Mangopürees.
3. Schicht: Streichen Sie jetzt einen Teil der geschlagenen Sahne (ca. 2 cm) auf das Apfelkompott.
4. Schicht: Legen Sie darauf wieder eine Schicht Knäckebrot, das Sie ebenso mit etwas Birnensaft tränken.
5. Schicht: Jetzt geben Sie die nächste Schicht Apfelkompott darauf und bedecken dieses wieder mit dem Mangopüree.
6. Schicht: Zum Abschluss streichen Sie den Rest geschlagene Sahne auf das Kompott. Stäuben Sie auf diese letzte Sahneschicht mit einem feinen Teesieb und einem Teelöffel Carob oder Kakao. Lassen Sie das Tiramisu über Nacht im Kühlschrank durchziehen. Vor dem Servieren stäuben Sie nochmals etwas Carob oder Kakao über das Tiramisu und wer mag, verziert es mit Schlagsahne.

Tipp 1: Diese Nachspeise ist etwas Besonderes. Ich finde es genial, aus Apfelkompott, Knäckebrot und Schlagsahne ein leckeres und gesundes Tiramisu in kurzer Zeit zu zaubern.

Tipp 2: Bereiten Sie das Apfelkompott gleich morgens oder am Vorabend zu, damit es abgekühlt ist, wenn es mit der geschlagenen Sahne zum Tiramisu verarbeitet wird.

Obstkompott

Garzeiten	
Apfelkompott	ca. 20 Minuten
Birnenkompott	ca. 10 Minuten
Pflaumenkompott	ca. 10 Minuten
Mirabellenkompott	ca. 10 Minuten

Obstkompott ist als Nachspeise nach dem Abendessen sehr zu empfehlen. Es liefert dem Körper hochwertige Zuckerquellen, die einerseits eine angenehme innere Ruhe verleihen, andererseits helfen sie, tiefer und besser schlafen zu können. Ein Obstkompott nach dem Abendessen zu genießen, ist sehr viel wertvoller als Schokolade oder … nach dem Abendessen. Der hochwertige Zucker im täglich gegessenen Obstkompott ernährt unter anderem auch das Gehirn in allerbester Form.

Wechseln Sie ab, essen Sie immer wieder ein anderes Obstkompott: mal aus Äpfeln, mal aus Birnen, mal aus Pflaumen, mal aus Mirabellen, was Ihnen zur Verfügung steht.
Sie können das Obstkompott schon morgens zubereiten, gerne auch für 2 Tage im Kühlschrank aufbewahren.

Bei den meisten Obstarten genügen ca. 10 Minuten Garzeit, bitte nur in Wasser köcheln lassen. Nehmen Sie nur so wenig Wasser, dass die Früchte jeweils nur halb mit Wasser bedeckt sind. Nach dem Garen geben Sie jeweils 1 Msp. Zimt und 1 Msp. Bourbon Vanillepulver dazu.

Tipp 1: Als abendliche Nachspeise wechseln Sie gerne mit Dunstobst oder eingeweichten Trockenfrüchten ab.

Schwarze Johannisbeercreme

Zubereitungszeit	ca. 5 Minuten, wenn Datteln und Ananas eingeweicht sind

Zutaten für 2 Personen:

4 Datteln (an der Rispe) oder
2 TL Agavensirup
2 Scheiben Ananas, getrocknet

2 Hände voll Cashewkerne
2 EL schwarze Johannisbeeren Dunstobst, ohne Zucker
1 mittelgroße Banane, sehr reif zum Mixen
1 Msp. Zimt
1 Msp. Bourbon Vanillepulver

Zutaten zum Verfeinern:

Etwas Mangopüree
2 TL Kokosflocken

Zubereitung:

Weichen Sie die Datteln (bitte Kerne entfernen) und die in Stücke geschnittenen Ananasringe am Vorabend oder gleich morgens in etwas Wasser ein. Nehmen Sie so viel Wasser, dass die Datteln gut mit Wasser bedeckt sind, die Trockenfrüchte saugen sich mit Wasser voll.
Mixen Sie zuerst die Cashewkerne trocken und fein im Mixer, geben Sie die eingeweichten Früchte sowie die anderen Zutaten (außer Mangopüree und Kokosflocken) dazu und mixen Sie alles zusammen zu einer feinen, weichen Creme. Sollte die Creme zu fest sein, geben Sie noch etwas Einweichwasser der Früchte dazu.

Füllen Sie die Creme in Nachtischschalen, geben Sie etwas Mangopüree darüber, streuen Sie die Kokosflocken darauf.

Tipp 1: Schwarze Johannisbeeren zählen zu den wertvollsten Beeren, die es gibt. Ihre außerordentliche Fülle an Vitaminen, Mineralstoffen, Spurenelementen sind besonders für das Blut, die Durchblutung, die Blutgefäße und vieles mehr förderlich. Zaubern Sie sich immer wieder diese leckere und gesunde Nachspeise. Wenn es frische Beeren gibt, mixen Sie die Creme mit frischen schwarzen Johannisbeeren, dann haben Sie noch mehr Vitamine als in den gedünsteten.

Tipp 2: Anstelle von Ananas können Sie auch Mangos, Feigen, Pflaumen oder Papayas verwenden. So haben Sie immer wieder eine andere Variante.

Linse

Bestes Eiweiß für die Körpersubstanz

Peters Mousse au Chocolat

Zubereitungszeit	ca. 10 Minuten, wenn die Datteln eingeweicht sind

Zutaten für 2 Personen:

3 Datteln (an der Rispe) zum Einweichen

¼ Liter Schlagsahne (nach Bedarf mehr)
1 TL guten Kakao oder 2 EL Carobpulver
1 Msp. Zimt
1 Msp. Bourbon Vanillepulver
4 Datteln (an der Rispe), verwenden Sie hier die besonders trockenen!)

Zutaten zum Verfeinern:

1 Klacks Mangopüree oder
1 Klacks Heidelbeermus oder
im Sommer frische Beeren
2 Blätter Zitronenmelisse oder Minze

Zubereitung:

Entkernen Sie die Datteln, weichen Sie 3 Datteln am Vorabend oder einige Stunden vorher in etwas Wasser ein. Pürieren Sie diese im Mixer zu feinem Mus als Süße. Schlagen Sie die Schlagsahne steif, geben Sie die Dattelsüße, Kakao, Zimt, Bourbon Vanillepulver dazu. Heben Sie zum Schluss noch die 4 fein geschnittenen Datteln unter. Stellen Sie die Creme ca. eine Stunde in den Kühlschrank.

Geben Sie diese Köstlichkeit in eine Nachtischschale oder auf einen Teller und verfeinern Sie diese vor dem Servieren mit einem Klacks Mangopüree oder Heidelbeermus oder mit frischen Früchten nach Wahl und dem Blatt Zitronenmelisse oder Minze.

Mirabellenkompott

Zubereitungszeit	keine, wenn Sie Mirabellen als Dunstobst im Glas verwenden 10 Minuten, wenn Sie frische Mirabellen verwenden

Zutaten für 2 Personen, wenn Sie Dunstobst verwenden:

1 Glas (500 ml) Mirabellen Dunstobst ohne zugesetztem Zucker
1 Msp. Zimt
1 Msp. Bourbon Vanillepulver
etwas Heidelbeermus, wer mag

Zubereitung:

Geben Sie die gedünsteten Mirabellen in Nachtischschalen, streuen Sie Zimt, Bourbon Vanillepulver darüber, verfeinern Sie mit einem Klacks Heidelbeermus.

Zutaten für 2 Personen, wenn Sie frische Mirabellen verwenden:

ca. 400 g Mirabellen, gut gereift
1 Msp. Zimt
1 Msp. Bourbon Vanillepulver
etwas Heidelbeermus, wer mag

Zubereitung:

Dünsten Sie die gewaschenen, nicht entsteinten Mirabellen ca. 10 Minuten in Wasser. Nehmen Sie nur so viel Wasser, dass die Mirabellen nur halb im Wasser sind. Lassen Sie die gedünsteten Mirabellen etwas abkühlen, geben Sie Zimt, Bourbon Vanillepulver dazu und füllen Sie das Kompott in Nachtischschalen. Vor dem Servieren verfeinern Sie diese mit einem Klacks Heidelbeermus.

Sommer im Glas

„Sommer im Glas", ohne zugesetztem Zucker, ohne sonstige Zusätze, nur im eigenen Saft schonend gedünstet und in Gläschen abgefüllt, das ist unser **einmaliges Dunstobst**.

Häufig werden wir gefragt, warum wir es herstellen, warum es so wichtig ist?

Unsere Motivation:

1. Der Körper benötigt **Zucker** als Energielieferant, jedoch den Richtigen, z.B. aus Früchten, Beeren. Durch schonendes Dünsten im eigenen Saft bleiben die Nährstoffe gut erhalten.

2. Durch verschiedene **Dunstobst-Arten** ernähren wir unseren Körper mit exzellenten Nährstoffen auch in den Jahreszeiten, in denen es keine frischen Früchte gibt.

3. **Dunstobst** ist eine gute Basis für gesunde, köstliche **Nachtische** nach dem Abendessen. Viele Menschen suchen abends etwas **„Süßes"**, weil sie evtl. tagsüber noch nicht genügend wertvollen Zucker gegessen haben. Wer nach dem Abendessen Dunstobst oder einen daraus gezauberten Nachtisch genießt, gibt seinem Körper gesunden Zucker, eine gute Voraussetzung für erholsamen Schlaf.

4. Es ist wichtig, **abends keine rohen Früchte** zu essen, sondern gedünstetes Obst oder eine Beerencreme oder eingeweichte Trockenfrüchte. Rohes Obst wird abends nicht mehr verdaut, bei vielen Menschen säuert es. Am besten ist es für den Körper, wenn wir rohes Obst zum Frühstück und nach dem Mittagessen als Nachtisch essen.

5. Dunstobst kann gut mit dem **Getreidefrühstück** (z.B. Hafer, Hirse, Quinoa, Reis, Amaranth ...) genossen werden.
   Wichtig: Rohes Obst und Haferflocken, wie viele Menschen ihr Müsli essen, säuert.

Gedünstetes Obst mit gegartem Getreide und einem Nussgetränk ist ein besonders hochwertiges Frühstück.

Brombeeren

Die dunkelrote, fast schwarze Farbe **(Anthozyane)** dieser gesunden Beere bringt uns Gesundheit pur in den Körper und wirkt gegen Oxydation in den Zellen. Brombeeren enthalten außerordentlich viel Vitamin C. Viele wichtige Vitamine, Mineralstoffe und Spurenelemente lassen sie zum Juwel werden. Sie stärken das Herz u.v.m.

– aus der Kultur –

Mirabellen

Diese köstlichen Früchte, mit ihrem unverwechselbaren Geschmack, sind sehr beliebt. Mirabellen enthalten u.a.

- viel Kalium, fördert die Entwässerung
- viele Vitamine, besonders Vitamin C, verschiedene B-Vitamine, Betacarotin, wenig Säure
- wichtige Mineralstoffe, Spurenelemente

Heidelbeeren – mit EM behandelt

Heidelbeeren sind aufgrund ihrer dunklen Farbe **(Anthozyane)** sowie ihren hochwertigen Inhaltsstoffen **herausragende** Beeren. Sie:

- wirken wie natürliches Antibiotikum
- fördern die Magen- und Darmgesundheit
- können Entzündungen entgegenwirken
- können die Blutgefäße sauber halten
- beugen Diabetes vor, stärken das Gehirn
- können zu hohe Cholesterinwerte senken
- helfen bei Stresssituationen, Migräne und Spannungskopfschmerzen vorzubeugen
- stärken Augen (auch Nachtsehen)

– aus der Kultur –

Stachelbeeren (rot)

Stachelbeeren erleben eine **neue „Ära“.** Sie sind für unsere Gesundheit sehr wichtig, weil sie:

- **„Schmiermittel“** für die Gelenke liefern
- besonders viel Vitamin C, viele sonstige Vitamine, wichtige Mineralstoffe, allen voran Kalium, Kalzium, Phosphor, Pektin und Schleimstoffe (für den Darm) enthalten.

Schwarze Johannisbeeren

Sie zählen von den heimischen Beeren zu den **Wertvollsten**. Für mich sind sie, wie Brom- und Heidelbeeren, **schwarzes Gold.** Sie wirken entzündungshemmend und wassertreibend.

Von allen heimischen Obstsorten enthalten sie am meisten Vitamin C, reichlich Kalium, Kalzium, Eisen, Magnesium, Phosphor, Provitamin A, Vitamine B, E, K, P, außerdem Pektin. Ein echtes Beerenwunder.

– Demeterbeeren –

Zwetschgen

Zwetschgen bedienen uns mit hochwertigem Zucker und wichtigen Nährstoffen für unsere Gesundheit, für unser Wohlbefinden.

Sie stärken:

- Immunsystem, Nieren, Leber, Nerven
- die Verdauung (Pektin im Dunstobst)
- sie können depressiven Verstimmungen entgegen wirken

Zwetschgen enthalten z.B. Vitamin A, B1, B2, B5, B6, B12, C, D, E, Folsäure, Biotin, Kalium, Kupfer, Eisen, Zink u.v.m.

Herbst-Rezepte

Wochenübersicht

	Frühstück *(ab Seite 44)*	**Mittagessen** *(ab Seite 112*	**Abendessen** *(ab Seite 126)*
Montag	Salbeigetränk Hirse mit Rosinen Apfelkompott Pflaumen, eingeweicht Sesamgetränk (schwarz)	Petersiliengetränk Herbstlicher Salat Wirsing mit Karotten und gemahlenen Nüssen frisches Obst	Karottensaft Gerste mit Gemüse Zwetschgenkompott
Dienstag	Rosmaringetränk Amaranth Birnenkompott Feigen, eingeweicht Walnussgetränk	Wermutgetränk Süßer Sauerkrautsalat Herbstliches Backofengemüse mit Dips Frische Kaki	Karottensaft Kürbis-Gemüsepfanne Obstkompott
Mittwoch	Borretschgetränk Quinoa Birnenkompott Aprikosen, eingeweicht Macadamianussgetränk	Jiaogulangetränk Fenchelsalat mit Orangen Favebohnen-Gemüse-Eintopf Frisches Obst	Karottensaft Artischocke mit Avocadosoße Reife Cherimoya
Donnerstag	Zitronenmelissegetränk Hafer Apfelkompott Mangos, eingeweicht Banane Haselnussgetränk	Kapuzinerkressegetränk Kichererbsen-Salat Grünkernklöße in Tomatensoße Frisches Obst	Karottensaft Pellkartoffeln mit Rote Bete und Leinöl Pflaumencreme mit Gojibeeren
Freitag	Brennnesselgetränk Braunhirsebrei Zwetschgenkompott Gojibeeren, eingeweicht Paranussgetränk	Zitronenmelissegetränk Rotkohlsalat mit Orangen Herbstliche Gemüsesuppe Frisches Obst	Karottensaft Hirse mit gedünstetem Endiviensalat Obstkompott
Samstag	Petersiliengetränk Rundkornreis Apfelkompott Pflaumen, eingeweicht Banane Mandelgetränk	Rucolagetränk Sellerie-Karottensalat mit Apfel Vollkornreis mit Pilzen Frisches Obst	Karottensaft Sellerie-Gemüsesuppe mit Buchweizen-Bulgur Heidelbeer-Leckerli
Sonntag	Beinwellgetränk Amaranth Zwetschgenkompott Papayas, eingeweicht Banane Mandelmilch	Löwenzahngetränk Süßer Endiviensalat Sauerkrautpfanne mit Maroni-Nudeln Frisches Obst	Karottensaft Kürbis-Brokkolisuppe Knäckebrot mit … Marias vegane Mousse au Chocolat

Herbst Frühstücksvarianten

Impulse zur Zubereitung des Getreidefrühstücks und anderer Frühstücksvarianten finden Sie im Kapitel Frühling, Seite 44 bis 51.

Genießen Sie jetzt im Herbst neben Apfel- und Birnenkompott auch Apfel-Quittenkompott oder ein leckeres Zwetschgenkompott, Seite 135

Tipp: Geben Sie im Spätherbst zum Kompott zusätzlich zu Zimt und Bourbon Vanillepulver immer mal wieder 1 Msp. Lebkuchengewürz dazu. Das schmeckt sehr lecker.

Lob dem Apfel

Eines musst Du Dir gut merken, wenn Du schwach bist, Äpfel stärken!
Äpfel sind die beste Speise, für zu Hause, für die Reise,
für die Alten, für die Kinder, für den Sommer, für den Winter,
für den Morgen, für den Abend, Äpfel essen ist stets labend.
Äpfel glätten Deine Stirn, bringen Phosphor ins Gehirn,
Äpfel geben Kraft und Mut und erneuern Dir Dein Blut.
Darum Freund, so lass Dir raten:
Esse frisch, gekocht, gebraten, täglich ihrer fünf bis zehn,
wirst nicht dick, doch jung und schön und kriegst Nerven wie ein Strick.
MENSCH – IM APFEL LIEGT DEIN GLÜCK!

Unbekannt

Frische Sprossen aus Keimsaaten – Vitamin-Wunder

Frisch gekeimte Sprossen sind gerade jetzt im Herbst eine unvorstellbare und hilfreiche Quelle an Vitaminen, Mineralstoffen, Enzymen, bestem Eiweiß und vielem mehr. Frische Sprossen liefern weitaus mehr Vitamine als mancher gezüchtete Salat aus dem Gewächshaus.

Entdecken Sie Freude am Keimen! Es ist so schön, die Sprossen täglich wachsen zu sehen und sie nach wenigen Tagen mittags zum Salat zu genießen. Frischer geht's nicht.

Keimen ist spielend leicht und einfach. Sie benötigen dazu ein kleines Keimglas oder eine Keimbox und die verschiedenen Keimsaaten. Im Handel gibt es verschiedene Keimgeräte. Sie werden als Gläser oder als 3-Etagen-Boxen angeboten. Informieren Sie sich und probieren Sie es aus, es lohnt sich.

Keimdauer von:

Alfalfa	ca. 5 – 6 Tage
Bockshornklee	ca. 3 – 4 Tage
Kresse*	ca. 5 – 6 Tage
Mungobohnen	ca. 5 – 6 Tage
Radieschen	ca. 4 – 5 Tage
Senf	ca. 4 – 5 Tage
Sprossenmix	ca. 4 – 5 Tage

*Kresse keimen Sie nicht im Keimgerät und nicht im Keimglas, weil die Wurzeln der Kresse nach unten wachsen. Kresse keimen Sie in flachen Schalen oder auf einem Teller mit Küchenkrepp.

Keimvorgang:

1. Schritt: Weichen Sie je Keimsorte 1 EL Keimsaat in einer Tasse Wasser über Nacht ein.

2. Schritt: Spülen Sie diese am anderen Morgen in einem feinen Sieb unter fließendem Wasser kurz ab.

3. Schritt: Geben Sie die eingeweichten Saaten (pro Sorte) in das Keimglas oder in die Keimbox und stellen Sie diese in der Küche an einen eher dunklen Platz, nicht an das Fenster. In das 3-Etagen-Keimgerät geben Sie pro Etage eine andere Sorte.

4. Schritt: Ab jetzt spülen Sie die Keimsaaten täglich zweimal kurz unter fließendem Wasser im Keimglas, in der Keimbox, ab. Am besten gleich morgens und abends. Das tägliche Abspülen ist sehr wichtig, so gelingt das Keimen sehr gut.

5. Schritt: Sind die Sprossen fertig, spülen Sie sie nochmals unter fließendem Wasser ab, abtropfen lassen. Nehmen Sie diese aus dem Keimglas oder der Keimbox. Geben Sie die fertigen Sprossen in ein Schraubglas oder in eine Box, stellen Sie sie in den Kühlschrank und verwenden Sie sie täglich mittags zum Salat.

Die fertig gekeimten Sprossen können Sie ca. 4 Tage, im Kühlschrank aufbewahrt, verwenden.

Tipp: Starten Sie z. B. mit den Keimsaaten Alfalfa und Bockshornklee in einer Keimbox auf 2 Etagen. Wenn Sie diese beiden Keimsaaten jeweils in einer Etage keimen, ergänzen sie sich von der Keimdauer optimal. Die Sprossen des Bockshornklees sind nach 3 – 4 Tagen schon fertig, Alfalfa benötigt einige Tage mehr. Nehmen Sie die fertigen Sprossen Bockshornklee zum Verzehr und setzen Sie gleich wieder neue an. So haben Sie im Wechsel immer frische, knackige Sprossen, das Vitamin-Wunder für Herbst und Winter.

Frischer Ingwer – scharfaromatische Wurzel

Wie frischer Meerrettich darf auch die scharfaromatische Wurzel im Herbst und Winter in der Küche zur vielfältigen Verwendung nicht fehlen. Seine entzündungshemmende Wirkung ist längst bekannt, ob roh oder gekocht verarbeitet.

Verwendung:

- Reiben Sie 2 – 3 mal pro Woche etwas Ingwer roh über Salat, Gemüsegerichte, Suppen oder auch über das Getreidefrühstück.

- Garen Sie mal ein kleines Stückchen Ingwer mit, dort, wo Sie den Geschmack mögen.

- Bereiten Sie Ingwerwasser zu, indem Sie in ca. 250 ml kochendes Wasser 1 kleines Stück (ca. 1 cm) Ingwer geben, etwa 10 - 15 Minuten ziehen lassen. Entnehmen Sie danach das Stück Ingwer und trinken Sie schluckweise das Ingwerwasser.

Tipp: Ingwer ist ein starkes Gewürz. Verwenden Sie ihn bewusst, eher sparsam, auch in der Form von Ingwerwasser. Trinken Sie vom Ingwerwasser 2 – 3 mal pro Woche 1 – 2 Tassen, jedoch nicht täglich einen Liter. Die scharfen ätherischen Öle des Ingwers können durch zu viel getrunkenes Ingwerwasser die Magenschleimhäute angreifen. Die Dosis ist wichtig.
Verwechseln Sie Ingwerwasser nicht mit Wasser, es liegen Welten dazwischen.

Frisches, rohes Sauerkraut – Kraftquelle für Immunsystem, Darm und Knochen

Essen Sie im Herbst und Winter täglich ca. 2 – 3 Gabeln frisches, rohes Sauerkraut mittags zum Salat. Kauen Sie es gut, dadurch hat Ihr Körper noch mehr von den wertvollen Nährstoffen.

Sauerkraut zählt zu den wertvollsten Lebensmitteln, es ist milchsauer vergoren, liefert dem Körper somit lebenswichtige L-(+)-Milchsäure für eine gesunde und kraftvolle Darmflora. Es ist voller hochwirksamer, lebenswichtiger Mikroorganismen, die einen Großteil des Immunsystems bilden. Positive Mikroorganismen schützen den Organismus vor Krankheiten, Parasiten, Viren und schädlichen Bakterien.

Tipp: Frisches, rohes Sauerkraut liefert einerseits sehr viel Vitamin C, andererseits viele B-Vitamine, auch Vitamin B 12. Frisches, rohes Sauerkraut ist wertvoller als pasteurisiertes Sauerkraut in Gläsern. Kaufen Sie biologisches, frisches, rohes Sauerkraut im Fachgeschäft oder an einem entsprechenden Stand auf dem Wochenmarkt.

Schwarzer Winterrettich – entdecken Sie ihn neu!

Der bei vielen Menschen in Vergessenheit geratene schwarze Winterrettich ist für die Gesundheit im Herbst und Winter sehr wertvoll. Entdecken Sie ihn und seine Wirkung neu, lassen Sie sich von Geschmack und Wirkung überraschen. Er gibt den Herbst- und Wintersalaten einen besonders guten Geschmack und eine angenehme, würzige Schärfe. Schwarzer Winterrettich enthält sehr viele heilende Wirkstoffe, die Sie auf jeden Fall nutzen sollten. Sie können ihn in jedem Fachgeschäft oder auf dem Wochenmarkt kaufen, er beginnt neu zu leben und wird von gesundheitsbewussten Menschen neu entdeckt.

Verwendung:
Reiben Sie 3 – 4 mal pro Woche etwas schwarzen Winterrettich mittags in den Salat.

Tipp: Schwarzer Winterrettich ist in der Naturmedizin als vielseitig verwendbare Heilpflanze bekannt. Seine krampflösende und antibakterielle Wirkung wird immer mehr beachtet.
Sparsam dosiert wirkt er sehr heilungsfördernd und entzündungshemmend.

Frischer Meerrettich – „Saubermacher" im Körper

Im Herbst und Winter darf ein Stück (ca. 10 cm) frischer Meerrettich in der Küche zur Verfeinerung der Salate und Gemüsegerichte nicht fehlen. Frischer Meerrettich gibt allen Herbst- und Wintergerichten eine besonders würzig scharfe Note.

Verwendung:
Reiben Sie täglich etwas vom frischen Meerrettich mittags über den Salat, über die Gerichte oder abends über eine Gemüsesuppe und vieles mehr.
Stellen Sie die Stange Meerrettich im geschlossenen Schraubglas in den Kühlschrank. Sollte die Stange Meerrettich mal etwas trocken sein, füllen Sie das Glas, indem der Meerrettich steht, mit Wasser, er saugt sich wieder voll und lässt sich danach gut reiben.

Tipp: Frischer Meerrettich ist aufgrund seiner großartigen Inhaltsstoffe ein Juwel für die Gesundheit. Er enthält sehr viele Vitamine, Mineralstoffe und Spurenelemente. Seine Besonderheiten sind unter anderem die Wirkstoffe Allicin und Sinigrin, denen eine antibiotisch-ähnliche Wirkung nachgesagt wird. Diese scharfen Wirkstoffe reinigen den Körper, sie „putzen" auch das „Gehirn" durch. Dies ist zu spüren, wenn Sie etwas zu viel frischen Meerrettich verwenden. Das zieht richtig hoch und reinigt Gehirn, Nasenneben- und Stirnhöhlen.

Herbst Mittagessenvarianten – Salate

Herbstlicher Salat

Zubereitungszeit	ca. 10 Minuten, wenn die Rote Bete-Knolle gekocht ist

Zutaten für 2 Personen:

¼ – ½ Endiviensalat (je nach Größe)
1 Zwiebel rot oder weiß
1 Karotte
1 Stück Rettich weiß oder schwarz (ca. 3 cm)
1 Apfel mittel
½ – 1 Knolle Rote Bete (je nach Größe), am besten gekocht
ca. 150 g Maronen (im Glas)

Zutaten zum Verfeinern:

frischen Meerrettich
etwas klein geschnittene Petersilie

Dressing in einer Schüssel vorbereiten:

1 EL Zitronensaft oder
1 EL Balsamico hell oder dunkel
2 EL Wasser
1 Msp. Senf mittelscharf
1 Msp. feine RASO®-Würze oder
eine Prise Kräutersalz
1 Prise TuWas!-Kräutermischung, gemahlen
1 kleinen Spritzer Agavensirup
4 Spritzer Tamari
Alles vermengen, anschließend
2 EL Olivenöl dazurühren.

Zubereitung:

Schneiden Sie die Zwiebel fein, rühren Sie diese in das vorbereitete Dressing. Raspeln Sie die geschälte Karotte und das Stück Rettich fein ins Dressing, raspeln Sie den ungeschälten Apfel und die gekochte, geschälte Rote Bete grob ins Dressing. Vermischen Sie alles miteinander. Waschen Sie den Endiviensalat, schneiden Sie ihn fein und geben Sie ihn in die Schüssel. Kurz vor dem Servieren vermischen Sie den Endiviensalat und die klein geschnittenen Maronen mit den anderen Zutaten. Streuen Sie die klein geschnittene Petersilie darüber.

Tipp 1: Den frisch geriebenen Meerrettich mischen Sie entweder unter den gesamten Salat oder jeder reibt sich diesen selbst nach Bedarf auf dem Teller über den Salat.

Tipp 2: Falls Sie vom Vortag gekochte Süßkartoffeln haben sollten, können Sie diese, in Scheiben geschnitten, untermengen.

Süßer Sauerkrautsalat

Zubereitungszeit	ca. 10 Minuten

Zutaten für 2 Personen:
ca. 300 g Sauerkraut frisch und roh oder aus dem Glas
1 Apfel mittelgroß
1 Banane

Zutaten zum Verfeinern:
1 Hand voll Walnüsse
etwas klein geschnittene Petersilie

Dressing in einer Schüssel vorbereiten:
1 EL Zitronensaft
2 EL Wasser
1 Msp. feine RASO®-Würze oder eine Prise Kräutersalz
1 Prise TuWas!-Kräutermischung, gemahlen
1 kleinen Spritzer Agavensirup
1 EL Mandelmus oder 100 ml Schlagsahne, ungeschlagen
Alles vermengen, anschließend
2 EL Olivenöl dazurühren.

Zubereitung:
Schneiden Sie das Sauerkraut, den Apfel und die Banane klein, geben Sie diese in die Schüssel mit dem vorbereiteten Dressing und vermischen Sie alles miteinander. Falls es die Zeit erlaubt, lassen Sie den Salat ca. ½ Stunde durchziehen. Vor dem Servieren mischen Sie die geschnittenen Walnüsse unter, die geschnittene Petersilie streuen Sie darüber.

Tipp 1: Dieser Sauerkrautsalat ist ein erfrischender Herbst- und Wintersalat, der viele Vitamine liefert, sehr schnell zubereitet ist und sich zum Mitnehmen zur Arbeit sehr gut eignet. Sie können sich den Salat auch am Vorabend zum Mitnehmen vorbereiten. In diesem Fall geben Sie die Banane erst kurz vor dem Essen dazu, damit Sie nicht braun wird.

Tipp 2: Essen Sie den Sauerkrautsalat mittags, abends ist er zu schwer verdaulich. Kauen Sie gut, dann haben Sie noch mehr davon.

Fenchelsalat mit Orangen

Zubereitungszeit	ca. 10 Minuten

Zutaten für 2 Personen:

1 Fenchelknolle mittelgroß
2 Orangen, biologisch, unbehandelt
1 Zwiebel weiß oder rot

Zutaten zum Verfeinern:

1 Hand voll Walnüsse oder andere Nüsse
50 g Oliven dunkel, Kalamata, mit oder ohne Stein
etwas klein geschnittene Petersilie

Dressing in einer Schüssel vorbereiten:

Abrieb und Saft einer biologischen Orange
1 EL Zitronensaft
2 EL Wasser
1 Msp. feine RASO®-Würze oder eine Prise Kräutersalz
1 Prise TuWas!-Kräutermischung, gemahlen
1 Spritzer Agavensirup
1 EL Mandelmus oder
1 Schuss Schlagsahne, ungeschlagen oder
2 – 3 EL Joghurt natur
Alles vermengen, anschließend
1 EL Olivenöl dazurühren.

Zubereitung:

Schneiden Sie die Zwiebel klein, geben Sie diese in die Schüssel mit dem vorbereiteten Dressing, vermischen Sie alles. Waschen Sie die Fenchelknolle, halbieren Sie diese, schneiden Sie den Strunk heraus, hobeln Sie sie in die Schüssel. Die klein geschnittene Orange mischen Sie ebenso unter. Falls es die Zeit erlaubt, lassen Sie den Salat ca. ½ Stunde durchziehen. Vor dem Servieren mischen Sie die geschnittenen Walnüsse, die ganzen oder in Scheiben geschnittenen Oliven unter, die geschnittene Petersilie streuen Sie darüber.

Tipp 1: Gemüsefenchel wird viel zu selten als Salat oder Gemüse zubereitet. Das kann sich ändern, wenn Sie den gesundheitlichen Wert von Fenchel wissen. Diese Knolle ist ein echtes Vitamin C-Wunder, sie enthält doppelt so viel Vitamin C wie Zitrusfrüchte. Außerdem punktet Gemüsefenchel mit reichlich Kalium, Kalzium, Vitamin E, Eisen, Betacarotin, Vitamin B-Komplex (außer Vitamin B12) und vielem mehr.

Tipp 2: Filetieren Sie die Orange nicht, weil die Haut der Orangenstücke wertvolle Ballaststoffe und die weiße Haut wichtige Inhaltsstoffe enthält. Es ist schade, wenn Sie diese Nährstoffe entfernen.

Rotkohlsalat mit Orangen

Zubereitungszeit	ca. 20 Minuten

Zutaten für 2 Personen:

ca. 250 g Rotkohl
1 Apfel
2 Orangen, biologisch, unbehandelt
2 Datteln (an der Rispe) oder
einen Spritzer Agavendicksaft
½ Stange Frühlingszwiebel

Zutaten zum Verfeinern:

1 Hand voll Walnüsse oder andere Nüsse
etwas frischen Ingwer
etwas klein geschnittene Petersilie

Dressing in einer Schüssel vorbereiten:

Abrieb und Saft einer biologischen Orange
1 EL Zitronensaft oder
1 – 2 EL Balsamico dunkel
2 EL Wasser
1 Msp. feine RASO®-Würze oder
eine Prise Kräutersalz
1 Prise TuWas!-Kräutermischung, gemahlen
1 Msp. Zimt, gemahlen
Alles vermengen, anschließend
1 EL Olivenöl dazurühren.

Zubereitung:

Halbieren Sie den Rotkohl, entfernen Sie den Strunk, hobeln oder schneiden Sie den Rotkohl fein in eine Schüssel. Mit Haushaltshandschuhen kneten Sie ihn ca. 2 – 3 Minuten. Wer einen Kartoffel- oder Gemüsestampfer hat, verwendet diesen. Geben Sie den vorbereiteten Rotkohl zum Salatdressing, vermengen Sie alles.
Raspeln Sie den Apfel grob in die Schüssel, schälen und schneiden Sie die Orangen klein, geben Sie diese, die entkernten, kleingeschnittenen Datteln sowie klein geschnittene Frühlingszwiebel zum Rotkohl dazu. Reiben Sie etwas Ingwer darüber, vermengen Sie alles noch einmal. Falls es die Zeit erlaubt, lassen Sie den Salat ca. ½ Stunde durchziehen. Vor dem Servieren mischen Sie die geschnittenen Walnüsse unter, streuen Sie die geschnittene Petersilie darüber.

Tipp 1: Rotkohlsalat mit Orangen ist ein sehr wertvoller und erfrischender Herbst- und Wintersalat. Genießen Sie ihn zum Mittagessen, abends ist er zu schwer verdaulich. Rotkohlsalat können Sie auch gut am Vortag vorbereiten und zum Mittagessen am nächsten Tag mitnehmen.

Tipp 2: Der Rotkohl soll gestampft oder geknetet werden, damit er weicher und leichter verdaulich ist.

Sellerie-Karottensalat mit Apfel

Zubereitungszeit	ca. 20 Minuten

Zutaten für 2 Personen:
ca. 200 g Sellerieknolle
2 Karotten mittelgroß
1 Apfel
1 Orange (BIO)
½ Zwiebel

Zutaten zum Verfeinern:
1 Hand voll Cashewkerne oder
andere Nüsse
1 Hand voll Rosinen
etwas klein geschnittene Petersilie

Dressing in einer Schüssel vorbereiten:
Abrieb und Saft einer biologischen Orange
1 EL Zitronensaft oder
1 – 2 EL Balsamico hell
2 EL Wasser
1 Msp. feine RASO®-Würze oder
eine Prise Kräutersalz
1 Prise TuWas!-Kräutermischung, gemahlen
1 Spritzer Agavendicksaft
1 Msp. Senf mittelscharf
1 TL Mandelmus oder
einen Schuss Schlagsahne
Alles vermengen, anschließend
1 EL Olivenöl dazurühren.

Zubereitung:
Raspeln Sie die geschälte Sellerieknolle und die geschälten Karotten fein in die Dressingschüssel, vermengen Sie alles. Den ungeschälten Apfel raspeln Sie grob dazu, geben Sie die klein geschnittene Orange und Zwiebel und die Rosinen in die Schüssel, vermengen Sie alles noch einmal. Falls es die Zeit erlaubt, lassen Sie den Salat ca. ½ Stunde durchziehen. Vor dem Servieren mischen Sie die geschnittenen Cashewkerne unter, streuen Sie die geschnittene Petersilie darüber.

Tipp 1: Nutzen Sie die heilende Kraft der Sellerieknolle noch mehr für Ihre Gesundheit und bereiten Sie im Herbst und Winter regelmäßig Selleriegerichte (Salate, Gemüse) zu. Sowohl die Sellerieknolle als auch der Stangensellerie entwässert, entschlackt. Genießen Sie Selleriesalat zum Mittagessen, abends ist er zu schwer verdaulich. Selleriesalat können Sie auch gut für unterwegs mitnehmen.

Tipp 2: Stangensellerie fördert die Entschlackung des Körpers sanft und in hohem Maße. Durch sein besonders hochwertiges Natrium stärkt er unter anderem auch das Herz-Kreislauf-System. Zaubern Sie sich immer mal wieder aus Stangensellerie (2 Stangen) und Apfel (1 Stück) einen köstlichen Gemüsesaft.

Süßer Endiviensalat

Zubereitungszeit	ca. 20 Minuten

Zutaten für 2 Personen:

¼ – ½ Endiviensalat
1 – 2 Äpfel (je nach Größe)
2 Orangen, biologisch, unbehandelt
2 Datteln (an der Rispe) oder
einen Spritzer Agavendicksaft
½ Zwiebel weiß oder rot

Zutaten zum Verfeinern:

1 Hand voll Walnüsse oder andere Nüsse
etwas frischen Ingwer
etwas klein geschnittene Petersilie

Dressing in einer Schüssel vorbereiten:

Abrieb und Saft einer biologischen Orange
1 – 2 EL Balsamico dunkel oder hell
2 EL Wasser
1 Msp. feine RASO®-Würze oder
eine Prise Kräutersalz
1 Prise TuWas!-Kräutermischung, gemahlen
1 Msp. Senf mittelscharf
Alles vermengen, anschließend
1 EL Olivenöl dazurühren.

Zubereitung:

Schneiden Sie die Zwiebel fein, rühren Sie diese in das vorbereitete Dressing. Raspeln Sie die ungeschälten Äpfel grob dazu und vermengen Sie alles. Schälen, schneiden Sie die Orange sowie die entkernten Datteln und Nüsse dazu, reiben Sie etwas frischen Ingwer darüber und heben Sie es unter. Waschen Sie den Endiviensalat, schneiden Sie ihn fein und geben Sie ihn in die Schüssel. Kurz vor dem Servieren vermischen Sie den Endiviensalat. Streuen Sie die klein geschnittene Petersilie darüber.

Tipp 1: Endiviensalat können Sie im Herbst und Winter mit verschiedenen Zutaten zubereiten. Anstatt den Äpfeln schneiden Sie mal eine reife Birne dazu.

Tipp 2: Dieses Rezept können Sie anstatt mit Endiviensalat auch mit Zuckerhutsalat zubereiten. Zuckerhutsalat hat noch mehr gesundheitsfördernde Bitterstoffe als Endiviensalat.

... auf dem Foto sehen Sie einige Zutaten, bereiten Sie den Salat nach obigem Rezept zu.

Wirsing mit Karotten und gemahlenen Nüssen

Zubereitungszeit	ca. 10 Minuten
Garzeit	ca. 10 Minuten

Zutaten für 2 Personen:
1 kleiner Wirsing (ca. 400 g)
2 Karotten mittelgroß
1 Zwiebel
½ Stange Zwiebelgrün

Gewürze zum Mitgaren:
1 Prise TuWas!-Kräutermischung, gemahlen
⅓ TL Schwarzkümmel, ganz
1 Msp. Scharfmachergewürz
1 Msp. Kurkuma, gemahlen

Gewürze, Kräuter und Zutaten zum Verfeinern:
1 Msp. feine RASO®-Würze oder Kräutersalz
1 TL Kräuterpesto (Basilikum oder Bärlauch oder Tomate oder Olive)
4 Spritzer Tamari
1 EL Olivenöl
1 kleinen Schuss Balsamico Essig
½ TL Kapern in Salz
1 Stängel Petersilie oder etwas Schnittlauch
etwas frisch geriebenen Meerrettich und Parmesankäse, wer mag
1 Hand voll Haselnusskerne oder Kürbiskerne oder andere Nüsse

Zubereitung:
Schälen und schneiden Sie die Karotten in Scheiben oder Viertelstücke, schneiden Sie die Zwiebel und das Zwiebelgrün klein. Halbieren Sie den Wirsing, entfernen Sie den Strunk, schneiden Sie ihn in Streifen (ca. 1 cm). Garen Sie alles zusammen in Wasser (Bodendecke) ca. 10 Minuten, nur köcheln. Geben Sie die Kräuter zum Mitgaren am Ende des Garprozesses dazu, ausschalten, nachgaren lassen.
Vor dem Servieren würzen Sie mit den anderen Zutaten im Topf oder jeder würzt auf dem Teller selbst. Streuen Sie die geschnittene Petersilie und die gemahlenen Nüsse darüber.

Tipp: Wirsing ist eine sehr wichtige **„Gehirnnahrung“,** er unterstützt unter anderem die Hirnregion Lernen und Entscheiden. Wirsing fördert auch die Gesundheit des Hormonsystems, er ist ein bedeutungsvoller Begleiter durch Herbst und Winter. Die Kombination mit Karotten und gemahlenen Nüssen ist besonders wertvoll für Gehirn und Hormonsystem. 100 g Wirsing enthält nur 27 kcal, viele Vitamine z.B. Vitamin C, A, E, B, K, Folsäure, wichtige Mineralstoffe Kalzium, Kalium, Eisen.

Herbstliches Backofengemüse mit Dips

Zubereitungszeit	ca. 10 Minuten
Garzeit	ca. 45 Minuten

Zutaten für 2 Personen:

2 große Kartoffeln, festkochend
2 Karotten
¼ bis ½ Steckrübe,
je nach Größe (ca. 300 g)
1 Stück Lauch (ca. 15 cm)
2 Zwiebeln weiß oder rot
1 Stange Zwiebelgrün
4 frische Champignons oder 1 Hand voll TuWas!-Waldpilze getrocknet

Gewürze, Kräuter und Zutaten zum Verfeinern:

1 Prise TuWas!-Kräutermischung, gemahlen
1 Msp. feine RASO®-Würze oder Kräutersalz
1 Msp. Schabzigerklee
4 Spritzer Tamari
½ TL Kapern in Salz
2 EL Olivenöl
3 Stängel Petersilie oder etwas Schnittlauch

Zubereitung:

Schalten Sie den Backofen auf ca. 200 Grad ein. Verwenden Sie das tiefe Backblech aus dem Backofen, geben Sie das geschälte und geschnittene Gemüse (ca. 3 cm) darauf, ebenso die klein geschnittene Zwiebel und das Zwiebelgrün. Gießen Sie so viel Wasser auf das Backblech, dass Sie ca. 1 cm Wasser im Backblech haben. Garen Sie alles ca. 45 Minuten bei 200 Grad. Während der Garzeit wenden Sie mit einem Pfannenwender das Gemüse zweimal. In den letzten 10 Minuten geben Sie die geschnittenen oder getrockneten Pilze dazu, Herd ausschalten, einige Minuten nachgaren lassen. Würzen Sie das Gemüse vor dem Servieren auf dem Blech mit TuWas!-Kräutermischung, RASO®-Würze oder Kräutersalz, Schabzigerklee, streuen Sie die klein geschnittene Petersilie darüber. Tamari, Kapern und Olivenöl gibt jeder selbst auf den Teller. Reichen Sie Dips oder Pestos nach Wahl dazu.

Dips:

1 Klacks Maier´s-Bruschetta als Dip vorbereitet, trockene Mischung in Wasser und Öl angerührt oder
1 Klacks Maier´s-Kräuterdip (mit Knoblauch), trockene Mischung in Saure Sahne angerührt oder
1 Klacks Maier´s-Gute Laune-Dip (ohne Knoblauch), wie Kräuterdip angerührt oder fertiges Kräuterpesto im Glas (Basilikum oder Bärlauch oder Tomate oder Olive).

Tipp 1: Das wohlschmeckende Backofengemüse ist eine leckere Alternative zu Bratkartoffeln. Das Gemüse wird im Backofen nur in Wasser gedünstet, es gart schonend im Dampf. Es kann mit oder ohne Maroni-Nudeln zubereitet werden.

Tipp 2: Steckrübe ist ein sehr wichtiges Wintergemüse. Sie enthält wertvolle Mineralstoffe und Vitamine, unter anderem Spuren von Gold, Intelligenzmetall für das Gehirn.

Tipp 3: Zu diesem Gericht könnten Sie auch Kichererbsenpüree und Mangoldsoße (siehe Sommer Mittagessen Seite 86) als Variante zubereiten.

Favebohnen-Gemüseeintopf

Zubereitungszeit	ca. 5 Minuten
Garzeit	ca. 25 Minuten

Zutaten für 2 Personen:

1 kleine Tasse (120 g) Favebohnen
2 Karotten
1 Stück Lauch (ca. 10 cm)
1 Stück Stangensellerie (ca. 5 cm)
1 Zwiebel weiß oder rot
1 Stange Zwiebelgrün
1 Lorbeerblatt

Gewürze, Kräuter und Zutaten zum Verfeinern:

1 Prise TuWas!-Kräutermischung, gemahlen
1 Msp. Scharfmachergewürz
1 Msp. feine RASO®-Würze oder Kräutersalz
4 Spritzer Tamari
1 EL Olivenöl
3 EL Balsamico Essig dunkel
3 Stängel Petersilie oder etwas Schnittlauch

Zubereitung:

Geben Sie die Favebohnen (Saubohnen) ins kochende Wasser (ca. 750 ml) und lassen Sie diese ca. 25 Minuten kochen. Das geschälte, klein geschnittene Gemüse und das Lorbeerblatt garen Sie gleich mit. Favebohnen kochen sich schön sämig. Freuen Sie sich auf diesen leckeren, schnell zubereiteten Bohnen-Gemüseeintopf. Am Ende des Garens geben Sie die TuWas!-Kräutermischung und das Scharfmachergewürz dazu.
Vor dem Servieren würzen Sie den Eintopf mit RASO®-Würze oder Kräutersalz, Tamari, Essig und Öl. Die klein geschnittene Petersilie streuen Sie darüber.

Tipp 1: Favebohnen müssen nicht eingeweicht werden, sie haben eine kurze Garzeit. So zaubern Sie im Handumdrehen ein leckeres Hülsenfruchtegericht. Dieser Bohnen-Gemüseeintopf lässt sich auch gut für unterwegs mitnehmen (gleich die doppelte Menge zubereiten).

Tipp 2: Würzen Sie mit dem Balsamico eher etwas großzügig, der Eintopf darf sauer sein. Durch die Verwendung von Essig können Sie das Eiweiß und die Inhaltsstoffe in den Bohnen besser auswerten, so beugen Sie Blähungen vor. Nehmen Sie 1/3 TL Enzyvit dazu, dann ist die Verdauung des Bohneneintopfes noch leichter.

Grünkernklöße in Tomatensoße

Zubereitungszeit	ca. 15 Minuten
Garzeit	ca. 20 Minuten

Zutaten für Grünkernklöße 2 Personen:

6 EL (90 g) Grünkern
200 ml Wasser
1 kleine Karotte
½ kleine Zwiebel

Gewürze zum Garen:

1 Prise TuWas!-Kräutermischung, gemahlen
1 Msp. feine RASO®-Würze oder Kräutersalz
1 Msp. Schabzigerklee
1 kleines Blatt Sellerie oder Schnittsellerie

1 Schuss Balsamico Essig dunkel kurz vor dem Formen der Klöße dazugeben

Zubereitung:

Schroten oder mahlen Sie den Grünkern mittelgrob bis fein (je nach Wunsch). Rühren Sie das Grünkernschrot mit einem Schneebesen ins kalte Wasser, bringen Sie unter Rühren das Wasser zum Kochen. Bleiben Sie am Herd. Schälen Sie die Karotte, raspeln Sie diese fein und geben Sie sie gleich zum Grünkernschrot dazu, ebenso die klein geschnittene Zwiebel. Wenn der Grünkern kocht, rühren Sie immer wieder um (!), stellen Sie die Herdplatte auf kleine Stufe, lassen Sie den Grünkern mit dem Gemüse ca. 5 Minuten köcheln, ausschalten, ca. 15 Minuten nachquellen lassen. In den letzten Quellminuten geben Sie die Gewürze zum Garen dazu. Die Grünkernmasse soll zu einem festen Teig quellen.

Bereiten Sie die Tomatensoße Rezept Frühjahr Gemüselasagne Seite 62 zu.

Kurz vor dem Servieren geben Sie den Schuss Balsamico in die Grünkernmasse, diese evtl. nochmals nachwürzen. Formen Sie mit zwei Esslöffeln von der Grünkernmasse Klöße, legen Sie diese in die Tomatensoße. Streuen Sie klein geschnittene Petersilie darüber.

Tipp 1: Zweite Variante: köcheln Sie in der zubereiteten Tomatensoße eine Hand voll klein geschnittenen Lauch und 4 geschnittene frische Champignons oder 1 Hand voll TuWas!-Waldpilze, getrocknet, ca. 10 Minuten, bevor Sie die Grünkernklöße hineinlegen.

Tipp 2: Wer möchte, gart sich zusätzlich Gemüse. Siehe dazu Tabelle Seiten 172 und 173.

Tipp 3: Was ist Grünkern? Grünkern ist unreif geernteter Dinkel, der nach einem Spezialverfahren gedarrt wird. Dadurch erhält er den kräftigen Geschmack.

Tomaten gekocht, noch wertvoller als roh?

Sommer ohne Tomaten? … das geht gar nicht.

In jeder zubereiteten Weise genieße ich während des Sommers diese herrlichen, rot leuchtenden, köstlichen Früchte als Hochgenuss. Für mich sind sie „Geschenke des Sommers“, Freude für Augen, Herz und Gaumen!
Tomaten punkten in vielerlei Hinsicht. Mit ihren Vitalstoffen zählen sie zu den **Gemüsefavoriten** für die Gesundheit. Ein Phänomen: mehr als 90 % Wasser, fasst keine Kalorien und dennoch reichlich Kalium, Magnesium, Mangan, Vitamin C, Vitamin B1, B6, Folsäure, Selen und vieles mehr.

Lycopin – Merkmal gekochter Tomaten

Der Schutzstoff Lycopin ist reichlich in den roten Schalen vorhanden. In gekochten, verarbeiteten Tomaten wird das Lycopin für den Körper noch besser bioverfügbar als in rohen Tomaten. Durch das Garen verlieren wir zwar einen Teil des Vitamin C, erschließen dafür jedoch Lycopin und damit Schutz vor freien Radikalen (entartete Moleküle in den Zellen).
Mit diesem Wissen gewinnen verarbeitete Tomaten einen hohen Stellenwert. Tomatensaft, auch milchsauer vergoren, ist ein Juwel für die Gesundheit. Tomatenmark und -soßen geben den Gerichten in allen Jahreszeiten ein Stück „Sommer“ zurück.

Herbstliche Gemüsesuppe

Zubereitungszeit	ca. 10 Minuten
Garzeit	ca. 15 Minuten

Zutaten für 2 Personen:

1 Stück Wirsing (200 g)
1 Karotte mittelgroß
1 Kartoffel mittelgroß (eher festkochend)
1 kleine Zwiebel
4 frische Champignons oder
1 Hand voll TuWas!-Waldpilze, getrocknet
1 Stängel Frühlingszwiebel (ca. 15 cm)

Gewürze, die letzten 5 Minuten mitgaren:

1 Prise TuWas!-Kräutermischung, gemahlen
1 Msp. Scharfmachergewürz
1 Msp. Schabzigerklee
1 Msp. Kümmel ganz

Gewürze, Kräuter und Zutaten zum Verfeinern:

1 Msp. feine RASO®-Würze oder Kräutersalz
oder 1/3 TL Maier´s-Bruschetta
4 Spritzer Tamari
1 EL Olivenöl
1 EL Balsamico Essig dunkel
3 Stängel Petersilie
etwas frischen Meerrettich oder
aus dem Glas

Zubereitung:

Stellen Sie den Topf auf die Herdplatte, geben Sie das Wasser (ca. ½ Liter) dazu, bringen Sie es zum Kochen. Währenddessen bereiten Sie das Gemüse vor: Schälen Sie Kartoffeln und Karotten, schneiden Sie diese in mundgerechte Stücke (ca. 2 cm), schälen Sie die Zwiebel, schneiden Sie diese klein, geben Sie das vorbereitete Gemüse ins kochende Wasser. Lassen Sie die Gemüsesuppe ca. 15 Minuten köcheln.
In den letzten 5 Minuten geben Sie die geschnittene Frühlingszwiebel, die Pilze und die Gewürze zum Garen dazu, ausschalten, kurz nachgaren lassen.
Vor dem Servieren würzen Sie die Gemüsesuppe im Topf oder jeder würzt sie sich selbst auf dem Teller. Geben Sie die klein geschnittene Petersilie darüber. Den Meerrettich reibt sich jeder selbst über die Suppe.

Tipp 1: Der gesundheitliche Wert von Wirsing ist auf Seite 118 erläutert.

Tipp 2:
Gemüsesuppe Variante 2:
mit Rosenkohl, Karotten, Pastinaken, Maronen
Gemüsesuppe Variante 3:
mit Steckrübe, Karotten, Kartoffeln, Pilzen
Gemüsesuppe Variante 4:
mit Grünkohl, Karotten, Kartoffeln, Pilzen

Vollkornreis mit Pilzen

Zubereitungszeit	ca. 5 Minuten
Garzeit	ca. 35 Minuten

Zutaten und Zubereitung Reis für 2 Personen:

6 EL (60 g) Vollkorn-Langkornreis
1 Prise TuWas!-Kräutermischung, gemahlen

Waschen Sie den Reis unter fließend warmem Wasser in einem Teesieb, geben Sie ihn ins kochende Wasser, garen Sie den Reis ca. 35 Minuten (köcheln lassen). Am Ende des Garens geben Sie die Prise TuWas!-Kräutermischung dazu, ausschalten, etwas nachquellen lassen.

Zutaten und Zubereitung Marias Pilzsoße für 2 Personen:

ca. 30 g Mischpilze getrocknet oder
ca. 200 g Waldpilze frisch
1 Prise TuWas!-Kräutermischung

Garen Sie die Pilze ca. 10 Minuten in ca. 150 ml Wasser, Deckel offen lassen, sanft köcheln, öfter umrühren. Geben Sie nach dem Garen die Kräutermischung dazu.

Gewürze, Kräuter und Zutaten zum Verfeinern:

TuWas!-Kräutermischung, gemahlen
1 Msp. feine RASO®-Würze
oder Kräutersalz
4 Spritzer Tamari
½ TL Kapern in Salz
2 EL Olivenöl
2 Stängel Petersilie oder
etwas Schnittlauch
½ Zwiebel, fein geschnitten
etwas frisch geriebenen
Meerrettich oder aus dem
Glas, nach Bedarf
etwas frisch geriebenen
Parmesankäse, nach Bedarf

Würzen Sie den Reis vor dem Servieren mit TuWas!-Kräutermischung und nach Bedarf mit RASO®-Würze. Die anderen Gewürze, Kräuter und Zutaten zum Verfeinern gibt jeder selbst auf dem Teller zum Reis und der Pilzsoße. Die Pilzsoße wird nicht gebunden, Sie geben einfach die gedünsteten Pilze zum Reis auf den Teller.

Tipp 1: Pilze harmonieren besonders gut mit Naturvollkornreis, helfen neue Körperzellen zu bauen und das Gehirn zu regenerieren. Die oben genannte Kombination mit etwas rohen, klein geschnittenen Zwiebeln, der Petersilie und den Kapern ist besonders hochwertig.

Tipp 2: Dieses Gericht kann als Mittag- oder Abendmahlzeit zubereitet werden. Je nach Vollkornreisart kann sich die Garzeit um 5 – 10 Minuten verändern. Wechseln Sie mit den Reissorten ab. Verwenden Sie auch mal: Risotto, Basmati-, Jasmin- oder Roten Reis.

Tipp 3: Andere Variante: Garen Sie in den letzten 15 Minuten zusammen mit dem Reis etwas klein geschnittenes Gemüse, 1 kleine Karotte, 1 kleines Stück Lauch und in den letzten 10 Minuten eine Hand voll Pilze, frisch oder getrocknet.

Maria Schuler-Wanz
Ernährungs-, Gesundheits-, Lebens- & Heilpilzberaterin

Entdecken Sie Pilze für Ihre Gesundheit neu

Der Gesundheitswert der Waldpilze ist von unschätzbarem Wert. Waldpilze sind eine Symphonie von Geschmack, Farbschwingungen und die volle Kraft unberührter Natur!

Was steckt im Pilz?

- Pilze sind als kalorienarme Köstlichkeit sehr beliebt und cholesterinfrei.
- Pilze enthalten eine Fülle an Nährstoffen, wie z.B. Kalium, Magnesium, Kalzium, Phosphor, Eisen, Kupfer, Zink, Selen, Natrium, Chlorid, Fluorid, Jodid, Mangan, Schwefel.
- Alle essentiellen Aminosäuren und Enzyme.
- Vitamin D, wichtiger Lieferant des Knochen- und Muskelvitamins.
- Das hochwertige Eiweiß der Pilze ist von besonderer Bedeutung.

Alle Inhaltsstoffe in Waldpilzen arbeiten als Verbund zusammen und fördern die Gesundheit auf allerbeste Weise.

Pilze regulieren!

Pilze helfen, das Gleichgewicht wieder herzustellen. Sei es das Gleichgewicht draußen in der Natur oder im menschlichen Körper, das ist ein besonderes Merkmal von Waldpilzen.

Pilzmischung ist ausgesprochen wertvoll

Jeder Pilz ist anders, enthält andere Inhaltsstoffe. Aus diesem Grund rate ich, die Waldpilze als Mischung zu verwenden, die je nach Jahreszeit anders ist. Eine Mischung könnte bestehen aus: Steinpilzarten, Rotkappen, Birkenpilzen, Perlpilz, Goldröhrling, Ziegenlippe, Hexenröhrling, Herbsttrompete, Pfifferling, Herbstlorchel, Stockschwämmchen, violetter Schleierling, Anistrichterling, Lila und Roter Lacktrichterling, Maronenröhrling, Semmelstoppelpilz, Trompetenpfifferling.

Je mehr Pilzarten in der Mischung sind, desto mehr wertvolle Inhaltsstoffe liefern wir dem Körper aus dem Kraftpaket der Natur.

Die Pilzmischung kann für Suppen, Eintöpfe, Soßen und vielem mehr verwendet werden.

Frische Pilze

- Sammeln Sie nur Pilze, wenn Sie pilzkundig sind!
  Wer sie nicht kennt, sammelt nicht.
- Verarbeiten Sie nur feste, gesunde und einwandfreie Pilze.

Getrocknete Pilze

- Zum Trocknen verwenden Sie nur gesunde und einwandfreie Pilze.
- Trocknen Sie die vorbereiteten Pilze schonend bei 40 Grad, damit alle Enzyme und Inhaltsstoffe in ihrer gesundheitsfördernden Wirkung erhalten bleiben.

Besonders wichtig

Bei allen Pilzgerichten soll auf **Alkohol verzichtet** werden, da er die Auswertung der Inhaltsstoffe erschwert und evtl. Unverträglichkeiten fördern könnte.

„Alles was wir brauchen, um gesund zu bleiben, hat uns die Natur reichlich geschenkt!"

Sebastian Kneipp

Sauerkrautpfanne mit Maroni-Nudeln

Zubereitungszeit	ca. 5 Minuten
Garzeit	ca. 15 Minuten

Zutaten Sauerkrautpfanne für 2 Personen:

ca. 500 g frisches Sauerkraut (Rohkost im kleinen Eimer oder aus dem Glas)
1 Karotte mittelgroß
1 Zwiebel weiß oder rot
1 Stängel Frühlingszwiebel
ca. 200 g Maronen gekocht

Gewürze, Kräuter und Zutaten zum Verfeinern:

1 Lorbeerblatt
TuWas!-Kräutermischung, gemahlen
1 Msp. feine RASO®-Würze oder Kräutersalz
1 TL Maier´s-Bruschetta-Trockenmischung
4 Spritzer Tamari
2 Stängel Petersilie
etwas frisch geriebenen Meerrettich oder aus dem Glas, nach Bedarf
etwas frisch geriebenen Parmesankäse, nach Bedarf

Zubereitung:

Geben Sie das etwas klein geschnittene Sauerkraut mit dem Lorbeerblatt ins kochende Wasser (Bodendecke) in der Pfanne. Geben Sie die klein geschnittene Zwiebel, die geschälte, geschnittene Karotte sowie die geschnittene Frühlingszwiebel dazu, garen Sie alles zusammen ca. 15 Minuten auf kleiner Stufe. Bleiben Sie in der Nähe, wenden Sie zwischendurch mit dem Pfannenwender alles um. Sollte das Wasser eingekocht und nochmals etwas Wasser nötig sein, geben Sie ca. 50 ml noch dazu, so dass alles in wenig Wasser gart und nichts anhängt. Nach ca. 15 Minuten schalten Sie die Herdplatte aus, geben Sie die Prise TuWas!-Kräutermischung dazu, lassen Sie es noch einige Minuten nachgaren. Vor dem Servieren würzen Sie die Sauerkrautpfanne mit den anderen Gewürzen gleich in der Pfanne.

Maier´s-Bruschetta als Dip angerührt:

Während das Sauerkraut gart, rühren Sie Maier´s-Bruschetta mit Wasser und Olivenöl als Dip an. Geben Sie ca. ½ Glas Bruschetta (50 g) in ein leeres kleines Schraubglas (ca. 200 ml), geben Sie ca. 50 ml Wasser und 2 EL Olivenöl dazu, umrühren. Lassen Sie es ca. 10 Minuten stehen, umrühren, fertig. Reichen Sie den Dip zu diesem Gericht oder anderen Gemüse-, Kartoffeln-, Reis- und Buchweizengerichten. Es gibt einen gut würzigen Geschmack. Bitte in den Kühlschrank stellen und innerhalb einer Woche verbrauchen.

Zutaten und Zubereitung der Maroni-Nudeln für 2 Personen:

ca. 200 g Maroni-Nudeln
1 Prise TuWas!-Kräutermischung, gemahlen
½ TL Maier´s-Bruschetta (trockene Mischung oder als Dip vorbereitet)
½ TL Kokosmus

Achtung: Die Garzeit der Maroni-Nudeln beträgt nur 4 Minuten – daher erst kurz vor dem Servieren zubereiten.

Geben Sie die Maroni-Nudeln in so viel kochendes Wasser, dass die Nudeln knapp bedeckt sind. Rühren Sie diese mit einem Holzkochlöffel vorsichtig um, stellen Sie die Herdplatte auf kleine Stufe, nach 4 Minuten aus. Wenn die Maroni-Nudeln gar sind, gießen Sie das wenige verbleibende Wasser ab, würzen Sie sie und servieren diese mit der Sauerkrautpfanne.

Tipp 1: Reichen Sie zu diesem Gericht entweder Maier´s-Bruschetta als Dip angerührt oder Kräuterpesto (Basilikum, Bärlauch, Tomate oder Olive) nach Wahl.

Tipp 2: Andere Variante: Verwenden Sie im Spätsommer anstatt Karotte gerne 1 Schote rote Paprika, sie gibt der Sauerkrautpfanne Farbe.

Herbst Abendessenvarianten

Gerste mit Gemüse

Zubereitungszeit	ca. 10 Minuten
Garzeit	ca. 15 Minuten

Zutaten für 2 Personen:

6 EL (ca. 60 g) Gerste
1 Zwiebel
1 Karotte mittelgroß
1 Stück Lauch (ca. 15 cm)

Zum Mitgaren:

1 Prise TuWas!-Kräutermischung, gemahlen
1 Prise Schabzigerklee

Gewürze, Kräuter und Zutaten zum Verfeinern:

1 Msp. feine RASO®-Würze oder Kräutersalz
4 Spritzer Tamari
½ TL Kapern in Salz
2 EL Olivenöl
2 Stängel Petersilie
etwas frisch geriebenen Meerrettich oder ⅓ TL aus dem Glas, nach Bedarf

Zubereitung:

Schroten oder mahlen Sie die Gerste fein oder mittelgrob, rühren Sie sie mit einem Schneebesen ins kalte Wasser (ca. 150 ml), bringen Sie die Gerste auf mittlerer Stufe zum Köcheln, rühren Sie immer wieder um. Schälen und schneiden Sie die Zwiebel klein, schälen Sie die Karotte, hobeln Sie sie fein, Lauch kleinschneiden, geben Sie alles zur Gerste dazu, ca. 15 Minuten auf kleiner Stufe garen, Herd ausschalten, einige Minuten nachquellen lassen. Am Ende des Garens mischen Sie die TuWas!-Kräutermischung und den Schabzigerklee unter.
Vor dem Servieren würzen Sie das Essen entweder im Topf oder jeder würzt es sich selbst auf dem Teller. Die klein geschnittene Petersilie streuen Sie, den Meerrettich reiben Sie darüber.

Tipp 1: Gerste mit Gemüse zählt zu den wertvollsten Abendessen. Die hochwertige Stärkeart der Gerste ist für die Körpersubstanz von Frauen außerordentlich wertvoll, am besten geschrotet und in dieser Kombination als Brei gegart. Lauch liefert wichtige „Schmiermittel" für die Gelenke.

Tipp 2: Eine sehr gute Variante ist auch: Gerste mit Karotten und grünen Bohnen.

Kürbis-Gemüsepfanne

Zubereitungszeit	ca. 10 Minuten
Garzeit	ca. 15 Minuten

Zutaten für 2 Personen:

1 kleiner Hokkaido-Kürbis (ca. 500 g)
1 Pastinake mittelgroß
1 Hand voll Rosenkohl
1 Zwiebel mittelgroß
1 Stängel Frühlingszwiebel

Zum Mitgaren:

1 Prise TuWas!-Kräutermischung, gemahlen
1 Prise Schabzigerklee
1 Prise Scharfmachergewürz

Gewürze, Kräuter und Zutaten zum Verfeinern:

1 Msp. feine RASO®-Würze oder Kräutersalz
4 Spritzer Tamari
½ TL Kapern in Salz
2 EL Olivenöl
2 Stängel Petersilie
etwas frisch geriebenen Meerrettich oder ⅓ TL aus dem Glas, nach Bedarf

Zubereitung:

Geben Sie eine Bodendecke Wasser in die Pfanne, stellen Sie die Herdplatte auf mittlere Stufe, entfernen Sie am gewaschenen Rosenkohl evtl. gelbe Blätter, ritzen Sie den Strunk kreuzweise ein, dadurch gart er noch besser. Geben Sie den vorbereiteten Rosenkohl, die geschälte, geschnittene Zwiebel, Pastinake und Frühlingszwiebel in die Pfanne, lassen Sie alles schon köcheln, bis Sie die gewaschenen, ungeschälten, in ca. 5 cm geschnittenen Kürbisstücke dazugeben. Garen Sie alles zusammen ca. 15 Minuten, köcheln lassen, immer mal wieder vorsichtig umrühren, Herd ausschalten, einige Minuten nachgaren lassen.
Am Ende des Garens mischen Sie die TuWas!-Kräutermischung, den Schabzigerklee und das Scharfmachergewürz unter.

Vor dem Servieren würzen Sie das Essen entweder im Topf oder jeder würzt es sich selbst auf dem Teller. Die klein geschnittene Petersilie streuen Sie, den Meerrettich reiben Sie darüber.

Tipp 1: Dieses wohlschmeckende und sehr wertvolle Abendessen zaubern Sie in wenigen Minuten. Die Farben leuchten, es schmeckt und sättigt sehr lange und gut anhaltend, es gibt dem Magen eine Ruhe.

Tipp 2: Sie können es als Mittag- oder Abendessen genießen.

Andere Varianten:

Zaubern Sie diese Mahlzeit mal mit Brokkoli, auch diese schmeckt köstlich oder mal mit grünen Bohnen im Spätsommer. Kürbis ergänzt sich mit grünem Gemüse nicht nur in der frischen Farbe, sondern im Geschmack und von den Nährstoffen erstklassig.

Artischocke mit Avocadosoße

Zubereitungszeit	ca. 10 Minuten
Garzeit	ca. 35 Minuten

Zubereitung der Artischocken – man nimmt für 2 Personen 2 Artischocken:
Garen Sie die Artischocken ca. 35 Minuten in so viel Wasser, dass sie etwa halb im Wasser liegen. Die Garzeit richtet sich nach der Größe der Artischocken.

Avocadosoße

Zutaten:

1 reife Avocado
1 Hand voll Walnusskerne
ca. 50 ml Karottensaft
1 Prise feine RASO®-Würze
4 Spritzer Tamari
½ TL Kapern in Salz
½ Knoblauchzehe

Zubereitung:
Mixen Sie die Walnusskerne im Mixer fein, geben Sie die anderen Zutaten dazu und mixen Sie alles zusammen zu einer homogenen Soße, die Sie zu den Artischocken als Dip servieren.

Wer mag, kann der Avocadosoße noch ein kleines Stück Gorgonzola hinzufügen.

Servieren und Genießen:
Servieren Sie die Artischocke mit der Avocadosoße. Zupfen Sie Blatt für Blatt von außen nach innen, dippen Sie den weichen Teil der Blätter in der Avocadosoße und streifen Sie die Soße und den weichen Teil der Artischockenblätter mit den Zähnen ab. Blatt für Blatt ein Hochgenuss. Wenn Sie beim Kern angekommen sind, genießen Sie das Artischockenherz ebenso mit der Soße. Das Artischockenhaar wird nicht gegessen, beim Stiel entfernen Sie holzige Stellen, weiche Teile essen Sie.

Tipp 1: Artischocken sind eine Delikatesse mit Heilkraft. Wichtige Mineralstoffe, Spurenelemente und besonders wertvolle Bitterstoffe stärken die Leber und die Gallenproduktion. Die Artischocke ist ein Abendessen besonderer Art, weil sie durch ihre Inhaltsstoffe die nächtliche Regeneration des Körpers besonders fördert.
Achten Sie beim Kauf der Artischocken darauf, dass die Blätter eng anliegen und keine braunen Stellen aufweisen. Die Blüte sollte leuchtend grün oder violett, der Stiel hell und grün sein.

Tipp 2: Die **Avocadosoße** bezeichne ich als äußerst wichtige **„Energiesoße für Gehirn und Nerven“.** Avocados zählen zu den besten Lecithinquellen (Fett) für Gehirn und Nervensystem. Die Kombination Artischocke und Avocado ist die beste Kombination der Artischockenzubereitung.

Pellkartoffeln mit Rote Bete und Leinöl

Zubereitungszeit	ca. 5 Minuten
Garzeit	ca. 25 Minuten, wenn die Rote Bete-Knollen schon gegart sind

Zutaten für 2 Personen:
6 Kartoffeln mittelgroß
2 Rote Bete mittelgroß

Gewürze, Kräuter und Zutaten zum Verfeinern:
- **1 kleine Zwiebel,** fein geschnitten, als wertvolle Schwefelquelle für Herz und Gehirn (geben Sie die klein geschnittene Zwiebel in eine kleine Schale, ca. 1 TL Olivenöl darübergeben, so wird die Oxydation verhindert).
- **2 EL schwarzer Sesam,** im Mixer (trocken) fein gemahlen als erstklassige Kalziumquelle für die Knochen.

4 EL Leinöl
1 Prise TuWas!-Kräutermischung
4 Spritzer Tamari
½ TL feine RASO®-Würze
2 Stängel Petersilie
Etwas frisch geriebenen Meerrettich oder ⅓ TL aus dem Glas

Zubereitung der Kartoffeln:
Garen Sie die gewaschenen Kartoffeln ca. 25 Minuten (halb im Wasser liegend). Die Garzeit richtet sich nach der Größe der Kartoffeln.

Zubereitung der Rote Bete-Knollen:
Garen Sie die gewaschenen Rote Bete-Knollen ca. 60 Minuten (ganz im Wasser liegend). Die Garzeit richtet sich nach der Größe der Knollen.

Servieren und Genießen:
Servieren Sie Kartoffeln und Rote Bete als Knolle auf dem Teller, jeder schält sie sich selbst, dann klein schneiden und würzen. Geben Sie die vorbereiteten Zutaten über das Essen, zum Schluss das Leinöl und ganz zum Schluss etwas geriebenen Meerrettich.

Tipp 1: Diese Kombination ist als Kartoffelgericht von „höchstem Range". Bereiten Sie sich dieses wertvolle Essen möglichst oft zu, Sie schöpfen daraus unvorstellbare Kräfte.

Tipp 2: Schwarzer Sesam ist eine der besten Kalziumquellen. Wenn Sie ihn gerne essen, können Sie beim nächsten Mal anstatt 1 EL auch 2 EL pro Person vorbereiten.

Tipp für Berufstätige: Garen Sie die Rote Bete-Knollen am Vorabend oder gleich morgens.
Sie kochen ja alleine vor sich hin. So haben Sie das Essen schnell gezaubert, weil sie nur noch die Kartoffeln garen müssen.

Tipp für die Organisation: Garen Sie gleich die doppelte oder 3-fache Menge der Rote Bete-Knollen. So können Sie am nächsten Tag einen leckeren Rote Bete-Salat zaubern. Kaufen Sie bitte die Rote Bete auf jeden Fall biologisch ein, denn biologische Knollen enthalten mehr Nährstoffe und Spuren von Gold, Intelligenzmetall für das Gehirn.

Rote Bete – die Zauberknolle

Rote Bete zählt mit zu den allerwertvollsten Gemüsearten. Schon die Römer und Griechen berichten von der heilenden Wirkung der Knolle. Seit tausenden von Jahren wird die „Rübe" bei Hautentzündungen und Infektionskrankheiten eingesetzt. Seit hunderten von Jahren gilt sie als die blutbildende Heilpflanze.
Biologische **Rote Bete**-Knollen sind besonders wertvoll, weil sie zu ihren Nährstoffen noch Spuren von Gold, Intelligenzmetall für das Gehirn, enthalten. **Rote Bete** ist in jeglicher Form eine Besonderheit für die Gesundheit unseres Immunsystems, unseres Blutes, rundum für alles. Entdecken Sie **Rote Bete** neu und bereiten Sie sie in verschiedenen Varianten zu.

Rote Bete bedient uns mit einer unvorstellbaren Fülle an Nährstoffen.

Mineralstoffe:	Kalium, Kalzium, Magnesium, Natrium, Phosphor
Spurenelemente:	Kupfer, Eisen, Chrom, Mangan, Zink, Selen, Fluor, Jod
Vitamine:	Provitamin A, B1, B2, B6, B12, C, D, E, Folsäure (wichtig für Schwangere)

Bemerkenswert ist der hohe Gehalt der dunklen Farbe, der die Gesundheit des Blutes in allerbester Weise fördert.

***Rote Bete* fördert die:**

- Durchblutung, das Herz-Kreislauf-System
- Leistungskraft und Lernfähigkeit
- Wundheilung
- Entgiftung und Entschlackung des Körpers
- gute Laune
- beugt Entzündungen vor
- schützt Leber und Galle
- schützt vor freien Radikalen (entartete Moleküle in den Zellen)
- hilft, die Zellatmung zu aktivieren

***Rote Bete*-Saft, milchsauer vergoren:**
Zwischen oder vor den Mahlzeiten (Mittag- oder Abendessen) stärken Sie sich mit einem Glas (ca. 200 ml) **Rote Bete**-Saft, milchsauer vergoren. Die Vitalstoffe gehen als Saft innerhalb weniger Minuten ins Blut, das spüren Sie sofort.

*Energiedrink aus **Rote Bete**-Pulver und frisch gepresster Zitrone*

***Rote Bete**-Salat – gesunde Köstlichkeit*

Energiedrink aus Rote Bete-Pulver und frisch gepresster Zitrone

Dieser Energiedrink ist ein Juwel für die Gesundheit. Die Kombination der **Rote Bete** als Pulver mit dem Saft einer frisch gepressten Zitrone ist einmalig. Beide Zutaten potenzieren sich in ihrer Wirkung. Die Anthocyane (dunklen Farben) der Rote Bete wirken durch die Kombination mit dem frischen Vitamin C der Zitrone noch intensiver und anders herum potenziert das frische Vitamin C der Zitrone die Wirkung der dunklen Farben. Das ist eine einmalige Kombination.

Zubereitung:

Geben Sie in ein Glas Wasser (ca. 200 ml) 1 TL **Rote Bete**-Pulver und den Saft einer halben frisch gepressten Zitrone, umrühren, fertig.

Varianten:

- 1 TL **Rote Bete**-Pulver im frisch gepressten Orangensaft
- 1 TL **Rote Bete**-Pulver im frisch gepressten Grapefruitsaft
- 1 TL **Rote Bete**-Pulver in Wasser und einem Schuss Birnensaft oder Ananas-Mangosaft

Der Energiedrink lässt sich sehr gut in jeder Variante für unterwegs mitnehmen. Sie spüren die wertvolle Energie des Drinks in wenigen Minuten.

Tipp 1: Das **Rote Bete**-Pulver wird aus dem Saft biologischer Rote Bete in einem Spezialverfahren schonend gefriergetrocknet. Durch diese Herstellung verliert das Pulver den typisch erdigen Geschmack. So ist das Pulver auch für Menschen ideal, die diesen Geschmack nicht mögen. Kinder und Jugendliche lieben den Energiedrink, gerne mit einem Schuss Birnensaft, vor oder nach der Schule, während der Hausaufgaben oder nach Belieben.

Tipp 2: Das Granulat des Pulvers kann auch noch vielseitiger verwendet werden, z.B.

- ½ TL **Rote Bete**-Pulver in den Obstsalat vorsichtig eingerührt, das Pulver färbt sich pink, Kinder lieben pink und sind begeistert.
- 1 TL **Rote Bete**-Pulver in einen Früchtequark vorsichtig eingerührt, marmoriert pink.
- Schneiden Sie eine frische Ananas in Stücke oder in Schiffchen, streuen Sie einige Krümel Granulat darüber, die Ananas färbt sich ebenso pink. Das sieht sehr schön aus.

Rote Bete-Blätter sind noch wertvoller als die Knolle! Kaufen Sie im Herbst, wenn möglich, frische **Rote Bete**-Knollen am Bund mit Blättern.

Verwendung:

Garen Sie ab und zu eine Hand voll gewaschene, geschnittene Blätter (ca. 2 cm) bei Gemüsegerichten mit. Haben Sie mehr Blätter, als Sie frisch verwenden können, waschen, schneiden Sie diese und frieren Sie sie ein.

Hirse mit gedünstetem Endiviensalat

Zubereitungszeit	ca. 10 Minuten
Garzeit Hirse	ca. 15 Minuten

Zutaten für 2 Personen:
6 EL (ca. 60 g) Hirse
1 Zwiebel
1 Karotte mittelgroß
4 Blätter Endiviensalat

Zum Mitgaren:
1 Prise TuWas!-Kräutermischung, gemahlen
1 Prise Schabzigerklee

Gewürze, Kräuter und Zutaten zum Verfeinern:
1 Msp. feine RASO®-Würze oder Kräutersalz
4 Spritzer Tamari
½ TL Kapern in Salz
2 EL Olivenöl
2 Stängel Petersilie
etwas frisch geriebenen Meerrettich oder
⅓ TL aus dem Glas, nach Bedarf

Zubereitung:
Schälen und schneiden Sie die Zwiebel klein, schälen Sie die Karotte, hobeln Sie sie fein, geben Sie beides ins kochende Wasser (ca. 150 ml), Herdplatte etwas zurückschalten. Waschen Sie die Hirse im feinen Haarsieb kurz unter fließend warmem Wasser, geben Sie diese und den gewaschenen, in ca. 2 cm geschnittenen Endiviensalat dazu. Garen Sie alles zusammen ca. 15 Minuten auf kleiner Stufe, rühren Sie zwischendurch um. Herd ausschalten und einige Minuten nachquellen lassen. Am Ende des Garens mischen Sie die TuWas!-Kräutermischung und den Schabzigerklee unter. Vor dem Servieren würzen Sie das Essen entweder im Topf oder jeder würzt es sich selbst auf dem Teller. Die klein geschnittene Petersilie streuen Sie, den Meerrettich reiben Sie darüber.

Tipp: Diese Kombination ist ein sehr wertvolles Abendessen. Hirse liefert hochwertige Kieselsäure für Haut, Nägel, Haare und viele andere Nährstoffe. Menschen mit einem schwachen Verdauungssystem können Endiviensalat gedünstet leichter auswerten und besser verdauen, als roh im Salat.

Kürbis-Brokkolisuppe

Zubereitungszeit	ca. 10 Minuten
Garzeit	ca. 15 Minuten

Zutaten für 2 Personen:
Hokkaido-Kürbis (ca. 300 g)
1 kleine Karotte
Brokkoli (ca. 100 g)
1 kleine Zwiebel
1 Stängel Frühlingszwiebel

Zum Mitgaren:
1 kleines Blatt Schnittsellerie oder Blattsellerie
1 Prise TuWas!-Kräutermischung, gemahlen
1 Prise Scharfmachergewürz

Gewürze, Kräuter und Zutaten zum Verfeinern:
1 Msp. feine RASO®-Würze oder Kräutersalz
4 Spritzer Tamari
⅓ TL Maier´s-Bruschetta
½ TL Kapern in Salz
2 EL Olivenöl
1 Schuss Balsamico Essig dunkel
2 Stängel Petersilie
etwas frisch geriebenen Meerrettich oder
⅓ TL aus dem Glas, nach Bedarf

Zubereitung:
Schälen, schneiden Sie das Gemüse in mundgerechte Stücke (ca. 2 cm), den Brokkoli in Röschen. Geben Sie alles ins kochende Wasser (ca. 600 ml), garen Sie die Suppe ca. 15 Minuten, ausschalten, einige Minuten nachgaren lassen. Am Ende des Garens mengen Sie die Kräuter zum Mitgaren unter. Vor dem Servieren würzen Sie die Suppe entweder im Topf oder jeder würzt sie sich selbst auf dem Teller. Die klein geschnittene Petersilie streuen Sie, den Meerrettich reiben Sie darüber.

Tipp 1: Diese Kombination ist eine besonders hochwertige Nährstoffquelle für die Gesundheit, da sich die Vitalstoffe der Gemüsearten optimal ergänzen. Im Herbst schmeckt eine Kürbissuppe in jeder Variante lecker.

Tipp 2: Servieren Sie nach Bedarf einige Scheiben Knäckebrot mit pflanzlichen Brotaufstrichen dazu.

Sellerie-Gemüsesuppe mit Buchweizen-Bulgur

Zubereitungszeit	ca. 10 Minuten
Garzeit	ca. 15 Minuten

Zutaten für 2 Personen:

½ Sellerieknolle (ca. 300 g)
2 kleine Karotten
2 kleine Blätter Grünkohl (ca. 50 g)
1 kleine Zwiebel
1 Stängel Frühlingszwiebel
2 EL Buchweizen-Bulgur

Zum Mitgaren:

1 kleines Blatt Schnittsellerie oder Blattsellerie
1 Prise TuWas!-Kräutermischung, gemahlen
1 Prise Scharfmachergewürz

Gewürze, Kräuter und Zutaten zum Verfeinern:

1 Msp. feine RASO®-Würze oder Kräutersalz
4 Spritzer Tamari
⅓ TL Maier´s-Bruschetta
½ TL Kapern in Salz
2 EL Olivenöl
1 Schuss Balsamico Essig dunkel
2 Stängel Petersilie
etwas frisch geriebenen Meerrettich oder ⅓ TL aus dem Glas, nach Bedarf

Zubereitung:

Schälen, schneiden Sie das Gemüse in mundgerechte Stücke (ca. 2 cm), den Grünkohl schneiden Sie sehr fein. Geben Sie alles ins kochende Wasser (ca. 750 ml), garen Sie das Gemüse ca. 10 Minuten. Den Buchweizen-Bulgur geben Sie jetzt dazu, lassen Sie die Suppe weitere 5 Minuten köcheln, ausschalten, einige Minuten nachgaren lassen. Am Ende des Garens mengen Sie die Kräutermischung und das Scharfmachergewürz unter. Vor dem Servieren würzen Sie die Suppe entweder im Topf oder jeder würzt sie sich selbst auf dem Teller. Die klein geschnittene Petersilie streuen Sie, den Meerrettich reiben Sie darüber.

Tipp: Diese Gemüsesuppe ist ein feines und sehr gesundes Abendessen. Jedes Gemüse steht mit seiner Kraft zur Verfügung. Buchweizen-Bulgur macht die Suppe angenehm sämig. Grünkohl kann durch Lauch ersetzt werden.

Variante: Sie können die Suppe auch püriert servieren.

Herbst Nachspeisen

Frisches Obst

Der Tisch ist auch im Herbst mit köstlichen Früchten reich gedeckt. Wechseln Sie zwischen Äpfeln, Birnen, Zwetschgen, Trauben, Kaki, Cherimoya … ab. Jede Frucht beschenkt uns mit ihrem köstlichen Geschmack, ihren reichhaltigen Nähr- und Wirkstoffen. In frisch geernteten Früchten ist der Nährstoffgehalt höher als Ende des Winters.

Stärken Sie sich nach dem Mittagessen mit frischem Obst, essen Sie sich damit gut satt. Das ist wichtig, weil die im Obst enthaltenen Enzyme die gute Verdauung des Essens fördern. Außerdem beugen Sie dadurch dem „süßen Hunger" am Nachmittag vor.
Lesen Sie dazu im Kapitel Zucker auf den Seiten 36 und 37 mehr.

Essen Sie nur reife Früchte!

Wählen Sie innerhalb einer Mahlzeit nicht zu viele verschiedene Sorten, weil das die Auswertung der unterschiedlichen Zuckerarten im Verdauungssystem erschwert. Essen Sie ein bis drei Obstarten. Kauen Sie gut, denn: „Gut gekaut ist halb verdaut."

Tipp: Bereiten Sie das Obst, geschält und geschnitten, auf einem Dessertteller vor, streuen Sie eine Msp. Zimt darüber. Hochwertiger Zimt ist für die Gesundheit der Bauchspeicheldrüse sehr wertvoll. Als wärmendes Gewürz ist Zimt im Herbst und Winter für den Stoffwechsel großartig.

Kaki und Cherimoya

Diese beiden Früchte sind nicht heimisch, sie kommen ursprünglich aus den Tropen. Längst werden sie in Spanien und Italien angebaut. Kakis und Cherimoyas enthalten, neben Datteln, die besten und leicht verdaulichen Zuckerarten für ein leistungsfähiges Gehirn. Aus diesem Grund genieße ich sie im Herbst und Winter neben Äpfeln und Birnen regelmäßig. Die positive Wirkung spüre ich deutlich in der Leistungskraft meines Gehirns.

Kaki wird auch süße Tomate genannt, weil sie auf den ersten Blick einer Tomate ähnlich sieht. Sie enthält wenige Kalorien, ist besonders reich an Provitamin A für Sehkraft, Haut und Immunsystem. Kaki enthält reichlich Kalium, Kalzium, Phosphor, Magnesium, Eisen, Vitamin E, B1, B2, B6 und viel Vitamin C.

Cherimoya, auch spanischer Zuckerapfel genannt, werden in Deutschland immer bekannter und beliebter. Ihr zartes, süßes und säurearmes Fruchtfleisch hat einen außergewöhnlich guten Geschmack, der an verschiedene Früchte erinnert. Cherimoya enthält reichlich Kalzium, Kalium, Phosphor, viele Vitamine, allen voran Vitamin C.

Tipp: Kaufen Sie Cherimoyas hart, innerhalb von drei Tagen reifen sie. Halbieren Sie die reife Frucht mit einem Küchenmesser, schneiden Sie den Strunk heraus, genießen Sie Löffel für Löffel das helle, weiche Fruchtfleisch. Die schwarzen Kerne und die Schale geben Sie weg.

Zwetschgenkompott

Zubereitungszeit	ca. 5 Minuten
Garzeit	ca. 10 Minuten

Zutaten für 2 Personen:
ca. 400 g reife Zwetschgen

Gewürze:
1 Msp. Zimt
1 Msp. Bourbon Vanillepulver
1 Msp. Lebkuchengewürz, wer mag

Zum Verfeinern:
1 TL Kokosflocken
1 Klacks Mangopüree
1 Schuss Schlagsahne ungeschlagen

Zubereitung:
Geben Sie die gewaschenen, entkernten Zwetschgenhälften ins köchelnde Wasser (Bodendecke), garen Sie sie ca. 10 Minuten auf kleiner Stufe, Herd ausschalten, einige Minuten nachgaren lassen. Mengen Sie die Gewürze in das Kompott. Die Garzeit kann etwas abweichen, sie hängt von der Reife und Sorte der Zwetschgen ab.

Servieren Sie das Kompott lauwarm oder kalt mit einem Schuss ungeschlagener Sahne oder ohne Sahne. Verfeinern Sie es mit Kokosflocken und Mangopüree oder reichen Sie das Zwetschgenkompott ohne die Zutaten zum Verfeinern.

Tipp 1: Zwetschgen sind mit ihren reichhaltigen Nährstoffen außergewöhnlich wertvoll und stärkend in vielerlei Hinsicht. Geben Sie den meist nicht so geachteten Zwetschgen einen neuen Stellenwert in Ihrem Leben. Verwenden Sie Zwetschgen vielseitiger, nicht nur als Kuchen. Keine Frage, Zwetschgenkuchen schmeckt lecker. Genießen Sie während der Zwetschgenzeit so oft wie möglich ein Zwetschgenkompott.
Zwetschgen sind ein besonderer Gruß des Herbstes für die Gesundheit.

Zitat von Friedbert Schuler, der fast täglich Zwetschgenkompott isst:
„Ich müsste Zwetschgen erfinden, wenn es sie nicht schon gäbe."

Obstkompott und eingeweichte Trockenfrüchte

Obstkompott und eingeweichte Trockenfrüchte sind als Nachspeise nach dem Abendessen besonders wichtig. Sie enthalten hochwertige Zuckerquellen, die einerseits eine angenehme innere Ruhe verleihen, andererseits helfen sie, tiefer und besser schlafen zu können. Das Gehirn wird durch den hochwertigen Zucker bestens ernährt.

Lesen Sie auf Seite 73 und Seite 100 mehr dazu.

Tipp: Streuen Sie über das Kompott und die eingeweichten Trockenfrüchte täglich eine Msp. Zimt, gerne auch Bourbon Vanillepulver. Hochwertiger Zimt ist für die Gesundheit der Bauchspeicheldrüse sehr wertvoll. Als wärmendes Gewürz ist Zimt im Herbst und Winter für den Stoffwechsel großartig.

Pflaumencreme mit Gojibeeren

Zubereitungszeit	ca. 10 Minuten, wenn die Gojibeeren eingeweicht sind

Zutaten für 2 Personen:

ca. 250 g getrocknete Pflaumen (ungeschwefelt), über Nacht in Wasser einweichen. Die Pflaumen sollen gut im Wasser liegen.
1 Prise Zimt
1 Prise Bourbon Vanillepulver
2 EL Gojibeeren

Zum Verfeinern:

1/8 l Sahne
1 Msp. Zimt
1 Msp. Bourbon Vanillepulver
1 Msp. Lebkuchengewürz, nach Geschmack

Zubereitung:

Weichen Sie die Gojibeeren ca. 30 Minuten in wenig Wasser ein. Mixen Sie die Pflaumen mit etwas Einweichwasser, geben Sie die Gewürze dazu, umrühren, fertig. Kurz vor dem Servieren schlagen Sie die Sahne.

Geben Sie zuerst ca. 1 EL eingeweichte Gojibeeren ins Glas, schichten Sie die Pflaumencreme im Wechsel mit der Schlagsahne (wie auf dem Foto) ins Glas, verzieren Sie mit Sahne und noch einigen Gojibeeren.

Tipp: Pflaumencreme pur (Schraubglas) können Sie 3 Tage im Kühlschrank aufbewahren.

Marias vegane Mousse au Chocolat

Zubereitungszeit	ca. 5 Minuten, wenn die Datteln eingeweicht sind

Zutaten für 2 Personen:
2 Datteln (an der Rispe)
2 Bananen, sehr reif, mit Sommersprossen (siehe Foto)
2 EL Carobpulver oder 1 TL Rohkakao
1 Msp. Zimt

Zum Verfeinern und Garnieren:
1 Klacks Mangopüree oder
1 Klacks Heidelbeermus
Mandarinenspalten oder
Bananenscheiben oder
frische Mangostücke
Zitronenmelisse

Zubereitung:
Entkernen Sie die Datteln, weichen Sie diese am Vorabend oder gleich morgens für einige Stunden in wenig Wasser ein. Pürieren Sie sie mit den anderen Zutaten im Mixer zu einer feinen Creme.

Servieren Sie die Creme im Glas, auf einem Teller oder einer Schale, verzieren Sie mit Mangopüree oder Heidelbeermus, dem gewählten Obst und Zitronenmelisse, mit Zimt bestreuen.

Tipp: Je nach Jahreszeit setzen Sie mit frischen Obstspalten, Beeren, Zitronenmelisse, Minze, Gundelrebe oder Kapuzinerkresse mit Blüte Farbakzente.

Heidelbeer-Leckerli

Zubereitungszeit	ca. 5 Minuten

Zutaten für 2 Personen:
4 EL Heidelbeeren Dunstobst
(ca. 1 kleines Glas)
1 mittlere Banane
1 Hand voll Cashewkerne

Gewürze:
1 Msp. Zimt
1 Msp. Bourbon Vanillepulver
1 Msp. Lebkuchengewürz

Zum Verzieren:
Klacks Mangopüree
1 TL Kokosflocken
einen Schuss Schlagsahne ungeschlagen, wer mag

Zubereitung:
Geben Sie die Heidelbeeren in Nachtischschalen, streuen Sie die Gewürze darüber, legen Sie Bananenscheiben und Cashewkerne darauf. Verzieren Sie mit Mangopüree, Kokosflocken und evtl. etwas Schlagsahne

Tipp: Im Handumdrehen zaubern Sie dieses Leckerli.

Winter-Rezepte

Wochenübersicht

	Frühstück *(ab Seite 44)*	**Mittagessen** *(ab Seite 141)*	**Abendessen** *(ab Seite 154)*
Montag	Birke- oder Brennnesselsaft Quinoa mit Rosinen Apfel-Quitten-Kompott Heidelbeermus Paranussgetränk	Rosmaringetränk Süßer Chicoree-Salat Ungarische Krautpfanne Elkes Apfelsalat	Karottensaft Winterliche Gemüse-Suppe Bratapfel
Dienstag	Birke- oder Brennnesselsaft Hafer Apfel-Quitten-Kompott Feigen, eingeweicht Heidelbeermus Haselnussgetränk	Endiviensalatgetränk Ackersalat mit Apfel und Walnüssen Apfel-Maronen-Rotkohl und Kürbispüree Frisches Obst	Karottensaft Pellkartoffel mit schwarzem Sesam und Leinöl Goji-Traum Süße Hirse mit Gojibeeren und Sahne
Mittwoch	Birke- oder Brennnesselsaft Hirse mit Gojibeeren Apfelkompott Heidelbeermus Sesamgetränk (schwarz)	Ackersalatgetränk Weißkohlsalat Wintergemüse mit Quinoa oder Buchweizen Frisches Obst	Karottensaft Buchweizen mit Wintergemüse Zwetschgenkompott
Donnerstag	Birke- oder Brennnesselsaft Amaranth mit Rosinen Apfelkompott Papayas, eingeweicht Mangomus Walnussgetränk	Jiaogulangetränk Süßer Karottensalat Schwarzwurzeln Wirsing oder Rosenkohl Frisches Obst	Karottensaft Süßkartoffeln – einfach lecker Köstliche Birnencreme
Freitag	Birke- oder Brennnesselsaft Hafer Apfelkompott Pflaumen, eingeweicht Mangomus Cashewnussgetränk	Petersiliengetränk Zuckerhutsalat Bunter Wintergruß – Rosenkohl, Pastinake mit Hokkaido-Kürbis Frisches Obst	Karottensaft Topinambur-Karottensuppe Apfel-Quittenkompott
Samstag	Birke- oder Brennnesselsaft Braunhirse, gekocht Apfelkompott, Rosinen Gojibeeren, eingeweicht Mangomus Sesamgetränk (hell)	Ackersalatgetränk Wintersalat mit Linsen Winterlicher Linsengemüse-Eintopf Frisches Obst	Karottensaft Pürierte Pastinaken-Gemüsesuppe Cashew-Schoko-Ananas-Creme
Sonntag	Birke oder Brennnesselsaft Vollkorn Rundkornreis Apfelkompott, Heidelbeermus Gojibeeren, eingeweicht Mandelgetränk	Grünkohlgetränk Rote Bete-Salat mit Maronen Grünkohl-Gemüselasagne Frisches Obst	Karottensaft Quinoa-Gemüsesalat mit Rosenkohl Mangocreme mit Lebkuchengewürz

Winter Frühstücksvarianten

Impulse zur Zubereitung des Getreidefrühstücks und anderer Frühstücksvarianten finden Sie im Kapitel Frühling, Seite 44 bis 51.

Tipp: Geben Sie im Winter auch mal 1 Msp. Lebkuchengewürz zum Getreidefrühstück, das schmeckt lecker.

Genießen Sie jetzt im Winter neben Apfelkompott auch Apfel-Quittenkompott. Wenn Sie morgens mit der Zeit knapp sind und früh aus dem Haus gehen, nehmen Sie anstatt selbst gekochtes Apfelkompott eingeweichte Trockenfrüchte und/oder TuWas!-Dunstobst als Obstkompott.

Lesen Sie über:
- eingeweichte Trockenfrüchte auf Seite 73
- Obstkompott auf Seite 100
- TuWas!-Dunstobst auf Seite 104

Winter Mittagessenvarianten – Salate

Der Winter tischt auf! Lassen Sie sich überraschen!
Entdecken Sie die Fülle des Winters! Genießen Sie abwechslungsreiche Wintersalate!

Wertvolle Impulse zu Sprossen, frischem Sauerkraut, Meerrettich, Ingwer, schwarzem Rettich lesen Sie auf den Seiten 109 – 111.
Streuen Sie täglich 1 TL Hanfsamen und 1 TL Brennnesselsamen mittags über den Salat. Hinweise zum gesundheitlichen Wert finden Sie auf Seite 178

Süßer Chicoree-Salat

Zubereitungszeit	ca. 10 Minuten
Ruhezeit	ca. ½ Stunde

Zutaten für 2 Personen:
ca. 300 g Chicoree
1 Orange
1 kleinen Apfel
1 kleine Banane

Zutaten zum Verfeinern:
1 Hand voll Walnüsse
etwas klein geschnittene Petersilie

Dressing in einer Schüssel vorbereiten:
1 EL Zitronensaft
Saft einer Orange
1 EL Wasser
1 Msp. feine RASO®-Würze
oder eine Prise Kräutersalz
1 Msp. TuWas!-Kräutermischung, gemahlen
1 Spritzer Agavensirup
1 EL Mandelmus oder
100 ml Schlagsahne, ungeschlagen
Alles vermengen.

Zubereitung:
Schneiden Sie aus dem halbierten Chicoree den Strunk heraus, würfeln Sie diesen sehr fein und geben Sie ihn gleich in die Schüssel zum Dressing. Er enthält wichtige Bitterstoffe, die die Leber stärken. Geben Sie den geschnittenen Chicoree (ca. 2 cm), 1 Orange, den Apfel und die Banane geschnitten zum Dressing dazu, vermischen Sie alles miteinander, wenn möglich, ca. ½ Stunde durchziehen lassen. Vor dem Servieren mischen Sie die geschnittenen Walnüsse unter, die geschnittene Petersilie streuen Sie darüber.

Tipp: Süßer Chicoree-Salat bringt mit Orange, Apfel, Banane und der Zitrone eine frische und farbenfrohe Note. Sie kombinieren wertvolle Bitterstoffe vom Chicoree mit den Vitaminen des Obstes, die ungeschlagene Sahne bringt das Sahnehäubchen.

Essen Sie den bitteren kleingeschnittenen Strunk unbedingt mit, denn die Leber benötigt täglich Bitterstoffe. Unsere Ernährung enthält heutzutage zu wenig davon. Selbst der Endiviensalat ist nicht mehr bitter, daher empfehle ich, häufiger Chicoree mit Strunk zu essen.

Ackersalat mit Apfel und Walnüssen

Zubereitungszeit	ca. 10 Minuten

Zutaten für 2 Personen:

ca. 100 g Ackersalat
1 kleine Karotte
1 kleinen Apfel
1 kleine Zwiebel
etwas schwarzen Winterrettich

Zutaten zum Verfeinern:

1 Hand voll Walnüsse
etwas klein geschnittene Petersilie

Dressing in einer Schüssel vorbereiten:

2 EL Balsamico Essig dunkel oder
1 EL Zitronensaft
2 EL Wasser
1 Msp. feine RASO®-Würze oder eine Prise Kräutersalz
1 Msp. TuWas!-Kräutermischung, gemahlen
1 Msp. Senf mittelscharf
1 Spritzer Agavensirup
Alles vermengen, anschließend
1 EL Olivenöl dazurühren.

Zubereitung:

Geben Sie die geschälte, geschnittene Zwiebel, die geschälte, geraspelte Karotte (fein) und etwas fein geraspelten schwarzen Rettich gleich ins Dressing. Raspeln Sie den Apfel mit Schale (grob) ins Dressing, rühren Sie alles um. Waschen und reinigen Sie den Ackersalat. Kurz vor dem Servieren mischen Sie die geschnittenen Walnüsse unter, die geschnittene Petersilie streuen Sie darüber.

Tipp 1: Durch seine reichhaltigen Inhaltsstoffe zählt Ackersalat zu den gesündesten Salaten. Er enthält von allen Salaten am meisten Vitamin C und durch sein starkes Chlorophyll (grün) den höchsten Eisengehalt aller Salate. Ackersalat enthält auch sehr viel Pro Vitamin A für die Augen, Folsäure, Kalium, Calcium, Magnesium u.v.m. Ackersalat stärkt im Winter das Immunsystem.

Tipp 2: In fast unendlichen Varianten kann Ackersalat serviert werden, mit anderen grünen Salaten, mit Orangen, Clementinen gemischt oder auch mal nur mit einem Blatt als Dekoration. Seien Sie kreativ! Überraschen Sie sich selbst!

Tipp 3: Mixen Sie aus 1 Rosette Ackersalat (für 2 Personen) ein frisch gemixtes Kräutergetränk, siehe Seite 23.

Weißkohlsalat

Zubereitungszeit	ca. 10 Minuten
Ruhezeit	ca. 2 Stunden

Zutaten für 2 Personen:
ca. 250 g Weißkohl
1 Karotte mittel
1 kleine Zwiebel

Zutaten zum Verfeinern:
1 Msp. Kümmel
1 Hand voll Walnüsse oder andere Nüsse
etwas klein geschnittene Petersilie

Dressing in einer Schüssel vorbereiten:
1 EL Zitronensaft oder
2 EL Balsamico hell oder
Weißweinessig
2 EL Wasser
1 Msp. feine RASO®-Würze oder
eine Prise Kräutersalz
1 Prise TuWas!-Kräutermischung, gemahlen
1 Msp. Senf
Alles vermengen, anschließend
1 EL Olivenöl dazurühren.

Zubereitung:
Halbieren Sie den Weißkohl, entfernen Sie den Strunk, hobeln oder schneiden Sie den Weißkohl fein in eine Schüssel, kneten Sie ihn mit dem Kräutersalz ca. 3 Minuten. Wer einen Kartoffel- oder Gemüsestampfer hat, verwendet diesen. Vermengen Sie den vorbereiteten Weißkohl mit dem Salatdressing.
Mischen Sie die klein geschnittene Zwiebel, den Kümmel und die fein geraspelte Karotte dazu. Vor dem Servieren mischen Sie die zerkleinerten Walnüsse unter, streuen Sie die geschnittene Petersilie darüber, legen Sie noch ein Röschen Ackersalat darauf.

Tipp 1: Diesem Salat tut es sehr gut, wenn er ca. 2 Stunden oder länger ruhen darf, dadurch wird der Weißkohl weich, mürbe und sehr lecker. Wenn Sie berufstätig sind, bereiten Sie ihn schon am Vorabend oder gleich morgens zu.

Tipp 2: Um den gesundheitlichen Wert von Weißkohl ausführlich zu beschreiben, würde ich noch zusätzlich eine ganze Seite füllen können. Weißkohl wird seit Jahrhunderten als „Allheilmittel" verwendet. Er ist Lebensmittel und Medizin und es ist sehr wichtig, dass wir ihn auch so oft wie möglich frisch zubereiten. Weißkohl wirkt antioxidativ, entzündungshemmend, regulierend auf Blutzucker, Cholesterin, Gewicht (Weißkohlkur), Magen, Darm, gegen Geschwüre u.v.m.
Sein hoher Vitamin-Gehalt, allen voran Vitamin C, seine vielen Mineralstoffe und Spurenelemente stärken das Immunsystem und alle Organe. Er ist ein Geschenk des Winters, nutzen Sie dieses Geschenk für Ihre Gesundheit.

Süßer Karottensalat

Zubereitungszeit	ca. 10 Minuten
Ruhezeit	ca. 30 Minuten

Zutaten für 2 Personen:
2 große Karotten
1 großer Apfel
1 kleine Zwiebel

Zutaten zum Verfeinern:
1 Hand voll Walnüsse oder andere Nüsse
etwas klein geschnittene Petersilie
etwas frisch geriebener Meerrettich oder Ingwer

Dressing in einer Schüssel vorbereiten:
1 EL Zitronensaft oder
2 EL Balsamico Essig hell oder Weißweinessig
2 EL Wasser
1 Msp. feine RASO®-Würze oder
eine Prise Kräutersalz
1 Prise TuWas!-Kräutermischung, gemahlen
1 Msp. Senf
1 Schuss Agavensirup
1 EL Mandelmus oder
ca. 80 ml Schlagsahne ungeschlagen
1 Hand voll Rosinen oder
klein geschnittene Aprikosen
Alles vermengen.

Zubereitung:
Geben Sie die klein geschnittene Zwiebel und den grob geraspelten Apfel ins Dressing, umrühren. Raspeln Sie die geschälten Karotten (mittelfein) ins Dressing, alles vermengen, ca. 30 Minuten durchziehen lassen, noch einmal mischen, evtl. nachwürzen.
Vor dem Servieren geben Sie die zerkleinerten Walnüsse dazu, streuen die geschnittene Petersilie darüber und dekorieren mit einem Röschen Ackersalat. Nach Bedarf frischen Meerrettich oder frischen Ingwer darüber raspeln.

Tipp 1: In wenigen Minuten zaubern Sie diesen köstlichen Salat, der immer gut ankommt. Jeder weiß, dass Karotten gesund und wertvoll für die Augen sind. Wie alle anderen Gemüsearten enthalten Sie viele wichtige Vitamine, Mineralstoffe und Spurenelemente, doch die Karotten haben eine Besonderheit, weiterlesen im Tipp 2.

Tipp 2: Beta-Carotin oder, wie dieser sekundäre Pflanzenstoff auch genannt wird, Provitamin A ist das Geheimnis der Karotte. Von diesem Pflanzenstoff enthält sie besonders viel und daraus resultiert die heilende Kraft der Karotte. Längst ist bekannt, dass Beta-Carotin krebshemmende Wirkung hat. Nutzen Sie diese heilende Kraft und nehmen Sie täglich Karotten zu sich, mal als Salat, Gemüse, als Saft, milchsauer vergoren, oder frisch gepresst mit Apfel und Rote Bete.

Zuckerhutsalat

Zubereitungszeit	ca. 10 Minuten

Zutaten für 2 Personen:
ca. 250 g Zuckerhutsalat
1 kleine Karotte
1 kleinen Apfel
1 kleine Zwiebel
etwas schwarzen Winterrettich

Zutaten zum Verfeinern:
1 Hand voll Walnüsse
etwas klein geschnittene Petersilie
etwas frischen Meerrettich oder Ingwer

Dressing in einer Schüssel vorbereiten:
1 EL Balsamico Essig hell oder
Weißweinessig oder 1 EL Zitronensaft
2 EL Wasser
1 Msp. feine RASO®-Würze oder
eine Prise Kräutersalz
1 Msp. TuWas!-Kräutermischung, gemahlen
1 Msp. Senf mittelscharf
4 Spritzer Tamari
1 Spritzer Agavensirup
Alles vermengen, anschließend
1 EL Olivenöl dazurühren.

Zubereitung:
Geben Sie die geschälte, geschnittene Zwiebel, die geschälte, geraspelte Karotte (fein) und etwas fein geriebenen schwarzen Rettich gleich ins Dressing. Raspeln Sie den Apfel mit Schale (grob) ins Dressing, rühren Sie alles um. Mengen Sie den gewaschenen und geschnittenen Zuckerhutsalat (feine Streifen) kurz vor dem Servieren unter. Geben Sie die geschnittenen Walnüsse dazu, die geschnittene Petersilie streuen Sie darüber. Meerrettich oder Ingwer nimmt jeder nach Bedarf.

Tipp 1: Legen Sie den Zuckerhut nicht ins warme Wasser, die enthaltenen Bitterstoffe sind lebensnotwendig!
Schneiden Sie im Winter täglich 1 Blatt Zuckerhutsalat zu den anderen Wintersalaten, dadurch haben Sie täglich die wertvollen Bitterstoffe. Sie regen den Speichelfluss und die Bildung der Magensäfte an, fördern den Gallenfluss, die Leistungskraft der Leber und Bitterstoffe sind harntreibend.

Tipp 2: Zuckerhut enthält reichlich Inulin (Gemisch höherwertiger Fruchtzucker), das die Entwicklung der positiven Darmbakterien begünstigt. Zuckerhut ist kalorienarm, jedoch reich an Nähr- und Vitalstoffen.

Tipp 3: Zuckerhut zählt zu den wertvollsten Wintersalaten. Entdecken Sie ihn neu, bereiten Sie ihn mindestens einmal pro Woche zu, auch wenn er bitter schmeckt. Die hohe Nährstoffdichte an Vitaminen, Mineralstoffen und Spurenelementen ist sensationell.

Wintersalat mit Linsen

Zubereitungszeit	ca. 10 Minuten, wenn die Linsen und Rote Bete-Knolle gekocht sind

Zutaten für 2 Personen:

1 Blatt Endiviensalat (mittel)
1 Blatt Zuckerhutsalat (mittel)
1 Blatt Radicchiosalat
4 Röschen Ackersalat
1 kleine Karotte
1 kleiner Apfel
1 Zwiebel rot oder weiß
etwas schwarzen Winterrettich
½ Knolle Rote Bete (je nach Größe), gekocht
ca. 4 EL (40 g) gegarte Linsen (Beluga-, grüne oder Berglinsen)

Zutaten zum Verfeinern:

frischen Meerrettich
etwas klein geschnittene Petersilie

Dressing in einer Schüssel vorbereiten:

1 EL Zitronensaft oder 2 EL Balsamico Essig hell oder dunkel
2 EL Wasser
1 Msp. Senf mittelscharf
1 Msp. feine RASO®-Würze oder eine Prise Kräutersalz
1 Prise TuWas!-Kräutermischung, gemahlen
1 kleinen Spritzer Agavensirup
4 Spritzer Tamari
Alles vermengen, anschließend
2 EL Olivenöl dazurühren.

Zubereitung:

Schneiden Sie die Zwiebel fein, rühren Sie diese in das vorbereitete Dressing. Raspeln Sie die geschälte Karotte und etwas schwarzen Rettich fein ins Dressing, den ungeschälten Apfel und die gekochte, geschälte Rote Bete grob dazu. Vermengen Sie alles, geben Sie die Linsen dazu.

Vor dem Servieren mischen Sie die gewaschenen, geschnittenen Salatblätter unter, ebenso die Röschen Ackersalat. Die geschnittene Petersilie streuen Sie darüber. Frischen Ingwer oder Meerrettich gibt jeder nach Bedarf dazu.

Tipp 1: In diesem Salat spiegelt sich die geballte Nährstoffenergie des Winters. Wertvolle Vitamine, allen voran Vitamin C, Mineralstoffe, Spurenelemente und Chlorophyll stärken das Immunsystem und alle Zellen. Anstatt der Rote Bete verwenden Sie auch mal zwei Kartoffeln, anstatt des Apfels eine Orange oder zwei Clementinen.

Tipp 2: Garen Sie mindestens einmal pro Woche ca. 100 g Linsen (Beluga-, Grüne- oder Berglinsen mit einem Lorbeerblatt), bevorraten Sie diese im Schraubglas im Kühlschrank.
Streuen Sie täglich ca. 2 EL in den Salat, dadurch haben Sie das hochwertige Linseneiweiß als Kraftnahrung schon im Salat.

Rote Bete-Salat mit Maronen

Siehe Rezept Frühling Seite 52
Ergänzen Sie das Rezept mit Maronen, gegart (aus dem Glas).

Tipp: Garen Sie 1 oder 2 Knollen Rote Bete mehr, so haben Sie gleich für den nächsten Salat vorbereitete Rote Bete, die Sie dazuschneiden.
Das könnten Sie grundsätzlich so machen, wenn Sie Rote Bete kochen. In vielen Salaten schmeckt sie lecker.

Winter Mittagessenvarianten – Gemüsegerichte

Der Winter serviert seine „Schätze" an Wintergemüse mit einer unvorstellbaren Nährstoffdichte an Vitaminen, Mineralstoffen, Spurenelementen, sekundären Pflanzenstoffen. Viele dieser Gemüsearten haben wir im Sommer nicht. Aus diesem Grund ist es so wichtig, saisonal durch den Jahreskreislauf die „Juwelen der Jahreszeit" zu entdecken und zu genießen.

War und ist Ihnen bisher bewusst, dass wir im Herbst und Winter eine noch viel größere Auswahl an speziellen Gemüsearten zur Verfügung haben als im Sommer? Ist Ihnen bewusst, dass die Kohlarten zum wertvollsten Gemüse zählen? Dass jede Sorte in ihrer Vollkommenheit Lebensmittel und Medizin in einem für alle Zellen ist? Viel Freude beim Ausprobieren und Entdecken!

Ungarische Krautpfanne

Zubereitungszeit	ca. 10 Minuten
Garzeit	ca. 20 Minuten

Zutaten für 2 Personen:
ca. 200 g Weißkohl
1 Karotte
1 Zwiebel

Zum Mitgaren:
1 Lorbeerblatt
1/3 TL Schwarzkümmel oder Kümmel

Diese Zutaten am Ende des Garens dazugeben:
1 Msp. TuWas!-Kräutermischung, gemahlen
1 Msp. Schabzigerklee
1 Msp. Scharfmachergewürz
ca. 4 EL Tomatenmark
ca. 100 ml Tomatensoße Arrabiata
wer mag, 2 Schuss Tomatenketchup (Gesundes vom TuWas!)

Gewürze, Kräuter und Zutaten zum Verfeinern:
1 Msp. feine RASO®-Würze oder Kräutersalz
1 TL Maier´s-Bruschetta
1 Schuss Balsamico Essig dunkel
4 Spritzer Tamari
2 EL Olivenöl
etwas klein geschnittene Petersilie
etwas frisch geriebenen Meerrettich oder 1/3 TL aus dem Glas, nach Bedarf
einige Würfel Schafskäse, wer mag

Zubereitung:
Halbieren Sie den Weißkohl, entfernen Sie den Strunk, schneiden Sie den Weißkohl klein (ca. 1 cm) und geben Sie ihn ins kochende Wasser (Bodendecke) in der Pfanne. Garen Sie ihn mit der klein geschnittenen Zwiebel, der geschälten, geschnittenen Karotte, den Gewürzen zum Mitgaren ca. 20 Minuten auf mittlerer Stufe (köcheln).
Am Ende des Garens mischen Sie die dementsprechenden Zutaten unter. Lassen Sie das Gericht mit den Tomaten-Zutaten nochmals kurz aufkochen.
Vor dem Servieren würzen Sie mit den Zutaten zum Verfeinern im Topf, die Petersilie streuen Sie darüber, Meerrettich nimmt jeder nach Bedarf.

Tipp 1: Achtung! Diese köstliche Krautpfanne könnte zu Ihrem Winter-Lieblingsgericht werden. In kurzer Zeit zaubern Sie sie mit oder ohne Maroni-Nudeln. **Zubereitung Maroni-Nudeln, siehe Seite 63.** Wenn Sie nur wenig Maroni-Nudeln essen wollen, garen Sie pro Person eine Hand voll in wenig Wasser, würzen Sie diese mit 1/3 TL Bruschetta und mischen Sie die gegarten Nudeln kurz vor dem Servieren unter. Informationen über den gesundheitlichen Wert von Weißkohl finden Sie im Rezept Weißkohlsalat auf Seite 143.

Tipp 2: Ein Klacks Maier´s-Bruschetta, in Wasser und Olivenöl angerührt, können sie dazu geben.

Apfel-Maronen-Rotkohl und Kürbispüree

Zubereitungszeit	ca. 15 Minuten
Garzeit	ca. 20 Minuten

Zutaten Rotkohl für 2 Personen:
ca. 250 g Rotkohl
1 Zwiebel
1 großen Apfel

Zum Mitgaren:
1 Lorbeerblatt

Am Ende des Garens dazugeben:
1 Msp. TuWas!-Kräutermischung, gemahlen
1 Msp. Schabzigerklee

Gewürze, Kräuter und Zutaten zum Verfeinern:
ca. 150 g Maronen (gegart, Glas)
1 Msp. feine RASO®-Würze oder Kräutersalz
1 TL Maier´s-Bruschetta
2 Schuss Balsamico Essig, dunkel
4 Spritzer Tamari
etwas klein geschnittene Petersilie
etwas frisch geriebenen Meerrettich oder
1/3 TL aus dem Glas, nach Bedarf oder/und
etwas frisch geriebenen Ingwer

Zubereitung:
Halbieren Sie den Rotkohl, entfernen Sie den Strunk, schneiden oder hobeln Sie ihn fein, geben Sie ihn ins kochende Wasser (Bodendecke) in der Pfanne. Garen Sie den Rotkohl mit der klein geschnittenen Zwiebel, den in Stücke geschnittenen Apfel, das Lorbeerblatt ca. 20 Minuten auf mittlerer Stufe (köcheln), ausschalten, einige Minuten nachgaren.
Am Ende des Garens mischen Sie die dementsprechenden Zutaten unter.
Vor dem Servieren würzen Sie den Rotkohl mit den Zutaten zum Verfeinern im Topf, die Petersilie streuen Sie darüber, Meerrettich oder/und Ingwer nimmt jeder nach Bedarf.

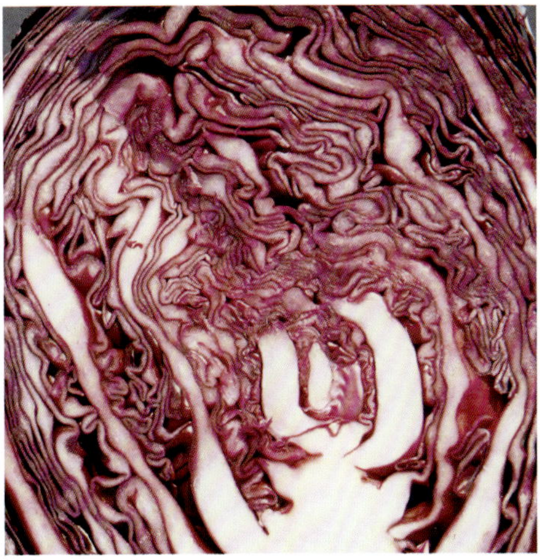

Kürbispüree

Zutaten und Zubereitung Kürbispüree für 2 Personen:
1 kleinen Hokkaido-Kürbis ca. 500 g
1 kleine Zwiebel
1 kleine Karotte

1/3 TL Maier´s-Bruschetta

ca. 50 ml Kokosmilch

Während der Rotkohl gart, bereiten Sie den Kürbis nach dem Rezept Seite 127 zu.
Kurz vor dem Servieren pürieren Sie diesen mit Bruschetta und der Kokosmilch, mit wenig Garwasser im Mixer, reichen Sie das leckere Kürbispüree zum Rotkohl, genießen Sie auch die herrlichen Farben, ein Fest für die Augen.

Tipp 1: Rotkohl ist ein äußerst wertvolles Wintergemüse. Aufgrund seiner Inhaltsstoffe stärkt er Immunsystem, Augen u.v.m. Seine dunkelrote Farbe liefert dem Körper wertvolle Anthocyane (Schutzstoffe der Zellen). Im Herbst und Winter sollte er mindestens einmal pro Woche serviert werden, mal als Salat, mal als Gemüse.

Tipp 2: Maronen sind eine hochwertige, vitalstoffreiche Eiweiß- und Stärkequelle, sie enthalten eine Fülle an Vitaminen, Mineralstoffen und Spurenelementen, sind basisch und sehr vielseitig zu verwenden.
Wechseln Sie ab, geben Sie einige Maronen in den Salat, in eine Suppe oder zum Gemüse, sie schmecken köstlich.

Wintergemüse mit Quinoa oder Buchweizen

Zubereitungszeit	ca. 10 Minuten
Garzeit	ca. 20 Minuten

Quinoa-Rezept siehe Seite 61

Buchweizen-Rezept siehe Seite 58

Tauschen Sie einfach die Zutaten von Gemüse und Kräutern wie folgt aus:

Zutaten Wintergemüse für 2 Personen:
ca. 200 g Wirsing
1 kleiner Zweig Grünkohl, fein geschnitten
2 Karotten
1 kleine Pastinake oder Petersilienwurzel
1 Zwiebel
1 Hand voll TuWas!-Waldpilze

Tipp: Bereiten Sie vom Wintergemüse oder vom gesamten Gericht die doppelte Menge zu und zaubern Sie einen Wintergemüse-Salat zum Abendessen, mal mit Quinoa, mal mit Buchweizen.

Schwarzwurzeln mit Wirsing oder Rosenkohl

Zubereitungszeit	ca. 10 Minuten
Garzeit	ca. 15 Minuten

Zubereitung von Wirsing, für dieses Rezept ohne Karotten, siehe Seite 118

Garen Sie mit dem Wirsing oder dem Rosenkohl 1 Hand voll TuWas!-Waldpilze in den letzten 10 Minuten mit!

Zutaten und Zubereitung der Schwarzwurzeln für 2 Personen:

4 Stangen Schwarzwurzeln ungeschält (je nach Größe und Bedarf auch nur 3 Stück)

Waschen, bürsten Sie die Schwarzwurzeln, geben Sie diese (halbiert) in kochendes Wasser (Bodendecke), ca. 15 Minuten köchelnd garen. Je nach Dicke der Stangen ist die Garzeit etwas unterschiedlich, sie sollen schön weich sein, ausschalten, einige Minuten nachgaren lassen.
Servieren Sie das Gericht wie Sie es auf dem Foto unten sehen, das Gemüse und die Schwarzwurzeln legen Sie auf den Teller, die Schwarzwurzeln schälen Sie auf dem Teller, dann würzen Sie mit den schon bekannten Gewürzen nach Wahl.

Tipp 1: Garen Sie die Schwarzwurzeln immer in der Schale, so sparen Sie sich das Schälen der Wurzeln im rohen Zustand (klebrig). Haben Sie etwas zu viel, verwenden Sie dieses am nächsten Tag zum Salat. Schwarzwurzeln schmecken etwas bitter, das ist u.a. das Wertvolle an ihnen.

Tipp 2: Schwarzwurzeln, auch „Spargel des Winters" genannt, möchten von sich reden lassen. Kaum zu glauben, sie sind ein so außerordentlich gesundes und wertvolles Wintergemüse und so wenige Menschen bereiten sie sich zu. Ändern Sie das! Kochen Sie während des Winters mindestens alle zwei Wochen dieses Gericht.

Tipp 3: Der gesundheitliche Wert von Schwarzwurzeln ist so hoch, dass ich hier gerne noch einige Informationen schreibe. Sie enthalten sehr viel Kalium, Calcium, Magnesium, Phosphor, reichlich Eisen, Provitamin A für die Augen, Vitamin B1, B2, B3, C und E. Die Bitterstoffe der Schwarzwurzeln sind für das Drüsensystem sehr hilfreich, das enthaltene Inulin, eine leicht verdauliche Zuckerart, ist für Diabetiker sehr bekömmlich.
Schwarzwurzeln sind schweiß- und harntreibend, als Abendessen gegessen wirken sie beruhigend, entspannend und schlaffördernd. Sie sind kalorienarm, sehr bekömmlich, auch als Schonkost zu empfehlen.

Bunter Wintergruß – Rosenkohl, Pastinake mit Hokkaido-Kürbis

Zubereitungszeit	ca. 10 Minuten
Garzeit	ca. 15 Minuten

Zutaten für 2 Personen:
2 Hände voll (ca. 250 g) Rosenkohl
1 mittlere Pastinake
1 sehr kleiner Hokkaido-Kürbis (ca.300 g)
1 Zwiebel

1 Hand voll TuWas!-Waldpilze
1 Hand voll Rosinen

Am Ende des Garens dazugeben:
1 Msp. TuWas!-Kräutermischung, gemahlen

Gewürze, Kräuter und Zutaten zum Verfeinern:
1 Msp. feine RASO®-Würze oder Kräutersalz
1 Msp. Scharfmachergewürz
½ TL Maier´s-Bruschetta
4 Spritzer Tamari
½ TL Kapern in Salz
1 Schuss Balsamico Essig dunkel
1 EL Olivenöl
etwas klein geschnittene Petersilie
etwas frisch geriebenen Meerrettich oder ⅓ TL aus dem Glas, nach Bedarf oder/und etwas frisch geriebenen Ingwer

Zubereitung:
Zubereitung Rosenkohl, Pastinake und Hokkaido-Kürbis siehe Seite 127.
Garen Sie einfach alles zusammen in Wasser (Bodendecke) ca. 15 Minuten, Waldpilze und Rosinen geben Sie die letzten 5 Minuten dazu, ausschalten, einige Minuten nachgaren lassen, geben Sie die Kräutermischung dazu. Vor dem Servieren würzen Sie das Gericht in der Pfanne fertig, oder jeder würzt es sich selbst auf dem Teller.

Tipp 1: Dieses Gericht sättigt aufgrund der hochwertigen Stärkearten von Pastinake und Kürbis anhaltend und sehr gut. Essen Sie es zu Mittag, sind Sie den ganzen Nachmittag wohlig gesättigt, genießen Sie es abends, können Sie besonders gut schlafen.

Winterlicher Linsengemüse-Eintopf

Zubereitungszeit	ca. 10 Minuten
Garzeit	ca. 20 Minuten

Zutaten und Zubereitung:
Linsengemüsesuppe siehe Seite 57

Tauschen Sie die Zutaten, das Gemüse aus, verwenden Sie z.B.
2 mittlere Kartoffeln
1 mittlere Karotte
1 kleiner Zweig Grünkohl
ca. 100 g Steckrübe
1 kleine Zwiebel

1 Hand voll TuWas!-Waldpilze, in den letzten 10 Minuten mitgaren

Tipp: Der gesundheitliche Wert der Hülsenfrüchte, insbesondere von Linsen ist auf Seite 177 erläutert, der von Grünkohl auf Seite 153.

Grünkohl-Gemüselasagne

Zubereitungszeit	15 Minuten
Garzeit	35 Minuten

Siehe Seite 62

Tauschen Sie die Zutaten aus, verwenden Sie z.B.

ca. 100 g Grünkohl, sehr fein geschnitten
100 g Steckrübe, geschält, klein gewürfelt
1 Karotte
50 g TuWas!-Waldpilze

Tipp 1: Grünkohl, darüber würde ich am liebsten einige Seiten schreiben. Er ist ein echtes **„Wintergenie"** und an dieser Stelle motiviere ich Sie sehr, ihn mehrmals pro Woche einzuplanen. Schneiden Sie immer wieder einen Zweig sehr fein und garen Sie ihn mit.

100 g Grünkohl enthält nur 49 kcal, jedoch viele Vitamine, allen voran Vitamin C, A, B6, B12, K, wertvolle Mineralstoffe, wie Kalium, Calcium, Magnesium, durch die dunkelgrüne Farbe reichlich Chlorophyll.
Außerdem punktet Grünkohl mit den erforderlichen Nährstoffen für die Augen: Lutein und Zeaxanthin.

Grünkohl wirkt entzündungshemmend, antioxidativ (Schutz in den Zellen gegen entartete Moleküle, freie Radikale, er ist ein herausragendes, sehr wichtiges Wintergemüse, das in jeder Küche Beachtung finden sollte. Im Norden ist er wohl bekannt und geschätzt, im Süden darf er „Einzug" halten. Wussten Sie, dass Grünkohl von allen Kohlsorten die wertvollste und hochwertigste ist? Also, kaufen Sie Grünkohl und legen Sie los.

Tipp 2: Mixen Sie aus ½ cm Grünkohl (für 2 Personen) ein frisch gemixtes Kräutergetränk, siehe Seite 23

Winter Abendessenvarianten

Hinweise zu den gesundheitlichen Vorteilen unserer Abendessen lesen Sie auf Seite 65.

Das Abendessen – wichtiger Baustein zur Verbesserung der Gesundheit
In jeder Jahreszeit lohnt es sich, diese leicht verdaulichen Abendmahlzeiten zu genießen.
Sie sind genial: Einerseits leicht verdaulich, andererseits ernähren Sie sich dadurch mit den allerbesten Nähr- und Vitalstoffen für einen ruhigen, tiefen Schlaf. Diese wichtigen Nährstoffe fördern die nächtliche Körperregeneration in bester Weise, sie bilden die wesentliche Voraussetzung für stete Verbesserung der Gesundheit.

Selbst auf dem Weg des „Älterwerdens" können wir jeden Tag gesünder werden.
Alt sein und werden hat mit krank sein und werden nichts zu tun, das sind andere Themen, die sich bei Krankheiten zeigen. Gesundheitliche Probleme können sich im Laufe von Jahrzehnten schleichend, fast unbemerkt zu Krankheiten entwickeln.
Keine Krankheit fällt vom Himmel. Sie zeigen uns, dass etwas nicht im Gleichgewicht, dass eine Korrektur nötig ist. Sie wollen uns darauf aufmerksam machen, uns einen neuen, anderen Weg zeigen.

Ja, ich weiß, die Gewohnheiten, die so „nett" und manchmal auch bequem sind, hindern uns, not-wendige Schritte zu tun. Veränderungen erfordern zunächst Achtsamkeit, darauf zu achten, wie wir denken, handeln und leben. Achtung vor uns selbst, unser Leben zu ent-wickeln zählt auch dazu.

Der Mensch ist eine Einheit von Körper, Geist und Seele und so tragen alle Entscheidungen in allen Bereichen zu unserem täglichen Wohlbefinden, unserer Vitalität, Leistungskraft und Gesundheit bei.
Vielleicht fragen Sie an dieser Stelle: „Was hat dies bitte mit dem Abendessen zu tun?"
Ja, sehr viel.

Das Abendessen ist ein unvorstellbar wichtiger Mosaikstein in Bezug auf Gewohnheiten und Veränderungen. Viele Menschen sind es gewohnt, abends zu „vespern" (Brot am Abend zu essen) und es bedarf der Achtsamkeit, das Wissen um die Zusammenhänge und dann der Disziplin, in eine neue Ordnung zu gehen. Durch diese andere Art des Abendessens geben Sie Ihrem Körper ein völlig neues Spektrum an lebenswichtigen Nähr- und Wirkstoffen zur ständigen Verbesserung der Gesundheit.
Im Winter schmeckt abends eine warme Gemüsesuppe einfach lecker, durchwärmend.

Auf Seite 25 habe ich geschrieben, dass ich heute viel leistungsfähiger und wesentlich gesünder bin als vor 35 Jahren. Das begeistert mich, dafür bin ich sehr dankbar und gerne gebe ich diese Erfahrungen weiter.
Die Gestaltung des Abends, das frühere Schlafengehen und die Qualität des Abendessens bilden einen wesentlichen Baustein im Fundament und deshalb:
Probieren Sie es aus und spüren Sie, wie es Ihnen damit geht! Viel Freude und Erfolg!

Winterliche Gemüsesuppe

Zubereitungszeit	ca. 10 Minuten
Garzeit	ca. 15 Minuten

Zutaten für 2 Personen:

2 mittelgroße Kartoffeln
2 kleine Karotten
1 Stück Wirsing (ca. 150 g)
1 Stück Lauch (ca. 15 cm)
1 kleine Zwiebel
1 Hand voll TuWas!-Waldpilze (ca. 10 g) oder
4 frische Champignons

2 EL Buchweizen-Bulgur

Zum Mitgaren:

1 kleines Blatt Schnittsellerie oder Blattsellerie
1 Prise TuWas!-Kräutermischung, gemahlen
1 Msp. Scharfmachergewürz
1 Msp. Schabzigerklee

Gewürze, Kräuter und Zutaten zum Verfeinern:

1 Msp. feine RASO®-Würze oder Kräutersalz
4 Spritzer Tamari
1/3 TL Maier´s-Bruschetta
2 EL Olivenöl
1 Schuss Balsamico Essig dunkel
2 Stängel Petersilie
etwas frisch geriebenen Meerrettich oder 1/3 TL aus dem Glas, nach Bedarf oder etwas frisch geriebenen Ingwer, evtl. 1 cm Stück klein geschnitten

Zubereitung:

Schälen, schneiden Sie das Gemüse in mundgerechte Stücke (ca. 2 cm), den Wirsing in Streifen (ca. 1 cm). Geben Sie alles ins kochende Wasser (ca. 750 ml), garen Sie das Gemüse ca. 10 Minuten. Den Buchweizen-Bulgur geben Sie jetzt dazu, lassen Sie die Suppe weitere 5 Minuten köcheln, ausschalten, einige Minuten nachgaren.

Am Ende des Garens mengen Sie die dementsprechenden Kräuter unter.
Vor dem Servieren würzen Sie die Suppe entweder im Topf oder jeder würzt sie sich selbst auf dem Teller. Die klein geschnittene Petersilie streuen Sie darüber, den Meerrettich oder Ingwer gibt sich jeder nach Bedarf dazu.

Tipp: Diese Gemüsesuppe ist ein feines und sehr gesundes Abendessen. Jedes Gemüse steht mit seiner Kraft zur Verfügung. Buchweizen-Bulgur macht die Suppe angenehm sämig.

Durch andere Gemüsezutaten zaubern Sie eine andere Variante.

Pellkartoffel mit schwarzem Sesam und Leinöl

Zubereitungszeit	ca. 5 Minuten
Garzeit der Kartoffeln	ca. 20 Minuten

Rezept und gesundheitlicher Wert Seite 129
Dieses Rezept bereiten Sie ohne Rote Bete zu, es ist ein sehr einfaches, wohlschmeckendes Abendessen, eine Abwandlung von Pellkartoffeln und Kräuterquark.
Der verwendete schwarze Sesam ist eine höherwertigere Calciumquelle als der Quark. Schwarzer Sesam zählt zu den besten Calciumquellen.
Ich liebe dieses Essen und bereite es immer wieder gerne zu. Auf dem Foto sehen Sie das Essen ohne schwarzen Sesam auf dem Teller, geben Sie ihn gemahlen dazu.

Buchweizen mit Wintergemüse

Zubereitungszeit	ca. 10 Minuten
Garzeit	ca. 20 Minuten

Rezept und gesundheitlicher Wert Seite 58

Verändern Sie die Gemüsezutaten:
Anstatt Paprika und Lauch verwenden Sie:
¼ Steckrübe (ca. 250 g)
1 Blatt Grünkohl (ca. 50 g)
1 Hand voll Rosenkohl (ca. 120 g)
1 Hand voll TuWas!-Waldpilze (ca.10 g)
oder 4 frische Champignons
etwas frisch geriebenen
Parmesankäse oder
einige Würfel Schafskäse
etwas frisch geriebenen
Meerrettich, nach Bedarf

Steckrüben in BIO-Qualität enthalten Spuren von Gold, das sehr wertvoll für das Gehirn ist.

Zubereitung:
Bereiten Sie diese Mahlzeit wie auf Seite 58 beschrieben mit den veränderten Zutaten vor. Den Grünkohl schneiden Sie sehr fein, Rosenkohl vor dem Garen kreuzweise einschneiden, Waldpilze in den letzten 10 Minuten dazugeben. Anstatt der Frühlingskräuter verwenden Sie zur Verfeinerung ca. 1 TL Kräuterpesto (Glas) Basilikum, Tomate, Bärlauch oder Bärlauch.

Süßkartoffeln – einfach lecker

Zubereitungszeit	2 Minuten
Garzeit der Kartoffeln	ca. 20 Minuten, je nach Größe der Knolle

Rezept und gesundheitliche Aspekte Seite 91

Andere Variante:
Süßkartoffel mit Gewürzen

Bei dieser Variante lassen Sie den Lauch und die Zwiebeln weg.
Somit essen Sie nur die Süßkartoffel mit den Gewürzen und Olivenöl. Sie werden staunen, wie gut sie schmeckt und sättigt. Ich liebe solche einfache Essen.

Tipp 1: „Die Süßkartoffel möchte nochmals beschrieben werden …"
Die hochwertige Knolle der Süßkartoffel, mit ihrem fast unglaublichen Nährstoffangebot, ist es wert, dass sie am Anfang in den Frühlings-Rezepten und am Ende in den Winter-Rezepten dieses Kochbuches ihren Platz eingeräumt bekommt.

Von allen wohlschmeckenden und gesundheitsfördernden Abendessen ist mir die Süßkartoffel am liebsten, mal mit Lauch, häufig nur Süßkartoffel mit Gewürzen, wie hier beschrieben.

Tipp 2: Die Süßkartoffel ist mit Nähr- und Vitalstoffen prall gefüllt. Wer sie regelmäßig, mindestens einmal pro Woche isst, spürt die positiven gesundheitlichen Auswirkungen. Der außergewöhnlich hohe Anteil an sekundären Pflanzenstoffen, Carotinoiden und Antioxidantien zeigt sich in der gelborangen bis violetten Farbe. Diese Pflanzenstoffe sind ein hochwirksamer Schutz, die den freien Radikalen (entartete Moleküle in den Zellen) entgegenwirken. Die Schutzstoffe können helfen, Krebs und vielen ernährungsbedingten Zivilisationserkrankungen vorzubeugen. Aufgrund dieser Wirkstoffe und einem hohen Vitamin C-Gehalt wirken sie auch entzündungshemmend. Süßkartoffeln punkten zusätzlich mit Vitamin B2, B6, E, Biotin, Calcium, Magnesium, Mangan, Kupfer, reichlich Eisen u.v.m. Für jeden Menschen sind Süßkartoffeln wichtig, weil sie im Körper sehr viel ausgleichen können, ganz besonders auch für Diabetiker.

Tipp 3: Süßkartoffeln können Sie vielseitig zubereiten: roh im Salat, gekocht mit Gemüse, gegart im Salat.

Jede Süßkartoffel-Mahlzeit ist „Medizin für die Zellen", also viel mehr als ein Lebens-Mittel, viel mehr als ein Abendessen.

Topinambur-Karottensuppe

Zubereitungszeit	ca. 5 Minuten
Garzeit	ca. 15 Minuten

Zutaten für 2 Personen:
2 Hände voll (ca. 200 g) Topinambur-Knollen
2 mittlere Karotten
1 kleine Zwiebel

Am Ende des Garens dazugeben:
1 Prise TuWas!-Kräutermischung, gemahlen
1 Msp. Scharfmachergewürz
1 Msp. Schabzigerklee

Gewürze, Kräuter und Zutaten zum Verfeinern:
1 Msp. feine RASO®-Würze oder Kräutersalz
½ TL Maier´s-Bruschetta
4 Spritzer Tamari
1 Schuss Balsamico Essig dunkel
1 EL Olivenöl
etwas klein geschnittene Petersilie
etwas frisch geriebenen Meerrettich oder ⅓ TL aus dem Glas, nach Bedarf

Zubereitung:
Waschen, bürsten Sie die Topinambur-Knollen mit der Gemüsebürste ab, schneiden Sie sie ungeschält in mittelgroße Stücke (ca. 3 cm), geben Sie diese mit den geschälten, geschnittenen Karotten und der Zwiebel ins kochende Wasser (ca. 750 ml), garen Sie alles zusammen ca. 15 Minuten (köcheln), ausschalten, einige Minuten nachgaren lassen. Geben Sie die Kräuter (am Ende des Garens) dazu.

Pürieren Sie die Suppe mit dem Zauberstab fein, geben Sie die anderen Zutaten zum Verfeinern dazu. Frisch geschnittene Petersilie streuen Sie darüber, frischen Meerrettich nimmt jeder nach Bedarf.

Tipp 1: Topinambur-Knollen fördern die Gesundheit der Bauchspeicheldrüse in hohem Maße. Sie sind echte Winterknollen. Wenn der Boden nicht gefroren ist, können Sie ab November nach Bedarf geerntet werden. Sie werden roh in den Salat (fein) geraspelt, als Gemüse oder für die Topinambur-Suppe verwendet.
Komischerweise gibt es bei vielen Menschen durch den Verzehr von Topinambur-Knollen leichte Blähungen, Gase. Deshalb mein Rat: rühren Sie ca. ⅓ TL Enzyvit in die Suppe auf dem Teller. TuWas!-Enzyme helfen bei der Auswertung, sie werden nicht mitgekocht.

Tipp 2: Die Topinambur-Pflanze ist als essbare kleine Sonnenblume bekannt. Sie wächst ca. 1,50 m hoch, blüht im Sommer wunderschön gelb. Allerdings ist es wichtig, sie im Garten zu begrenzen, jede kleine Knolle vermehrt sich großzügig. Wer sie nicht begrenzt, hat schnell den Garten damit gefüllt und kann alle Nachbarn mit den Knollen versorgen.

Pürierte Pastinaken-Gemüsesuppe

Zubereitungszeit	ca. 10 Minuten
Garzeit	ca. 15 Minuten

Zutaten für 2 Personen:
1 mittelgroße Pastinake
2 kleine Karotten
1 Stück Lauch (ca. 15 cm)
1 kleine Zwiebel

2 EL Buchweizen-Bulgur

Zum Mitgaren:
1 kleines Blatt Schnittsellerie oder Blattsellerie
1 Prise TuWas!-Kräutermischung, gemahlen
1 Msp. Scharfmachergewürz

Gewürze, Kräuter und Zutaten zum Verfeinern:
1 Msp. feine RASO®-Würze oder Kräutersalz
4 Spritzer Tamari
1/3 TL Maier´s-Bruschetta
2 EL Olivenöl
etwas klein geschnittene Petersilie
etwas frisch geriebenen Meerrettich oder 1/3 TL aus dem Glas, nach Bedarf oder etwas frisch geriebenen Ingwer, evtl. 1 cm Stück klein geschnitten

Zubereitung:
Schälen, schneiden Sie das Gemüse in Stücke (ca. 3 cm), geben Sie alles ins kochende Wasser (ca. 750 ml), garen Sie das Gemüse ca. 10 Minuten. Den Buchweizen-Bulgur geben Sie jetzt dazu, lassen Sie die Suppe weitere 5 Minuten köcheln, ausschalten, einige Minuten nachgaren.
Am Ende des Garens mengen Sie die dementsprechenden Kräuter unter. Pürieren Sie das Gemüse mit dem Zauberstab zu einer cremigen Suppe.

Vor dem Servieren würzen Sie die Suppe im Topf oder jeder würzt sie sich selbst auf dem Teller. Die klein geschnittene Petersilie streuen Sie darüber, den Meerrettich oder Ingwer gibt sich jeder nach Bedarf dazu.

Tipp 1: Die Pastinake war viele Jahre in Vergessenheit geraten, derzeit erlebt sie neue Aktualität. Sie enthält sehr wertvolle Inhaltsstoffe, allen voran ihre besonders hochwertige Stärkequelle, deshalb sättigt sie gut. Reichhaltige Vitamine, Mineralstoffe und Spurenelemente machen die Pastinake wichtig.

Tipp 2: Außergewöhnlich ist an der Pastinake, ähnlich wie bei der Karotte, dass sie vielseitig zu verwenden ist und mit ihrem leicht süßen Geschmack zu fast allen Gemüsearten passt und gut schmeckt. Roh geraspelt mittags im Salat, gegart für Suppen, Gemüse, Aufläufe, Gemüseeintöpfe.

Quinoa-Gemüsesalat mit Rosenkohl

Zubereitungszeit	ca. 5 Minuten
Garzeit	ca. 20 Minuten

Rezept, siehe Seite 61

Verändern Sie die Zutaten, anstatt Brokkoli, Zucchini und Frühlingszwiebel verwenden Sie:
2 Hände voll Rosenkohl

Zum Verfeinern:
Nehmen Sie anstatt Frühlingskräuter
1 TL Kräuterpesto (Glas) Bärlauch, Basilikum, Olive oder Tomate, wer mag, gibt einige Stücke Schafskäse dazu.

Zubereitung:
Bereiten Sie das Gericht nach dem Rezept zu, den Rosenkohl halbieren Sie.
Sie können mittags die doppelte Menge zubereiten, als Salat zum Mittagessen und zum Abendessen reichen.

Winter Nachspeisen

„Etwas Süßes braucht der Mensch …" – wie dieser Spruch wohl entstand?

Darüber dachte ich während des Schreibens in den letzten Wochen häufig nach. Warum essen manche Menschen so viele Süßigkeiten, häufig unkontrolliert? Warum ist der Bedarf nach Süßem so groß und manchmal nicht zu lenken? Warum verfallen manche Menschen dem Süßen als Sucht, können nicht anders, als dieses und jenes zu naschen? Viele Fragen auf ein großes Thema, was ist die Antwort?

Ein Ansatz der Antwort könnte sein:

1. Inneres Gleichgewicht – seelische Ebene:

- Habe ich genug „Süße" in meinem Leben? Es kann auch mit dem Sinn des Lebens und meiner Einstellung zu meinem Leben zusammenhängen.
  Beispiel: Ist das Glas halb voll oder halb leer?
- Ist der Genuss zu vieler Süßigkeiten vielleicht ein Ausgleich von Frustration, Druck, Resignation, Überforderung, Stress, Ersatz für irgendetwas ...?
- Hängt der zu große Verbrauch von Süßigkeiten evtl. mit Gedanken von Belohnung zusammen? „Jetzt habe ich etwas Süßes verdient".

Die Überlegung könnte sein: Wie finde ich mein inneres Gleichgewicht? Was kann ich tun, was soll ich vielleicht in meinem Leben ändern, damit ich nicht mehr mit Süßigkeiten ausgleichen muss u.v.m.?

2. Inneres Gleichgewicht – körperliche Ebene:

- Könnte es auch mit einem Mangel an hochwertigen Zuckerarten im Körper zusammenhängen, die der Körper dringend zur optimalen Energiegewinnung benötigt?
  Wenn im Körper dieser gute Zucker fehlt, ist häufig das Verlangen nach Süßigkeiten höher. Das ist wie der Hamster im Laufrad: Der Zucker in ungesunden Süßigkeiten nimmt dem Körper wertvolle B-Vitamine, dieser Mangel ist am „Süßhunger" beteiligt.

Wussten Sie, dass wir in der dunklen Jahreszeit mehr Süßes benötigen?
Warum?
Im Winter haben wir andere Bedingungen als im Sommer, weniger Licht, Sonne, Luft, Sauerstoff, wir bewegen uns draußen weniger. Heizungsluft, schlecht gelüftete Räume, Schlafmangel u.v.m. geben ihren Anteil dazu.

Aus den genannten Gründen und vielen weiteren Zusammenhängen benötigen wir im Winter mehr Zucker als im Sommer, gemeint ist jedoch der gesunde Zucker.
Lesen Sie im Kapitel Zucker Seite 36.

Deshalb empfehle ich in Kundengesprächen, Beratungen und auch hier im Kochbuch, mehr Wert auf den Genuss von „gesundem Süßem" zu legen. Deshalb rate ich zu:

- Obst oder Obstkompott zum Frühstück,
- frischem Obst nach dem Mittagessen und
- Obstkompott oder eingeweichten Trockenfrüchten nach dem Abendessen.

Das ist ein unvorstellbar wichtiger Aspekt für inneres Gleichgewicht, probieren Sie es aus und beobachten Sie, wie es Ihnen geht. Viel Freude beim Ausprobieren!

Wichtige Enzyme

Enzyme sind bei der Verdauungsarbeit zur Spaltung von Eiweiß, Fetten und Kohlenhydraten besonders wichtig. Je mehr Enzyme im Körper zur Verfügung stehen, desto präziser kann verdaut werden (siehe Seite 180).

Frisches Obst und Trockenfrüchte sind nicht nur sehr wertvolle Zuckerquellen, sondern erstklassige Enzyme-Quellen. Bei eingeweichten Trockenfrüchten stehen alle Inhaltsstoffe unserem Körper noch mehr zur Verfügung, als wenn Sie diese nicht eingeweicht essen.

Bratapfel

Zubereitungszeit	ca. 5 Minuten
Ruhezeit	ca. 35 Minuten (je nach Größe der Äpfel)

Zutaten für 2 Personen:
4 große Äpfel

Zutaten für die Mischung zum Füllen:
2 TL Rosinen
1 Msp. Zimt
1 Msp. Lebkuchengewürz
1TL Kokosflocken
1 TL Erdmandelflocken
2 Schuss Ananas-Mango-Saft oder Apfelsaft
1 Schuss Agavensirup
Abrieb einer halben Zitrone (BIO)
etwas geriebenen Ingwer oder ca. 1 cm sehr klein gewürfelt
Alles vermengen, anschließend in die Äpfel füllen.

Zubereitung:
Höhlen Sie mit einem Apfelstecher das Kernhaus heraus, ritzen Sie mit dem Küchenmesser rundum kreuzweise in der Schale ein, dann platzen die Äpfel nicht auf. Setzen Sie die Äpfel in eine Auflaufform (Bodendecke Wasser) und füllen Sie diese mit der vorbereiteten Füllung, den Rest geben Sie in die Auflaufform zu den Äpfeln dazu. Garen Sie die Äpfel auf ca. 200 Grad etwa 35 Minuten. Sollte das Wasser in der Auflaufform eingekocht sein, geben Sie nochmals eine Bodendecke dazu. Die Garzeit hängt von der Größe der Äpfel ab. Genießen Sie während des Garens den herrlichen Bratapfelduft, der durch die Räume zieht.

Tipp 1: Bereiten Sie im Winter öfters Bratäpfel zu, sie schmecken auch am nächsten Tag lecker, deshalb sind hier im Rezept für 2 Personen 4 Äpfel zubereitet. Durch das Garen haben wir auch das Pektin im Apfel zur Verfügung.

Tipp 2: Servieren Sie die köstlichen Bratäpfel mal mit Vanillesoße oder mit Sahne.
Welche Äpfel? Elstar lassen sich gut zu Bratäpfel verarbeiten, Boskop wird schön weich.

Elkes Apfelsalat

Zubereitungszeit	ca. 5 Minuten
Ruhezeit	ca. 15 Minuten

Zutaten für 2 Personen:
2 große Äpfel
2 TL Rosinen
2 Schuss Ananas-Mango Saft

Zubereitung:
Schälen, schneiden Sie die Äpfel in mundgerechte Stücke, geben Sie sie in eine Schüssel, die Rosinen und den Saft dazu, umrühren, fertig, durchziehen lassen.

Tipp: Wechseln Sie ab, verwenden Sie mal 1 Msp. Zimt, 1 Msp. Lebkuchengewürz, 1 Klacks Mangopüree oder 1 Klacks Heidelbeermus, auch das schmeckt lecker. Als kleinen Vorrat bereiten Sie mal die doppelte Menge zu. So haben Sie für unterwegs etwas „Feines" oder für den nächsten Tag das vorbereitete Obst nach dem Mittagessen.

Bratapfelgedicht

Kinder, kommt und ratet,
was im Ofen bratet!
Hört, wie´s knallt und zischt.
Bald wird er aufgetischt,
der Zipfel, der Zapfel, der Kipfel, der Kapfel,
der gelbrote Apfel.

Kinder, lauft schneller,
holt einen Teller,
holt eine Gabel!
Sperrt auf den Schnabel!
für den Zipfel, den Zapfel, den Kipfel, den Kapfel,
den goldbraunen Apfel.

Sie pusten und prusten,
sie gucken und schlucken,
sie schnalzen und schmecken,
sie lecken und schlecken,
den Zipfel, den Zapfel, den Kipfel, den Kapfel,
den knusprigen Apfel.

Bayrisches Volksgut

Goji-Traum
Süße Hirse mit Gojibeeren und Sahne

Zubereitungszeit	ca. 5 Minuten, wenn die Hirse gegart und die Gojibeeren eingeweicht sind
Garzeit der Hirse	ca. 15 Minuten

Rezept Süße Hirse siehe Seite 67

Ändern Sie das Rezept wie folgt ab:
Diese süße Hirse bereiten Sie ohne Apfelkompott zu, dafür mit eingeweichten Gojibeeren und Feigen. Die anderen Zutaten bleiben.

Zusätzliche Zutaten für 2 Personen:

1 Hand voll (ca. 50 g) Gojibeeren
3 Feigen klein geschnitten,
jeweils ca. 30 Minuten eingeweicht

1 Msp. Lebkuchengewürz
Abrieb einer halben Zitrone (BIO)
1/8 l Sahne

Zubereitung:
Vermengen Sie die Gewürze und die eingeweichten Trockenfrüchte (einige Gojibeeren zum Verzieren zur Seite legen) mit der Hirse, heben Sie die geschlagene Sahne vorsichtig unter. Servieren Sie die süße Hirse in Nachspeiseschalen oder in Gläsern mit Stiel. Verzieren Sie mit den restlichen Gojibeeren.

Tipp 1: Bereiten Sie sich zum Hirsefrühstück die doppelte Menge, so haben Sie gleich die Grundlage für die Nachspeise am Abend, Goji-Traum. Wenn Sie diese Nachspeise mit Sahne servieren, muss die Hirse kalt sein.

Tipp 2: Reichen Sie die süße Hirse mit oder ohne Sahne. Das kann auch mal ein süßes Abendessen sein, dann würde ich es ohne Sahne servieren.

Fortsetzung von Seite 75 Gojibeere – die ultimative Superfrucht

„Die kleinen roten Beeren werden in der chinesischen Medizin eingesetzt zur Stärkung von Blut, Leber, Nieren, Immunsystem, bei Herzerkrankungen, Bluthochdruck, Schwindel, Tinnitus, Stoffwechselstörungen, Übergewicht, Kopfschmerzen, bei Entzündungen, Diabetes und vieles mehr. Gefäße, Haut und Gelenke profitieren."
Die Erhaltung der Sehkraft wird durch den besonders hohen Anteil der „Augenwirkstoffe" Taurin, Lutein und Zeaxanthin gefördert. Bei täglichem Verzehr (einige Monate) ist dies „sichtbar".

Gojibeeren wirken, regelmäßig gegessen, wie ein Schutz zur Vorbeugung von Infekten und Entzündungen. Der hohe Vitamin B-Anteil, höher als in anderen Früchten, stärkt Gedächtnis und Nerven, die Spurenelemente Kupfer und Mangan fördern den inneren Ausgleich.

Empfohlene Verzehrsmenge, um etwas zu spüren:
In dem auf Seite 75 genanntem Buch wird empfohlen, täglich eine Hand voll (ca. 50 g) Gojibeeren zu essen. Wichtig ist, die Beeren einige Monate täglich (Kur) zu essen.

Wie werden getrocknete Gojibeeren verwendet?
Am besten kommen die Wirkstoffe im Körper an, wenn die Gojibeeren ca. 20 Minuten eingeweicht werden (wie bei den Trockenfrüchten). Das kann in Wasser, in Heidelbeer- oder in Ananas-Mango-Saft sein.
Sie können Gojibeeren in fast jedes Essen geben, ins Frühstück, in Salate, zu Reis, Gemüse, in Suppen. Gojibeeren werden nicht mitgekocht, am Ende des Garens werden sie dazugegeben. Kinder und Jugendliche knabbern sie gerne einfach so.

Tipp: Die TuWas!-Gojibeeren stammen aus dem Tibet (Wildwuchs), frei von Belastungen, in der Sonne getrocknet, eine sehr gute Qualität.

Köstliche Birnencreme

Zubereitungszeit	ca. 5 Minuten

Zutaten für 2 Personen:

1 Hand voll Cashewkerne

1 Birne, sehr reif (geschält)
2 Bananen, sehr reif
2 EL Heidelbeeren-Dunstobst (aus dem Glas)
1 Msp. Zimt
1 Msp. Lebkuchengewürz
1 TL Kokosflocken

Zum Verzieren:

1 Klacks Mangopüree oder
1 Klacks Heidelbeermus
1 TL Carob oder ½ TL Kakao
(Rohkostqualität)

Zubereitung.

Mixen Sie zuerst die Cashewkerne trocken im Mixer fein, geben Sie die anderen Zutaten dazu, pürieren Sie alles zusammen kurz im Mixer, fertig. Geben Sie die Birnencreme in Nachspeiseschalen oder in Gläser mit Stiel, verzieren Sie mit Mangopüree oder Heidelbeermus, streuen Sie nach Bedarf etwas Carobpulver oder Rohkakao darüber.

Variante 1: Bereiten Sie frisches Obst auf einem Teller oder in einer Nachspeiseschale vor, geben Sie die Birnencreme darüber. So zaubern Sie einen gesunden „Zuckerschub", den Sie nach dem Mittagessen genießen können.

Variante 2: Bereiten Sie eine reife Birne (geschält und geschnitten) in Nachspeiseschalen vor, geben Sie die Birnencreme darüber, verzieren Sie wie in Variante 1.

Tipp 1: Bei dieser köstlichen Creme ist es äußert wichtig, dass Bananen und Birnen sehr reif sind, dadurch kommt das vollmundige Aroma noch mehr zur Geltung.

Tipp 2: Birnen sind, wie alle Früchte und Beeren, außerordentlich wertvoll. Sie zeichnen sich durch ihre besonders leicht verdaulichen Zuckerarten aus. Dieser besonders hochwertige Zucker ist für die gute Leistungskraft des Gehirns eine besondere Hilfe. Voraussetzung ist: Essen Sie Birnen immer sehr reif, so haben Sie den guten Zucker.
In grünen Früchten ist der hochwertige Zucker noch nicht da, grüne Birnen verursachen Blähungen, das gilt für alle Obstarten.

Mangocreme mit Lebkuchengewürz

Zubereitungszeit	ca. 5 Minuten, wenn die Mangos vorher eingeweicht wurden
Einweichzeit der Mango	ca. 3 Stunden, am besten über Nacht

Rezept siehe Seite 72
Mangocreme mit Kokosmilch, Dunstheidelbeeren oder Heidelbeermus

Ergänzen Sie dieses Rezept mit:

1 Msp. Lebkuchengewürz und
1 Klacks Heidelbeermus

Zwetschgenkompott – siehe Seite 135 siehe Obstkompott Seite 100

Apfel-Quittenkompott – siehe Zubereitung Apfelkompott Seite 46

Kleiner Hinweis zur Zubereitung:

Garen Sie eine klein geschnittene Quitte ca. 10 Minuten (köchelnd), geben Sie die geschnittenen Äpfel dazu, 1 Hand voll Rosinen und eine Nelke ganz, dann wie beschrieben.

Tipp: Waschen, schälen Sie die Quitte, schneiden Sie mit dem Küchenmesser die Quitte von außen nach innen in kleinen Stücken ab, bis Sie im Kernhaus sind und geben Sie sie ins kochende Wasser. So läßt sich das wertvolle, mit Pektin gefüllte Quittenfruchtfleisch spielend leicht verarbeiten. Plagen Sie sich nicht, indem Sie die Quitte teilen wollen, das ist unnötig, das Messer könnte abbrechen, weil das Quittenkernhaus so fest ist.

Cashew-Schoko-Ananas-Creme

Zubereitungszeit	ca. 5 Minuten, wenn die Ananasringe in Stücken gezupft und eingeweicht sind
Einweichzeit der Ananas	ca. 2 Stunden

Rezept Stachelbeer-Cashew-Creme siehe Seite 72
Tauschen Sie die Stachelbeeren mit eingeweichten Ananasstücken aus.

Geben Sie dem ursprünglichen Rezept dazu:

3 Ananasringe getrocknet
1 Msp. Lebkuchengewürz
2 EL Carobpulver oder 1 TL Kakao (Rohkostqualität)
etwas Ingwer

Zubereitung:

Zupfen Sie die Ananasringe in kleine Stücke, weichen Sie diese ca. 2 Stunden in Wasser (Ananas gut bedecken) ein, am besten am Vorabend. So mixen Sie in wenigen Minuten die Creme.

Vollenden Sie die Zubereitung wie im Rezept Seite 72 beschrieben, mixen Sie anstatt Stachelbeeren die eingeweichten Ananasstücke sowie Carob oder Kakao dazu.
Genießen Sie so oft wie möglich in Wasser eingeweichte Ananasringe, siehe Seite 73.

Jahreszeiten im Überblick

Frühling

Sommer

Herbst

Winter

Bohnen, Weiße Bohnenkerne

Unverzichtbare Eiweißquelle, mehr Eiweiß als in Fleisch

Ganzjahres-Gerichte

Wir haben den Reigen des Jahreskreislaufs mit vielen köstlichen Gerichten durchwandert.
Ich wünsche Ihnen, dass Sie schon beim Durchblättern Neues entdecken und Lust zum Ausprobieren bekommen. Gutes Gelingen!
Aus der großen Auswahl der Kochimpulse für gesunde und in kurzer Zeit zubereitete Mahlzeiten können Sie ausprobieren, diese weiterentwickeln und daraus eigene Rezepte kreieren. Einige Gerichte sind besonders wichtig, die Sie auf jeden Fall einmal pro Woche zubereiten könnten/sollten. Darauf mache ich gerne noch aufmerksam.

Zu den Ganzjahres-Gerichten, die Sie regelmäßig zubereiten sollten, zählen zum:

Frühstück:
Getreidefrühstück, abwechseln, mit Obstkompott, Nussgetränke
Basisches Frühstück
Obst-Nüsse Frühstück

Mittagessen:

Buchweizengericht	1 x pro Woche
Reisgericht	1 x pro Woche
Hülsenfrüchte	2 – 3 x pro Woche

Abendessen:

Süßkartoffeln	1 – 2 x pro Woche
Reisgericht	1 x pro Woche
Quinoa	1 x pro Woche

Noch ein Wort zu Nudeln
Das Lieblingsessen vieler Menschen sind Nudelgerichte. Von Kunden höre ich häufig: „Wenn´s schnell gehen soll, koche ich einfach Nudeln ..."
Das kann ich sehr gut verstehen, so habe ich es früher auch gemacht. Doch, Hirse ist auch so schnell zubereitet und Buchweizen ist in 20 Minuten fertig, die Süßkartoffeln ebenso.
Mit meinen Kochimpulsen motiviere ich Sie sehr, sich es wert zu sein, die gesunde Vielfalt in die Küche einziehen zu lassen.

Über Glutenunverträglichkeit lesen Sie hinten bei „Unverträglichkeiten" (siehe Seite 181).
Gerne stelle ich Ihnen an dieser Stelle die glutenfreien Nudeln vor. Wenn sie richtig gut gewürzt sind, schmecken sie teilweise so lecker, dass der Unterschied zu herkömmlichen Nudeln kaum spürbar ist.
Probieren Sie mal aus:
Nudeln aus Reis- und Maismehl (Penne, Fussili, Spaghetti …)
Nudeln aus Kichererbsen
Nudeln aus roten Linsen
Nudeln aus Buchweizen
Nudeln aus Mungbohnen
Maroni-Nudel

Diese glutenfreien Nudeln enthalten sonst keine Zusätze!

Spaghetti-Mahlzeit
Rezept Seite 95

Würze des Lebens – Würze des Essens

„Das ist die Würze des Lebens …", bei verschiedenen Gelegenheiten geht dieser Satz häufig über die Lippen, sei es bei etwas Schönem oder weniger Schönem, die Würze des Lebens ist einfach da. Was ist mit der Würze des Essens? Viele Menschen würzen ihr Essen mit Salz, Pfeffer, Essig und Öl, fertig. Wie ist das mit den Gewürzen zu verstehen, die hier im TuWas!-Kochbuch beschrieben und empfohlen werden?

Gerne gebe ich Ihnen hier noch einige Impulse dazu. Auf den Seiten 29 – 31 habe ich über hochwertige Zutaten, Kräuter, Salz und Gewürze ausführlich geschrieben.

Dort und in den Rezepten haben Sie gelesen, dass die meisten Kräuter, Gewürze, das Salz stets nach dem Garen dazugegeben werden.

Bei dieser Art zu Kochen, ist das Würzen nach dem Garen, im Topf oder direkt auf dem Teller, besonders wichtig, weil dadurch die Kraft der Gewürze noch intensiver wirkt. Auf dem Teller selbst zu würzen hat den Vorteil, dass jeder nach seinem Geschmack würzt.

Bei manchen Kräutern wie z.B. Lorbeerblatt, Bohnenkraut, Liebstöckel, Sellerieblatt kommt die Kraft des Gewürzkrautes durch das Mitgaren zur Wirkung. Deshalb ist dies jeweils im Rezept beschrieben.

Bei dieser Art zu Kochen entwickelt sich der „Geschmack des Essens" auch mit den Gewürzen. Je nachdem, wie Sie würzen, schmeckt es Ihnen oder auch nicht.

Gerne gebe ich hier noch einige Impulse zur **„Kunst des Würzens"**

Einige Zutaten, die wir zum Würzen, zum Verfeinern nehmen, sind nicht als „Gewürz" bekannt.

Dazu einige Hinweise:

Kapern, die in vielen Rezepten beim Würzen und Verfeinern empfohlen sind, werten jedes Essen auf. Diese einzigartigen Kapern von uns, können Sie sonst nirgendwo kaufen. Auf der Insel Pantelleria (zwischen Sizilien und Afrika), werden sie von einem Ehepaar liebevoll angebaut, gepflegt, geerntet und in Meersalz oder in Weißweinessig „konserviert". Sie enthalten sonst keine Zusatzstoffe, Natur pur! In den Rezepten sind sie Gewürz und Geschmack, der Gesundheit dienen sie noch dazu.

Oliven sind in den Rezepten zwar nicht empfohlen, doch an dieser Stelle schreibe ich gerne noch einige Sätze. Oliven sind, wie das Öl, sehr wertvolle Zutaten und Gewürz im Essen. Sie enthalten sehr viele Mineralstoffe und Spurenelemente. Geben Sie bei Salaten und passenden Gerichten Oliven dazu.

Kalamata sind die dunklen, nicht gefärbten Oliven. Achten Sie beim Einkauf darauf, dass Sie keine schwarzen, gefärbten Oliven einkaufen. Die Farbstoffe müssen vom Körper auch wieder „entsorgt" werden.

TuWas!-Kräutermischung ist eine für uns speziell hergestellte Kräutermischung. Sie ist einzigartig, sehr vielseitig zu verwenden. In jedem würzigen Rezept ist sie dabei. Mahlen Sie die Kräutermischung im Mixer fein, dadurch kommen die ätherischen Öle der Kräuter noch mehr zum Ausdruck.

Kräuterpesto ist im Winter für viele Gerichte ein sehr gutes Kräutergewürz, wenn die Fülle der Kräuter nicht mehr zur Verfügung steht. Geben Sie die Kräuterpestos auch mal als Dip bei Kartoffeln oder Reis dazu, sie schmecken einfach lecker.

Tamari ist eine äußerst hochwertige, milchsauer vergorene Sojasoße. Durch die Vergärung kann dieses „flüssige Salz" leicht im Körper aufgenommen werden, es ist sehr gut bioverfügbar.

Schabzigerklee wächst in Österreich, er ist ein delikates Gewürz, das vielen Gerichten eine feine Note gibt. Achtung: Sehr sparsam verwenden, bitte wirklich nur die Messerspitze! Wenn Sie zu viel Schabzigerklee verwenden, schmeckt es nicht gut.

Scharfmachergewürz gibt den Speisen „den Pfiff"! Achtung: Dieses Gewürz verwenden Sie bitte auch sehr sparsam, auch hier bitte die Messerspitze beachten, unter anderem ist Chili enthalten.

Wildkräuter-Sesam-Salz ist etwas Besonderes, Leckeres, das Sie sehr vielseitig verwenden können. In den Rezepten ist es zwar nicht erwähnt, doch es ist einmalig.

Ich koche liebend gerne mit Kräutern! Herrlich! Sie sind ein wichtiger Bestandteil der **„Würzkunst".** Ja, es ist eine Kunst, richtig und lecker zu würzen, da sind Kräuter elementar. Ohne Kräuter wäre ich nur ein halber Mensch, ich bin so dankbar, dass wir die Möglichkeit haben, aus dieser unglaublichen Fülle der Kräuter schöpfen zu dürfen, sie sind Geschenke der Natur!

Wichtige Küchenhelfer

Auf den Fotos sehen Sie wichtige Küchenhelfer, die Ihnen helfen, Ihre Mahlzeiten und Gesundheitsgetränke in kurzer Zeit zu zaubern:

- **Gemüseentsafter** für frisch gepresste Gemüsesäfte, z.B.
  - Karotte, Apfel und Rote Bete
  - Karotte, Apfel und Paprika rot
  - Karotte, Apfel und Meerrettich
  - Karotte, Apfel und Fenchel
  - Stangensellerie und Apfel
  - Gurke oder Wassermelone u.v.m.
- **Mr. Magic-Mixer,** er ist täglich mehrmals im Einsatz für:
  - frisch gemixte Kräuterdrinks
  - frisch gemixte Nussgetränke
  - Soßen: z.B. Avocado-, Mangold- und Wildkräutersoße
  - zum Mahlen von Sesam und Nüssen, um über´s Essen zu streuen
  - zum Mixen von Suppen
  - zum Mahlen der TuWas!-Kräutermischung
- **Zauberstab,** zum Pürieren der Suppen z.B.
  - Kürbissuppe
  - Erbsen-Wildkräuter-Kartoffelsuppe

Scharfe Küchenmesser, gute Gemüseraspel fein und grob, Apfelteiler u.v.m.

Optimale Kombination – Gutes Bauchgefühl nach dem Essen

Was passt optimal zusammen?

Die Kombination der Gemüsearten mit Kartoffeln **oder** Getreide ist ein sehr zentraler Faktor für die Auswertung des Essens. Manche Gerichte sind klassisch in unseren „Köpfen" und „Töpfen" verankert, doch sie liegen wie Steine im Magen, sind schwer verdaulich, verursachen Blähungen oder Völlegefühl. Dabei denke ich an die Kombination: **Blumenkohl und Kartoffeln**. Beide Gemüsearten sind sehr wertvoll, sehr gesund. Blumenkohl und Kartoffeln haben jeweils eine ganz besondere Stärkeart und deshalb sollten Sie diese Stärkeart getrennt zubereiten. Viele Menschen spüren bei dieser Kombination, dass das gute Essen wie „Steine" im Magen liegt. Probieren Sie einfach mal: **Blumenkohl mit Karotten und Avocado-Soße,** (siehe Seite 94). Sie bemerken den Unterschied im Bauchgefühl. Manche Menschen kochen in einem Gericht: Nudeln **und** Reis **und** Kartoffeln …, das geht gar nicht! Entweder Nudeln **oder** Reis **oder** Kartoffeln. Diese Kleinigkeiten haben im Verdauungssystem eine sehr große Wirkung, Auswirkung. Anhand folgender Tabelle können Sie sich orientieren. Probieren Sie es aus, lassen Sie sich auf neue Varianten ein, es lohnt sich.

Grundsätze:

1. Getreidearten werden nicht mit Kartoffeln kombiniert. Es gibt entweder Getreide **oder** Kartoffeln.
2. Verwenden Sie bitte pro Mahlzeit stets nur eine Getreideart. Dies ist leichter verdaulich.
3. Verwenden Sie bitte pro Mahlzeit nicht mehr als 3 – 4 verschiedene Gemüsearten. Auch dies ist für die Verdauungsarbeit eine große Hilfe, weniger ist mehr. Wechseln Sie mit den Gemüsearten ab. Der Jahreskreislauf bietet eine Fülle. Dieser Grundsatz spiegelt sich in den Rezepten durchs Jahr.

Besonders wohlschmeckende Kombinationen sind in der Tabelle auf den nächsten beiden Seiten **fett** dargestellt.

Optimale Kombinationen Gemüse …

… mal mit **Kartoffeln**

… mal mit **Reis**

… mal mit **Nudeln**

Gemüseart	Optimale Kombination: Was passt wozu?	Welche Getreidearten passen jeweils dazu?
Artischocke	Blumenkohl (dann bitte ohne Getreide)	Reis, Buchweizen
Aubergine	Brokkoli, **Fenchel,** Kohlrabi, **Karotte,** Paprika, Lauch, Mangold, Tomate, Zucchini, **Zwiebel**	Alle
Blumenkohl	Artischocke, **Karotte,** Rote Bete, Zwiebel, Gemüsesuppe, keine Kartoffel	Kein Getreide
Bohnen, grüne	**Hokkaido-Kürbis,** Paprika, Tomate, Zwiebel, Gemüsesuppe, **Kartoffel** (dann bitte ohne Getreide)	Reis, Gerste, Quinoa Buchweizen, Maispolenta
Brokkoli	Aubergine, **Karotte, Paprika, Zwiebel,** Gemüsesuppe, Hokkaido-Kürbis, **Kartoffel**/Topinambur (dann bitte ohne Getreide)	Quinoa, Reis, Buchweizen, Hirse, Maispolenta
Erbsen	**Karotte,** Spargel , Gemüsesuppe, Zwiebel, **Kartoffel** (dann bitte ohne Getreide)	Quinoa, Reis, Gerste, Hirse
Fenchel	**Karotte, Paprika,** Aubergine, Zucchini, Zwiebel, Lauch, Gemüsesuppe, Kartoffel (dann bitte ohne Getreide)	Alle
Grünkohl	**Karotte, Kartoffel** (dann bitte ohne Getreide), **Hokkaido-Kürbis,** Zwiebel, Sellerie, Kohlrabi, Pastinake, Gemüsesuppe	Quinoa, Grünkern, Gerste, Hirse
Karotte	Alle, außer Rotkohl	Alle
Kartoffel	**Alle,** außer Artischocke, Aubergine, Blumenkohl, Schwarzwurzel, Tomate	Kein Getreide
Kohlrabi	Karotte, Lauch, Zwiebel, Gemüsesuppe, Kartoffel (dann bitte ohne Getreide), Hokkaido-Kürbis, Aubergine, Grünkohl	Alle
Kürbis, Hokkaido	**grüne Bohnen, Brokkoli, Grünkohl,** Kohlrabi, **Mangold,** Karotte, Wirsing, **Lauch, Zwiebel, Brennnessel, Rotkohl,** Kartoffel (dann bitte ohne Getreide)	Hirse, Buchweizen, Quinoa
Lauch	Fenchel, **Karotte,** Sellerie, **Steckrübe,** Teltower Rübchen, Tomate, Aubergine, Zucchini, Zwiebel, Gemüsesuppe, Kohlrabi, Hokkaido-Kürbis, Pastinake, Schwarzwurzel, **Süßkartoffel**/Kartoffel/Topinambur (dann bitte ohne Getreide), Weißkohl	Alle
Mangold	**Karotte, Paprika rot**, Aubergine, Schwarzwurzel, **Sellerie**, Zwiebel, Hokkaido-Kürbis, **Kartoffel** (dann bitte ohne Getreide)	Alle

Gemüseart	Optimale Kombination: Was passt wozu?	Welche Getreidearten passen jeweils dazu?
Paprika rot/gelb	**Aubergine,** grüne Bohnen, Fenchel, **Tomate, Zucchini,** Gemüsesuppe, Zwiebel, Brokkoli, Pastinake, Steckrübe, Mangold, Kartoffel (dann bitte ohne Getreide)	Alle
Pastinake	**Karotte,** Paprika rot oder gelb, **Lauch, Zwiebel, Rosenkohl,** Gemüsesuppe, Kartoffel (dann bitte ohne Getreide), Grünkohl	Alle
Rosenkohl	**Kartoffel** (dann bitte ohne Getreide), **Pastinake,** Zwiebel, Schwarzwurzel	Buchweizen, Quinoa
Rote Bete	Blumenkohl, Schwarzwurzel, Zwiebel, **Kartoffel,** Gemüsesuppe	Kein Getreide
Rotkohl	Teltower Rübchen, Zwiebel, **Apfel, Hokkaido-Kürbis, Kartoffel** (dann bitte ohne Getreide)	Alle
Schwarzwurzel	Mangold **oder** Lauch **oder** Rosenkohl **oder** Wirsing, Zwiebel, Rote Bete	Hirse, Buchweizen
Sellerie	**Karotte, Lauch, Tomate,** Zwiebel, **Kartoffel** (dann bitte ohne Getreide), Gemüsesuppe, Mangold, Grünkohl	Hirse, Grünkern, Quinoa
Spargel	Erbsen, Karotte, **Kartoffel** (dann bitte ohne Getreide), Brennnessel, Gemüsesuppe	Reis, Hirse, Quinoa
Steckrübe	**Karotte, Lauch, Sauerkraut,** Gemüsesuppe, Zwiebel, Paprika, Kartoffel (dann bitte ohne Getreide)	Alle
Süßkartoffel	**Lauch,** Karotte, **Zwiebel**	Kein Getreide
Teltower Rübchen	**Karotte,** Lauch, Zucchini, Zwiebel, Gemüsesuppe, Rotkohl, Kartoffel (dann bitte ohne Getreide)	Alle
Tomate	Aubergine, **grüne Bohnen, Paprika,** Lauch, Sellerie, **Weißkohl,** Wirsing, Zucchini, **Zwiebel**	Alle
Topinambur	Karotte **oder** Lauch **oder** Brokkoli, **Zwiebel**	Kein Getreide
Weißkohl	Karotte, Tomate, **Kartoffel** (dann bitte ohne Getreide), Zwiebel, Gemüsesuppe, Lauch	Grünkern
Wirsing	**Karotte, Schwarzwurzel,** Tomate, Kartoffel (dann bitte ohne Getreide), **Zwiebel,** Gemüsesuppe, Hokkaido-Kürbis	Buchweizen, Buchweizenbulgur
Zucchini	**Aubergine, Karotte, Paprika,** Lauch, Fenchel, Teltower Rübchen, **Tomate, Zwiebel**	Alle
Zwiebel	Alle, außer Spargel	Alle

Quinoa

Mehr Eiweiß als in heimischen Getreidearten

Steckbrief zu den Illustrationen

Amaranth

– glutenfrei
– basisch

Amaranth, Korn der Inkas und Azteken, zählt zu den ältesten Kulturpflanzen der Welt. In Südamerika ist Amaranth seit ca. 9.000 Jahren das Grundnahrungsmittel. Amaranth bietet von allen Getreidearten die allerbesten Eiweiß- und Mineralstoffquellen. Er liefert nicht nur besonders hochwertiges Eiweiß, sondern mehr Eiweiß als andere, auch mehr als Reis. Bei Kalzium, Magnesium und Eisen ist Amaranth Spitzenreiter unter den Getreidearten. Der Vitamin B-Komplex von Amaranth ist besonders zu erwähnen: Vitamin B1, B2, B6, B12. Außerdem enthält er Vitamin A, C und D. Das enthaltene Tryptophan ist der wichtigste Nährstoff für die Serotoninbildung (Glückshormone). Tryptophan kann der Körper nicht selbst bilden, es muss durch die Ernährung zugeführt werden.

Amaranth schmeckt zum Frühstück oder Abendessen mit einem gedünsteten Apfel am besten.

Buchweizen

– glutenfrei
– basisch

Buchweizen stammt von der südrussischen Steppe und ist seit mehreren tausend Jahren dort ein wichtiges Grundnahrungsmittel. Neben seinen vielen Mineralstoffen, Spurenelementen und Vitaminen ist der Gehalt an erstklassigem Rutin sein Merkmal. Rutin, in dieser Qualität, ist eine der besten Hilfen für die Elastizität der Blutgefäße. Die feinen Kapillaren werden im ganzen Körper gestärkt, auch in den Augen und im Gehirn. Rutin hilft, die Blutgefäße elastisch zu halten. So kann das Blut besser fließen, die Nahrungsstoffe kommen leichter zu den gewünschten Zielen. Buchweizen fördert die Gesundheit von Augen, Ohren, Stimmbändern, Haut und Magen-Darm-Trakt auf besondere Weise. Buchweizen, abends gegessen, fördert erholsamen Schlaf.

Buchweizen empfehle ich als Mittag- oder Abendessen.

Quinoa

– glutenfrei
– basisch

Quinoa ist wie Amaranth das Gold der Inkas. Seit ca. 6.000 Jahren zählt es in Südamerika zu den wichtigsten Grundnahrungsmitteln. Es wächst auf 4.000 Meter Höhe in den Anden. Dieses kleine Korn hat eine außergewöhnliche Nährstoffdichte, eine fast einmalige Nahrungsenergie. Das besonders hochwertige, gut verwertbare und reichlich enthaltene Eiweiß ist das Merkmal von Quinoa. Selbst Lysin, Tryptophan und Cystin sind enthalten, weit mehr als in heimischen Getreidearten. Quinoa bietet Kalzium, Magnesium, Eisen, Zink, den Vitamin B-Komplex, Vitamin E und vieles mehr. Es schmeckt fein-nussig.

Aus Quinoa lassen sich leckere Gerichte zum Frühstück, Mittag- und Abendessen zubereiten.

Leinsamen

– Leinsamenbalsam
– wichtig für den Darm

Leinsamenbalsam, aus goldgelbem Leinsamen, ist eine der besten Hilfen zur Verbesserung und Pflege des Magen-Darm-Traktes. Er fördert einerseits die Entgiftung, andererseits trägt er dazu bei, Reizungen und Entzündungen der Darmschleimhaut zu vermeiden, zu verbessern. Wie ein Film legt er sich schützend über die Magen-Darm-Schleimhaut. Regelmäßig getrunken ist Leinsamenbalsam ein „Zauberer" im Darm. Er bietet der Magen-Darm-Flora eine ideale Umwelt. Dadurch kann die Nahrung besser, präziser aufgespalten werden. Die einzelnen Nahrungsstoffe können somit leichter „codiert" werden. Leinsamenbalsam, beim „Guten-Morgen-Start", als drittes Getränk, wenigstens 20 Minuten vor dem Frühstück getrunken, fördert die Entgiftung in allerbester Weise. Wer einen trägen Darm hat, eher zu Verstopfung neigt, kann Leinsamenbalsam zusätzlich vor dem Mittag- oder Abendessen trinken.

Leinsamenbalsam – besonders wichtige Hilfe für die Gesundheit des Darmes.

Hafer
– fast glutenfrei
– fast basisch

Hafer zählt zu den außergewöhnlichen Kraftpaketen in der Ernährung. Seine ursprüngliche Heimat ist seit ca. 3.000 Jahren in Vorderasien. Von dort aus gelangte er nach Europa. Hafer bietet sehr wertvolle Eiweißarten, außergewöhnlich hochwertige Ballaststoffe. Sanft stärkt er alle Organe. Hafer zählt zur Heilnahrung für Magen und Darm. Seine positive Wirkung auf Blutgefäße, Herz- Kreislauf-System, Blutzucker und Cholesterinstoffwechsel sind besonders hervorzuheben. Sein Kalzium, Zink, Eisen sowie alle Nährstoffe helfen dem Körper.

Hafer nimmt als Frühstücksgetreide einen besonders wichtigen Stellenwert ein.

Goldhirse
– glutenfrei
– basisch

Hirse, das Getreide Afrikas, zählt zu den ältesten Getreidearten der Menschheit. Hirse stärkt aufgrund des hohen Kieselsäuregehalts Bindegewebe, Haut, Haare und Nägel. Sie bietet uns erstklassige Quellen für Eisen, Kalium, Magnesium, Vitamin E, A sowie einige B-Vitamine. Das Merkmal der Hirse ist der hohe und besondere Kieselsäuregehalt.

Hirse schmeckt als Frühstücksbrei, als Beilage zum Mittag- und Abendessen sehr lecker.

Reis
– glutenfrei
– fast basisch

Reis wurde schon vor ca. 8.000 Jahren in Asien als Grundnahrungsmittel angepflanzt. Weltweit werden verschiedene Reissorten angepflanzt. Reis gilt als sehr bekömmlich, leicht verdaulich. Durch den hohen Kaliumgehalt entlastet er Herz und Kreislauf und entwässert. Reis enthält wertvolle Kohlenhydrate, hochwertiges Eiweiß, Ballaststoffe, Eisen, Zink, Magnesium, B- und E-Vitamine.

Naturreis kann zu allen Mahlzeiten des Tages in vielfältiger Weise zubereitet werden.

Mais
– glutenfrei
– basisch

Mais stammt ursprünglich aus Mexico. Seit ca. 7.000 Jahren spielt Mais in Süd- und Mittelamerika eine bedeutende Rolle in der Ernährung. Bei den Hochkulturen der Inkas und Azteken war Mais unentbehrlich. Mais bietet hochwertiges Eiweiß, Vitamin A, E, B, Kalzium, Phosphor, Eisen, Kalium u.v.m.

Aus BIO-Speisemais, fein gemahlen, lässt sich eine leckere Maispolenta zum Mittag- oder Abendessen zaubern.

Gerste
– enthält wenig Gluten
– nicht basisch

Schon ca. 15.000 Jahre vor Christus wurde die erste nachgewiesene Nutzung von Gerste erwähnt. Gerste kommt aus den Balkanländern und zählt weltweit zu den bedeutenden und ältesten Getreidearten. Sie nimmt, aufgrund ihrer besonderen Kombination des Stärke- und Mineralstoffgehalts sowie ihrer Ballaststoffe, eine Sonderstellung ein. Gerste liefert auch hochwertiges Eiweiß, wertvolle B- und E-Vitamine. Gerste fördert die Regulierung des Cholesteringehalts. Sie stärkt auch das Immunsystem.

Aus gemahlener Gerste lässt sich mit Karotten ein wertvolles Abendessen zubereiten.

Erbsen
– der Juwel unter den Hülsenfrüchten
– basisch

Frische junge Erbsen zeichnen sich mit ihren hervorragenden Eiweißarten zur Verbesserung von Gehirn und Körpersubstanz aus. Ihre qualitativ besten Mineralstoffe wie Magnesium, Kobalt, Kupfer, Zink und Selen lassen sie zum Juwel der Gemüsearten werden. Die großartige Stärkeart der Erbsen sowie ihre B-, C- und E-Vitamine runden das nahezu einmalige Nährstoffangebot ab.

Zur Erbsenzeit im Sommer verwenden Sie regelmäßig frische Erbsen. In der restlichen Jahreszeit können Sie eingefrorene Erbsen zur Erbsen-Mahlzeit verwenden.

Bohnen, Weiße Bohnenkerne

– unverzichtbare Eiweißquelle
– nicht basisch

Hülsenfrüchte sind die Samen der jeweiligen Frucht. In Deutschland gibt es ca. 100 verschiedene Bohnensorten. Sie zählen zu den vielseitigsten und beliebtesten Hülsenfrüchten. Bohnen sind für uns ein unverzichtbarer Eiweißlieferant. Weiße Bohnenkerne besitzen noch mehr Eiweiß als Fleisch. Sie liefern bestes Kalzium, Magnesium, Kalium, hochwertiges und reichlich Eisen. Außerdem punkten sie mit Selen, Natrium, Phosphor, Mangan, Vitamin A, C, E, Beta Carotin, B1, B2 und B6. Natürlich sind auch andere Bohnenkerne, wie z.B. schwarze Bohnen, Kidneybohnen … ebenso wertvoll.

Gemüsesuppen mit Bohnenkernen sind eine echte „Kraftnahrung" als Mittagessen!

Linsen

– bestes Eiweiß
für die Körpersubstanz

Linsen sind wieder wichtig geworden. Früher galten sie als Arme-Leute-Essen, weil sie lagerfähig, gut sättigend und günstig sind. Laut geschichtlichen Überlieferungen waren sie bereits vor ca. 8.000 Jahren unter den ersten Kulturpflanzen der Menschheitsgeschichte. Ihre ursprüngliche Heimat ist der Mittelmeerraum, der Orient. Schon im alten Ägypten und antiken Rom wusste man die Vorzüge der Lens culinaris, wie die kleinen Hülsenfrüchte botanisch genannt werden, zu schätzen. Sie gedeihen am besten in warmen und trockenen Regionen, z.B. in Spanien, der Türkei.
Linsen sind für die Verbesserung der Körpersubstanz „echte Juwelen". Neben ausgezeichneten, idealen Eiweißarten, wertvollen Mineralstoffen, Spurenelementen wie z.B. Kalium, Magnesium, Zink, Folsäure bieten sie qualitativ hochwertige B-Vitamine und die besten Eisenarten. Der besonders hohe Molybdänanteil (Spurenelement, das die präzise Umwandlung von Nahrung in Energie fördert), ist bemerkenswert. Die wertvollen Ballaststoffe sorgen für die lang anhaltende Sättigung und gute Verdauung. Sie helfen dem Immunsystem, indem sie Giftstoffe aus dem Darm aufnehmen und ausscheiden. Die guten Kohlenhydrate haben einen niedrigen glykämischen Index. Das bedeutet, dass sie den Blutzuckerspiegel nur langsam ansteigen lassen und dadurch nur eine geringe Insulinausschüttung bewirken – günstig für Diabetiker.
Linsen werden am besten mit verschiedenen Gemüsearten als Suppe oder Salat oder Püree kombiniert. Besonders gut passen: Karotte, Rote Bete, Stangensellerie, Knollensellerie, Gemüsepaprika rot oder gelb, Lauch, Zwiebel. Das Lorbeerblatt wird stets mitgekocht. Es verleiht einerseits den guten Geschmack, andererseits fördert es die Verdauung. Zur besseren Auswertung der Linsengerichte ist es dringend erforderlich, nach dem Garen, zusätzlich zu den Gewürzen, reichlich hochwertigen Essig (Balsamico naturreinen Weinessig, Obstessig) dazuzugeben (siehe Rezepte). Nutzen Sie diese Gesundheits-Juwelen und kochen Sie mindestens jede Woche ein Linsengericht im Wechsel mit Bohnen- oder/und Kichererbsen-Gerichten.

Hülsenfrüchtegerichte bringen mir: Lebensqualität, Leistungskraft, gutes, sättigendes Bauchgefühl und Glück.

Alle Hülsenfrüchte sind zum Mittagessen ideal.

Wichtige zusätzliche TuWas!-Gesundheitsprodukte von A – Z

Agar Agar	pflanzliches Geliermittel aus Meeresalgen
Bentonit	sehr feine Vulkanerde zur natürlichen Entgiftung
Biovalere	für die kraftvolle Darmflora, für das Immunsystem
Biomaris-Meerestiefseewasser	erstklassige Natrium- und Jodquelle
Braunhirse	Ur-Hirse mit vielen Mineralstoffen
Brennnesselsamen	Jungbrunnen für die Zellen
Carob, Schoko-Pulver	Frucht des Johannisbrotbaumes, Kakaoersatz
Conlei-Produkte	haut- und umweltfreundliche Produkte
Dunstobst (Beeren- und Obstkompott)	ohne Zusätze, ohne zugesetzten Zucker
Enzyvit – TuWas!-Enzyme-Mischung	fördert eine präzise Verdauung
Erdmandelflocken	wertvolle Ballaststoffe mit vielen Mineralien
Flohsamenschalen	zur sanften Entgiftung des Darmes mit Bentonit
Gemüsesäfte milchsauer vergoren	Vitamin B 12-Quelle, wichtige Mineralstoffe, Darm
Gojibeeren	aus dem Tibet, Wildwuchs, sonnengetrocknet
Hagebuttenpulver	hochwertige Vitamin C-Quelle, Gelenke
Hanfsamen	sehr wertvolle Omega-3-Quelle, wichtiges Eiweiß
Heidelberger Bitterpulver	für ein starkes Verdauungssystem, die Leber
Kapern aus Pantelleria, (in Meersalz oder Weißweinessig konserviert)	Kapern werten jedes Essen auf, alles wird wertvoller
Leinsamen ganz, goldgelb	für den wertvollen Leinsamenbalsam, Darm
Mais ganz	für eine leckere Maispolenta (gemahlen), Eiweiß
Mariendistelsamen	Ernährung für die Leber
Maronen gegart, im Glas	wertvolle Stärke, viele Mineralstoffe, gutes Eiweiß
Melaleuka u. Camellia in Jojobaöl	die kleine Hausapotheke, hilfreich und vielseitig
Minaktiv, Basisches Pflanzenpulver	Pflanzliche Mineralstoffe (Calcium, Magnesium, Eisen, Zink, Selen)
Nüsse, nicht geröstet, ungesalzen	Kraftpakete der Natur, Fülle an besten Nährstoffen

Okraschoten	sehr gute Pflege des Magen-Darm-Traktes
Oliven, grün und Kalamata	viele Mineralstoffe, Spurenelemente, Fette …
PEP Basenpulver	besonders hochwertiges Basenpulver
Panaktiv®, cellulär vergorene Bierhefe	wichtige Vitamin B-Komplex-Quelle
Pflanzensäfte – Schoenenberger	besonders hochwertige Pflanzensäfte wie Birke …
Rechtsregulat	außergewöhnliche Enzymquelle für den Körper
Rote Bete-Pulver	für Energiedrink, Gehirn, Schutzstoffe für die Zellen
Schwarzkümmelölkapseln – Conlei	Immunjoker, Allergien, Heuschnupfen, Magen, Darm
Topinambur Pulver	Ernährung, Pflege für die Bauchspeicheldrüse
Vollfrucht: Blaubeer, Mango, Sanddorn	Frucht pur, ohne Zusätze, schonend hergestellt, Juwelen für Geschmack und Gesundheit
Waldpilze-TuWas!	wichtige Vitamin D-Quelle, viele Mineralstoffe
Wasservitalisierung WASSER2000	stellt die Ordnung im Wasser wieder her

Leinblüte

Mariendistel

Gesundheit beginnt im Darm

Was nützt die beste Ernährung, wenn sie nicht gut gekaut wird, nicht gut genug verdaut werden kann und deshalb die Nährstoffe nicht in den Zellen als Energie ankommen?
Viele Menschen haben Nährstoffmangel, obwohl unsere Kochtöpfe voll und die Tische reich gedeckt sind. Dafür gibt es viele Gründe. Auf einen wichtigen Grund, die Auswertung des Essens, die Verdauung, komme ich hier zu sprechen.
Die Gesundheit eines Menschen steht auf vielen Beinen. Die Auswahl und Zubereitung der Mahlzeiten sind sehr wichtig, darüber können Sie sich im Kochbuch gut informieren. Ein weiteres, wichtiges Standbein ist die Verdauung der Nahrung.
Wir leben nicht von dem, was wir essen, sondern von dem, was wir verdauen.
Alle Organe des Körpers arbeiten wie ein präzises Uhrwerk miteinander. Es ist nie ein Organ alleine geschwächt, es steht immer ein System dahinter, so hängt z.B. an einem Auge ein ganzer Körper. Um eine gesunde Ernährung optimal auswerten zu können, benötigen wir ein leistungsstarkes Verdauungssystem. Was heißt das?
Magen, Darm, Leber, Galle und Bauchspeicheldrüse bilden unser Verdauungssystem. Dieses arbeitet in einer für uns unvorstellbaren Präzision, um Nahrungsstoffe auszuwerten, es ist die „Zentrale" für die Gesundheit. Seit 25 Jahren unterrichte ich in meinen Vorträgen und Beratungsgesprächen: „Die Gesundheit beginnt im Darm", das könnte für jeden eine Motivation sein, das Beste für das Verdauungssystem zu tun.

Gut gekaut ist halb verdaut!
Diese alt bewährten Gedanken zählen heute mehr denn je. Ich erinnere mich, dass mein Vater, meine Oma und meine Tante am Tisch saßen, langsam aßen und gut kauten. Sie kauten und kauten. Unsere Mutter, immer auf dem Sprung, und wir Kinder hatten die Teller längst leer gegessen. Unser Vater war immer als Letzter mit dem Essen fertig. Als Kind verstand ich das nicht. Haben Sie schon einmal darüber nachgedacht, warum wir Zähne haben? Nicht nur, das wir schön sind, wenn wir lachen, nein, sie sind zum Kauen da! Im Magen haben wir keine Zähne! Die Speisen sollten gut gekaut werden, der Magen ist begeistert, wenn er gut Gekautes bekommt.

Darmsanierung: Geschwächtes Verdauungssystem – wie kann ich es stärken?
Darm und Immunsystem bilden eine Einheit, sie arbeiten eng als System zusammen. Das Immunsystem befindet sich zu ca. 80 % in der Darmschleimhaut. Es ist so wichtig, regelmäßig Darm und Immunsystem zu stärken, denn das ist die Basis.
Stärken Sie Ihr Immunsystem z.B. mit Schwarzkümmelöl, frischem Vitamin C, gesunder Ernährung, Wasser trinken, Bewegung an der Luft, gesunder Lebensweise, rechtzeitig schlafen gehen u.v.m.! So schützen Sie es vor störenden Eindringlingen (Viren, Bakterien).
Stärken Sie außerdem Ihren Darm, damit die Darmflora kraftvoll arbeitet, die Nahrung gut verdaut und ausgewertet wird. Dadurch kommt die Energie in den Zellen an. Eine kraftvolle Darmflora schützt den Körper auch vor Krankheiten.
Sie können die Darmflora gut mit **Biovalere**, einem sehr hochwertigen, fermentierten Kräutergetränk, aufbauen. Probieren Sie es selbst aus. Nehmen Sie Biovalere mal ein Jahr als Kur und beobachten Sie Ihr gutes Gefühl im Bauch. Je mehr positive Bakterien im Darm angesiedelt sind, desto besser wird die Nahrung verdaut. Der Körper kann daraus weitere positive Bakterien herstellen, so lebt das System.

Eine gesunde Ernährung, wie Sie sie hier im Kochbuch nachlesen können, ist für den Darm „Balsam", allem voran der Leinsamenbalsam (siehe Seite 18).

Enzyme – die „Verdauungsmeister"
Zur Spaltung von Eiweißen, Fetten und Kohlenhydraten sind Enzyme genauso wichtig wie die positiven Bakterien zur guten Verdauung. Beide arbeiten auch als Einheit zusammen. Ohne Enzyme läuft im Körper nichts. Sie sind maßgeblich an allen Heilungsvorgängen beteiligt. Enzyme wirken entzündungshemmend. Durch frisches, reifes Obst, das Sie zum Frühstück oder nach dem Mittagessen genießen, nehmen Sie auch Enzyme zu sich. Ananas, Papaya und Mango enthalten wertvolle Enzyme. Wenn Sie diese als eingeweichte Trockenfrüchte nach dem Abendessen genießen, spüren Sie das gute Gefühl im Bauch.

Seit vielen Jahren beobachten wir sehr gute Erfahrungen mit **Rechtsregulat**, einem speziell fermentierten Getränk, zum Aufbau des Enzymhaushalts im Körper. Es lohnt sich, mit Rechtsregulat immer wieder eine längere Kur zu machen. Unabhängig von Rechtsregulat empfehle ich, täglich zum Mittagessen ca. 1/3 TL TuWas!-Enzyvit, eine spezielle Enzyme-Mischung, über Salat oder Hauptgericht zu streuen. Dadurch geben Sie Ihrem Körper die besten Verdauungsmeister, das ist auch wichtig innerhalb einer hochwertigen und guten Ernährung.
Sehr vieles gäbe es hier noch zu schreiben, doch das würde den Rahmen sprengen. Beginnen Sie einfach mit diesen Schritten auf Ihrem Weg zu besserer Gesundheit.

Lebensmittel-Unverträglichkeiten – wie gehe ich damit um?
Ein großes Thema, damit könnte ich Seiten füllen. Gerne fasse ich es zusammen. Seit 25 Jahren ist das Thema **„Darmgesundheit"** ein Schwerpunkt meiner Arbeit. In unzähligen Ernährungsberatungen zeigte ich betroffenen Menschen den Weg, diese Belastung zu verringern oder zu überwinden.
Lebensmittel-Unverträglichkeiten haben viele Ursachen. Ein wesentlicher Faktor ist die oben beschriebene Basis einer geschwächten Darmflora und ein Mangel an Enzymen. Hält dieser Mangel längere Zeit an, kann der Körper Eiweiße und Zucker nicht gut genug auswerten. Aus diesem Ungleichgewicht im Darm können Unverträglichkeiten entstehen.

- **Gluten** – Eiweiß im Getreide (Weizen, Dinkel, Roggen, wenig im Hafer).
  Vielleicht essen Betroffene zu viele glutenhaltige Nudeln, Brot, Gebäck, Kuchen und der Körper kann dieses Eiweiß nicht optimal auswerten, dadurch kann die Belastung entstehen.
- **Fructose** – Fruchtzucker, der nicht ausgewertet werden kann.
- **Lactose** – Milchzucker, der nicht ausgewertet werden kann.
- **Casein** – Milcheiweiß, das nicht ausgewertet werden kann.

Bei allen Unverträglichkeiten ist wichtig:

- Entgiften, entschlacken Sie!
- Stärken Sie die Leber mit Bitterstoffen!
- Ordnen Sie Ihre Ernährung neu!
- Stärken Sie Ihre Darmflora!
- Nehmen Sie Enzyme!

Lassen Sie die jeweiligen belastenden Lebensmittel einige Zeit weg, damit der Körper zur Ruhe kommt. Machen Sie die o.g. Schritte, beginnen Sie neu.

Experimentieren Sie nicht zu viel!
Besser ist, Sie lassen sich fachlich kompetent beraten. Adressen sehr erfahrener Kolleginnen, die in diesem Sinne kompetent am Telefon oder persönlich beraten, finden Sie am Ende des Buches.

Gesunde Ernährung für Kinder und Jugendliche
Weil das Thema so außergewöhnlich wichtig ist, müsste ich darüber ein eigenes Buch schreiben. Kinder und Jugendliche bestimmen unsere Zukunft, sie sind unsere nächste Generation.
Ich freue mich sehr darüber, bei jungen Erwachsenen, jungen Eltern das große Interesse an gesunder Ernährung und Lebensweise zu beobachten. Es ist so schön zu sehen, wie viele junge Eltern ihre Kinder gesund ernähren wollen und um Rat und Hilfe fragen.
Spätestens dann, wenn junge Paare sich Kinder wünschen, beginnen Viele ihre liebgewordenen Gewohnheiten abzulegen und sich gesund zu ernähren. Diese Entwicklung freut mich. Dabei ist es wichtig zu wissen, dass wir Eltern die Körpersubstanz an die Kinder weitergeben, die wir selbst haben. Dementsprechend gesund und vital sind die Kinder.
In diesem Kochbuch finden Sie viele Gerichte und Ernährungshinweise, die für Kinder wichtig sind. Unser Sohn ist 26 Jahre, wurde von Anfang an mit dieser Ernährung groß, weil ich schon einige Jahre vor der Schwangerschaft meine Ernährung umgestellt hatte. Sie können viele Rezepte in der Zusammenstellung der Zutaten und den Gewürzen altersgerecht verändern. Diese schonende Ernährung ist für Kinder eine sehr gute Hilfe in der Entwicklung.
Nuss- und Mandelgetränke, Obstkompotte, eingeweichte Trockenfrüchte, gesunde und leckere Nachspeisen, Hirse, Hafer, Quinoa, Reis, Kartoffeln und dementsprechendes Gemüse können Sie Ihren Kindern als bestes Essen zubereiten. Den Energiedrink aus Rote Bete-Pulver und Wasser lieben Kinder (für Kinder mit Birnensaft).

Goldhirse

Für Bindegewebe, Haut, Haare, Nägel

Schön ist, wenn Sie als Familie so essen und nicht nur für die Kinder das gesunde Essen zubereiten. Sie wissen ja, Kinder lernen durch Vorbilder am meisten und schnellsten. Sie wollen nachahmen, sie wollen groß sein.

Wenn Sie unsicher sind und sich gerne beraten lassen wollen, haben Sie den Mut, nehmen Sie Kontakt mit uns und unseren Kolleginnen auf, lassen Sie sich kompetent beraten. Es gibt Ihnen Sicherheit, wenn Sie an der richtigen Stelle nachfragen können.

Wie alles begann …

… auf dem Weg der Gesundheitsvorträge, Seminare, Conlei-Arbeit zum Gesundheitstreff TuWas! – zum Kochbuch.

Bei meinen ersten Ernährungsvorträgen (1990) wurde ich von Teilnehmerinnen darauf angesprochen, ob ich eine Empfehlung für gute, biologische Körperpflegeprodukte und Waschmittel wüsste. Nein, ich wusste nichts Empfehlenswertes. Mit den mir bekannten Produkten war ich nicht zufrieden, ich stellte auf „Empfang".

Als unser Sohn 1990 geboren wurde, war ich als frisch ausgebildete Gesundheits- und Ernährungsberaterin sehr motiviert, uns gesund zu ernähren. Schritt für Schritt probierte ich Gelerntes aus, ich war begeistert und fühlte mich gut.

In dieser Motivation machte ich mich 1991 selbstständig, meine Erfahrungen mit der **neuen Kinderernährung** gab ich in Vorträgen (Kindergärten) und Tagesseminaren gerne weiter.

… doch da war noch mehr in meinem Herzen …

Mit der Umstellung der Ernährung erwachte in mir der Wunsch, unsere Körperpflegeprodukte, Spül-, Wasch- und Reinigungsmittel umzustellen. Ich konnte die herkömmlichen Produkte nicht mehr riechen, nicht mehr verwenden. Ich suchte Produkte, die aus natürlichen Rohstoffen hergestellt werden.

Freunde empfahlen mir, Conlei-Produkte auszuprobieren, was ich wissbegierig tat. Alles, was ich testete, begeisterte mich. In mir erwachte die **„Conlei-Freude"**. Ich wurde geschult und bald danach begann ich zu den Ernährungsberatungen auch Conlei-Beratungen anzubieten. Bei jedem Beratungsgespräch spürte ich, wie sehr diese beiden Themen zusammengehören. Wer sich gesund ernährt, möchte „gesund duschen", wer sich gesund duscht, möchte sich gesund ernähren, auch hier zeigt sich die Einheit.

Ein weiterer **Herzenswunsch** entstand in mir, meinen aktiven Beitrag zur Erhaltung unserer Mutter Erde zu leisten, sie zu schützen, zu bewahren. Es wurde mir bewusst, wie wichtig diese Aufgabe ist, unser Wasser, Lebensmittel Nr. 1, sauber zu halten, denn davon leben wir (siehe nächste Seite: Mutter Erde ruft um Hilfe).

Ich hielt Vorträge, Informationsabende, konzipierte die Conlei-Ausbildung. Mit großer Freude, Motivation und Vision bildete ich ab 1992 viele selbstständig arbeitende Frauen aus. Ach, war das schön, diese wunderbaren Begegnungen, diese tragenden Freundschaften, die entstanden und bis heute lebendig sind und wachsen.

Gemeinsam sind wir stark!

Während dieser Zeit wurde mir bewusst, dass eine große Vision, ein großes Ziel nur gemeinsam zu erreichen ist. Liebend gerne arbeite ich mit Gleichgesinnten im Team an einem wichtigen Thema, weil durch diese Energie des aktiven Tuns eine viel stärkere Kraft entsteht, als wenn einer alleine arbeitet.

In den 25 Jahren aktiven Wirkens im ganzheitlichen Bereich entwickelte sich ein sehr wertvolles **Netzwerk** mit bewusst lebenden Menschen. Das sind unsere langjährigen Kunden, die treu und aktiv unsere Arbeit durch Einkäufe, Bestellungen, Teilnahme an Vorträgen und Kochkursen wachsen lassen, danke.

Die mit Herzblut engagierten Conlei-Kolleginnen, die seit 25 Jahren am großen Thema: **Wasser entlasten** und Ernährungsberatungen wirken. Allen sei an dieser Stelle für Ihren großartigen Einsatz zur Erhaltung der Mutter Erde gedankt.

Dazu zählt auch die wertvolle Zusammenarbeit mit NaturSinn in Augsburg und den Aktiven zum Thema „Wasservitalisierung", danke.

Den einsatzfreudigen Kolleginnen, die die Basischen Ernährungskurse leiten und mit ihren Gruppen in unserer Lehrküche zu Koch-Impuls-Abenden kommen, auch ihnen danke ich für Ihren Einsatz und die schöne Zusammenarbeit.

Mein Rat: Kontaktieren Sie uns und die Kolleginnen, wenn Sie Fragen haben, die Adressen finden Sie im Anschluss. Seien Sie aktiv, starten Sie mit der Umstellung der Ernährung und entlasten Sie das Wasser durch die Umstellung auf Conlei.

Mutter Erde ruft um Hilfe

Wir sind ein Teil unserer Mutter Erde, wir bewohnen sie, erfüllen sie mit Leben, wir belasten und schädigen sie aber auch. Woher nehmen wir das Recht, achtlos, respektlos das ökologische System unserer Erde, unseres blauen Planeten, zu zerstören? Die Umwelt ist nicht irgendwo „draußen“, die Umwelt ist nicht irgendjemand, nein, die Umwelt sind wir, jeder Einzelne. Wasser – Erde – Leben.

Seit 25 Jahren arbeite ich als selbstständige Ernährungsberaterin, die Reinhaltung des Wassers ist mir dabei besonders wichtig.

Gehen Sie mit mir auf die Reise, auf unseren Globus, unseren einzigartigen und wunderschönen blauen Planeten. Auf unserer Erde lebt eine unendliche Vielfalt an Menschen, Pflanzen und Tieren.

Wir haben alles: wunderschöne Kontinente, die verschiedensten Klimazonen, Meere, Wüsten, Urwälder, Eisberge, Seen, Flüsse, die unterschiedlichsten Gebirgszüge, Ebenen, Täler, Wälder und vieles mehr. Wir können die Erde bereisen und wohin wir kommen, wir staunen. Bei diesen Gedanken blinken in mir die faszinierenden Bilder meiner Kanadareise (Westen) auf, die Rocky Mountains, die unendliche Weite, die beeindruckenden Seen. Wenn ich an meine Peru-/Bolivienreise denke, habe ich sofort die gigantischen Anden, die Inkastädte, den Urubamba mit seinem atemberaubenden Tal und vieles mehr vor meinem geistigen Auge. Egal, wo immer ich auch bin, ich staune über die Schönheit unserer Erde. Selbstverständlich nicht nur irgendwo auf der Welt, sondern hier in unseren Regionen, in unserer Heimat. Im schönen Lonetal bei Ulm wurde ich groß, seit vielen Jahren lebe ich im Neckartal und seit Jahrzehnten pocht mein Herz für **„sauberes Wasser“.** Wenn ich in den Bergen bin und die Wasserfälle rauschen höre und sehe, fühle ich große Dankbarkeit in meinem Herzen. Unsere Mutter Erde ist so wunderschön, jede Pflanze, jede Blüte, jeder Berg, jeder Wald, jede Wiese und jeder Acker sind Schöpfungswerke. Jeder Bach, jede Quelle, jeder See sind für uns Oasen zum Auftanken, um in unsere Mitte zu finden und aus dieser Mitte zu leben. **Wasser – Quelle unseres Lebens, Wasser von dem wir leben, das wir nutzen, benutzen, belasten, verschmutzen und wieder abgeben. Die Frage aller Fragen ist: In welchem Zustand geben wir das Wasser wieder an die Kanalisation ab, das durch unsere Wohnung, durch unser Haus fließt?**

Wasserkreislauf – was bedeutet das?

Ungefähr 70 % unserer Erdoberfläche besteht aus Wasser, nämlich aus riesigen Ozeanen und unendlich großen Meeren. Dieses Salzwasser ist für uns so nicht nutzbar. Doch, wovon leben wir? Wo ist unsere Quelle des Lebens, wo ist unser Wasser, woher kommt es, wohin geht es? Die Flüsse, Seen, Bäche, Brunnen, alles in allem – **gerade mal 4 %, davon leben wir.** Dieses Wasser fließt in den Wasserleitungen zu uns.

Wir verwenden es im Alltag zum Trinken, Kochen, Duschen, Baden, Spülen, Putzen, Wäschewaschen u.v.m. Genau hier stellt sich die Frage: Wie gehen wir mit diesem Wasser um? Was geben wir ins Wasser, so lange es bei uns zu Hause ist? Womit duschen, baden wir, womit spülen wir unser Geschirr, womit waschen wir unsere Wäsche, womit reinigen wir unsere Wohnung? Der Markt bietet eine breite Palette an Körperpflegeprodukten, an Wasch-, Spül- und Reinigungsmitteln. Inzwischen gibt es auch eine Reihe ökologischer Produkte, die allerdings häufig auf **Seifenbasis** hergestellt werden und auch Seife belastet unser Wasser. Jährlich gelangen viele Tonnen an belastenden Stoffen in unser Wasser, weil die Kläranlagen nie alle Schadstoffe entfernen können. Inhaltsstoffe, die häufig chemisch hergestellt werden, belastende Stoffe, die überflüssig sind. An dieser Stelle nenne ich einige: **Bleichmittel** greifen meistens auch das Gewebe an und belasten sinnlos die Gewässer; **Füllstoffe,** die die Rieselfähigkeit bei Pulverwaschmitteln erhalten, können den Salzgehalt der Abwässer erhöhen; **Gerüststoffe, Enzyme** und **optische Aufheller** in Waschmitteln wirken wie **Phosphate** und viele **Phosphatersatzstoffe** belastend. Eine zentrale Belastung sind die chemisch-technisch hergestellten **Tenside** (waschaktive Substanzen) in Wasch-, Spül- und Reinigungsmitteln, aber auch in Körperpflegeprodukten. Wenn wir uns vorstellen, dass es ca. 2.500 verschiedene Arten an Tensiden gibt - ein großes Thema! Tenside, sind die Wirkstoffe, die in Waschmitteln waschen, in Spülmitteln spülen, in Reinigungsmitteln reinigen, in Körperpflegeprodukten den Schaum erzeugen. Sie reinigen, doch der Preis für die Natur ist hoch – auch für die Fische.

All diese Inhaltsstoffe und noch vieles mehr benutzen Millionen Menschen Tag für Tag beim Wäschewaschen, beim Geschirrspülen, beim Saubermachen. Millionen Menschen sind sich nicht bewusst, was sie tun. Die Werbung gaukelt uns strahlend weiße Wäsche vor und Viele wollen das so. Die Wenigsten denken dabei an die fatalen Auswirkungen auf unser Wasser. Tag für Tag gelangen diese Belastungen in unser Wasser, in den **Wasserkreislauf,** Jahr für Jahr muss die Natur damit fertig werden. Wo bleibt der Respekt für die Natur, die Achtung vor der Quelle unseres Lebens, vor dem Wasser? Wo bleibt die Verantwortung, wo das Bewusstsein? Viele Menschen rasen durch die Supermärkte und füllen in Windeseile ihre Einkaufswägen mit dementsprechenden Produkten und verwenden gewässerverschmutzende Produkte in ihrer Gewohnheit, Bequemlichkeit oder auch im Nichtwissen. Vielen Menschen ist es egal, sie leben nach dem Motto: **„aus den Augen – aus dem Sinn"** oder **„durch den Abfluss – aus dem Sinn?" Noch immer (!)** denken zu viele Menschen: Was geht mich die Umwelt an, Hauptsache billig ... Die Umwelt geht uns alle sehr wohl und sehr viel an, weil wir selbst die Umwelt sind, jeder Mensch ist Teil dieses Planeten. **Jeder ist verantwortlich.** Ein gemeinsames großes Ziel könnte hier die Lösung sein, dass möglichst viele bewusst lebende Menschen mithelfen, unser Wasser, unsere Erde für die nächsten Generationen, für unsere Kinder und Enkel sauber zu erhalten. 1855 hielt der Häuptling Seattle seine Rede an die Menschheit, in der es auch heißt: **„Wir sind ein Teil der Erde und sie ist ein Teil von uns. Die Erde ist unsere Mutter: Was die Erde befällt, befällt auch die Söhne und Töchter der Erde …" Naturkatastrophen, die wir immer wieder erleben, können auch Antworten der Erde sein.**

Umweltschutz, Gewässerschutz und Gesundheit beginnt zu Hause

Viele Menschen denken noch immer: Ich kleines Rädchen kann nichts in dem großen Gefüge ändern. Stimmt nicht, wir können sehr viel verändern. Wir dürfen nicht tatenlos zusehen, wir dürfen es nicht den **„anderen"** überlassen, die Umwelt sind wir selbst und so können wir Verantwortung übernehmen und handeln. Jeder kleine Schritt, jede kleine Tat zählt und hilft unserer Erde, hilft, das Wasser zu entlasten. Doch was ist die Alternative, was können wir ganz leicht und einfach, günstig und gut an jedem Tag tun? Es gibt eine erstklassige und hilfreiche Möglichkeit für unser Wasser und das Lösungswort lautet hier: Conlei! Ein Stein fällt ins Wasser und zieht weite Kreise.

Wasser entlasten mit Conlei – was ist Conlei?

Conlei-Produkte werden seit 1981 in Deutschland selbst entwickelt und hergestellt. Über 30 Jahre Erfahrung mit diesem patentierten Qualitätsprodukt, unabhängig von der Großindustrie stammen die Conlei-Produkte aus dem Labor der Natur. Alle Inhaltsstoffe sind wasserschonend und **in wenigen Tagen zu 100 % im Wasser abgebaut**. Der springende Punkt ist, dass alle Produkte **seifenfrei** hergestellt werden. Deshalb ist das Wasser entlastet und es bilden sich **keine Kalkseifenränder** am Waschbecken, an Dusch- und Badewanne. Die **Tenside** (waschaktive Substanzen) werden bei Conlei aus **pflanzlichen Fetten und Ölen** hergestellt. Angenehme, natürliche, dezente **Düfte** stammen aus **Kräuterextrakten**. Alle Conlei-Produkte werden **ohne Lösemittel** produziert, sind **Konzentrate** und **günstig**. Das **einzigartige Conlei-Vergärungsverfahren** stellt in jedem Conlei-Produkt die **Genialität** dar. Alle Conlei-Produkte sind sehr gut verträglich, für Allergiker bestens geeignet, waschen, putzen und spülen sauber, wirkungsvoll und sind **supergünstig. Die Conlei-Philosophie lautet: keine Rückstände, keine Säuren, keine Gifte. Diese Achtsamkeit fördert unser ökologisches System in hohem Maße. Wasser entlasten mit Conlei, bewusster leben, im Einklang mit der Natur, das sind Werte, die mich seit 25 Jahren in meiner täglichen Conlei-Arbeit bewegen, motivieren und begeistern.**

Alles ist einfach und günstig

Das **Conlei-Waschmittel** ist ein natürlich, herrlich duftendes Waschmittel für die **gesamte Wäsche,** für alle Farben, alle Gewebearten und für alle Temperaturen. Es enthält nur **Tenside** (waschaktive Substanzen), hergestellt aus **pflanzlichen Fetten und Ölen, Koniferenauszüge** und **natürliches Gärungsmilchserum.** Das Motto lautet: Was nicht drin ist, belastet das Wasser nicht und was drin ist, stammt aus der Natur.
Das wirklich Geniale dabei ist: Es wäscht sauber, ist hautfreundlich, einfach im Gebrauch und preisgünstig. Selbstverständlich ohne Phosphate, ohne Enzyme, ohne optische Aufheller, ohne synthetische Duftstoffe. Bei der Wäschefaser ist deutlich zu sehen, wie die Rückstände von herkömmlichen Waschmitteln oder Waschmitteln auf Seifenbasis die Faser verkrusten und wie im Vergleich die Wäschefaser mit Conlei gewaschen sauber und rückstandsfrei ist, (siehe Seite 189). Das zeigt sich auch beim spielend leichten Bügeln der mit Conlei gewaschenen Wäsche. Oft streiche ich die Wäsche nach dem Trocknen nur aus und bügle nur das Nötigste, so spare ich Zeit und Strom. Die Wäsche fühlt sich sehr angenehm auf der Haut an und riecht frisch. Das bei Bedarf verwendete **Conlei-Fleckensalz** ist das Beste, das ich kenne. Während des Waschvorgangs zerfällt es in seine Grundbestandteile und ist dadurch **null Belastung** fürs Wasser. Das begeistert mich. Seit 25 Jahren wasche ich unsere gesamte Wäsche mit dem Conlei-Waschmittel und ich bin auch **nach 25 Jahren jedes Mal begeistert**. Wenn ich die Wäsche aufhänge, riecht es wohltuend nach Wald, das liebe und genieße ich sehr.

Die Conlei-Favoriten – oder Gifte haben in der Küche nichts zu suchen!

Die Conlei-Reiniger sind weitere **Favoriten,** giftfrei und nach dem Motto: **mild, schnell und blitzblank.** Wer mit den Conlei-Reinigern saubermacht, hat wieder Spaß und Freude am Putzen, schont nicht nur die Hände, sondern auch das Material. Können Sie sich das vorstellen? Ich konnte es mir nicht vorstellen, doch seit 25 Jahren putze ich mit Freude und Begeisterung, weil alles schön sauber ist. Die gereinigte Oberfläche ist glatt und angenehm. Ein weiterer Pluspunkt ist: Der Putzschrank wird leer und unsere Kunden verwenden ihn dann z.B. als Schuhschrank. Der **Conlei-Kraftreiniger** zeigt sich als Universalreiniger für alles und **nimmt Fett mit links.** Ob Herd, Backofen, Grill, Bratpfanne, Dunstabzugshaube, Küche abwaschen, Schmiere an den Händen, alles wird mit diesem Zauberreiniger blitzblank. Er ist sparsam und günstig. Selbst Fettflecken verschwinden mit Hilfe des Kraftreinigers aus der Wäsche. Wer den Kraftreiniger einmal verwendet hat, möchte ihn nicht mehr missen.

Der nächste Favorit ist der **Conlei-Klarspüler,** der einerseits für die Spülmaschine der **ökologisch beste Klarspüler** ist den ich kenne, andererseits ist er der Experte zum **geruchfreien Entkalken**. Kalkrückstände z.B. im Wasserkocher, an der Spüle, am Waschbecken, an Bade- und Duschwanne entfernen Sie spielend leicht mit dem Conlei-Klarspüler. Außerdem bewährt er sich als **bester Sanitärreiniger,** auch ideal fürs WC. Wird das WC regelmäßig mit dem Conlei-Klarspüler gereinigt, setzt sich kein Urinkalkstein mehr ab und seit Jahren festgesetzter Urinkalkstein lässt sich mit dem Conlei-Klarspüler gut und wasserschonend entfernen. Wenn Fliesenfugen nicht mehr sauber und rein sind, bewährt sich dieser Favorit.

Interessant ist: Wer mit Conlei duscht, sich wäscht oder badet, hat an Dusch- und Badewanne keine Kalk-Seifen-Rückstände mehr und muss viel weniger putzen und alles lässt sich kinderleicht reinigen. Seit ich mit dem Conlei-Klarspüler Bad und WC reinige, bin ich viel schneller fertig.
Selbstverständlich spült auch das Conlei-Maschinengeschirrspülmittel wasserschonend, und zwar ohne Chlor-Verbindungen, ohne Phosphate, ohne ätzende Substanzen und ohne aggressive Dämpfe. Dieses Spülmittel ist für jeden verantwortungsbewussten Menschen **ein Muss,** um unser Wasser zu entlasten.
Der dritte Favorit im Bunde ist das **Conlei-Polish**, ein ebenso geniales Produkt. Als sanftes Pflegemittel für alle Oberflächen wird es sehr sparsam pur verwendet. Fensterbänke, Türen, Holzmöbel, aber auch Küchenschränke ... einfach alles, was mal wieder richtig schön sein soll, reinigen Sie mit Polish. Türen müssen z.B. nicht vorher abgewaschen werden, sondern werden einfach mit etwas Conlei-Polish auf einem Tuch gereinigt. Das ist echte **Putzfreude**, ob Sie es glauben oder nicht. Probieren Sie es selbst aus und lassen Sie sich von diesem Produkt begeistern. Für alle Böden (Marmor, Stein, Fliesen, Kork, Laminat, Parkett, Linoleum, PVC) geben Sie einen Spritzer ins Wischwasser und machen sauber. Die Wiederanschmutzung ist geringer und das begeistert mich. Wer mit **Conlei-Polish** seine Böden wischt, muss seltener saubermachen, auch das entlastet das Wasser. Conlei-Polish darf auch beim Autoputzen nicht fehlen. Das Cockpit ist blitzblank und zweimal im Jahr trage ich Polish pur, hauchdünn auf das gesamte Auto als Lackpflege auf, das Wasser perlt schön ab.
Vieles gäbe es noch zu sagen, doch jetzt sind Sie dran. Schreiten Sie zur Tat, werden Sie aktiv, entscheiden Sie sich für die Natur, **entscheiden Sie sich für Conlei.** Mutter Erde ruft um Hilfe, so möchte ich ergänzen: Mutter Erde freut sich, wenn viele Menschen mit Conlei spülen, waschen und putzen. Sie freut sich in mehrfacher Hinsicht: Es kommen **keine giftigen Substanzen** mehr ins Abwasser. Da alle Conlei-Produkte sparsam sind, kommt auch insgesamt weniger an Menge ins Wasser und alle können sich freuen, weil Sie behutsam und achtsam mit der Natur im Einklang leben und so ganz nebenbei noch jede Menge Geld sparen. Da kommt Freude auf.

Wasser mit WASSER2000 vitalisieren

Wenn Sie dann Ihr Leitungswasser noch mit WASSER2000 vitalisieren, ist es optimal, denn diese Kombination halte ich für besonders wichtig. Wasser entlasten wie oben beschrieben und das Wasser vitalisieren. So genießen Sie Quellwasserqualität aus dem Wasserhahn, müssen keine Wasserkisten mehr schleppen, haben fast keine Verkalkungen mehr zu reinigen, weil sich der Kalk spielend leicht abwischen lässt. Seit vielen Jahren genieße ich täglich dieses energiereiche und lebendige Wasser, Glas für Glas. Spielend leicht können Sie alle Stunde 1 Glas Wasser trinken und geben somit Ihrem Körper, was er dringend benötigt, denn energiereiches und gutes Wasser sollte das Lebensmittel Nr. 1 sein. **Wasser ist Leben!**

Wasser entlasten mit Conlei

Conlei-Produkte sind zu 100 % abbaubar

Spülen

Gifte haben in der Küche nichts zu suchen!

Conlei-Maschinengeschirrspülmittel

- ohne aggressiven Dämpfe
- ohne ätzende Substanzen
- ohne Chlor-Verbindungen
- ohne Phosphat

Conlei-Klarspüler

- ohne Lösemittel hergestellt
- mit natürlicher Zitronensäure
- zum geruchsfreien Entkalken

… trotzdem blitzblank!

Putzen

Conlei-Reiniger – mild, schnell, blitzblank

- **Kraftreiniger** – der Universalreiniger für alles, Fett nimmt er mit links
- **Klarspüler** – für die Spülmaschine und zum geruchsfreien Entkalken
- **Polish** – das sanfte Pflegemittel für alle Oberflächen

Weniger putzen, da keine Seifen- und Kalkränder mehr an Waschbecken, Dusche und Badewanne.

... und der Putzschrank wird leer!

Waschen

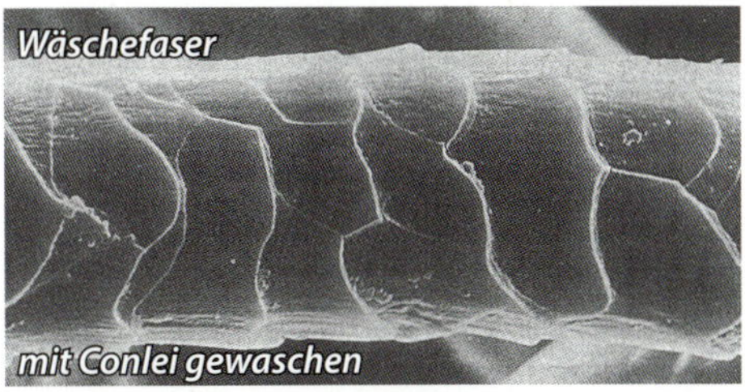

Ein natürliches, herrlich duftendes Waschmittel für die gesamte Wäsche und für alle Temperaturen.

Das Conlei-Waschmittel enthält:

- waschaktive Substanzen (Tenside), hergestellt aus pflanzlichen Fetten und Ölen
- Koniferen-Auszüge
- natürliches Gärungsmilchserum

Was nicht drin ist, belastet nicht …

Conlei-Waschmittel sauber, hautfreundlich, einfach im Gebrauch und preisgünstig!

- ohne Phosphate, Phosphatersatzstoffe
- ohne Enzyme
- ohne optische Aufheller
- ohne synthetische Duftstoffe

Ernährungsberatung im Sinne des TuWas!-Kochbuchs Conlei-Beratung und -Verkauf

Helga Henke

Ganzheitliche Ernährungs- und Gesundheitsberatung
Conlei-Beratung und -Verkauf

Vor fast 40 Jahren nahm ich an meinen ersten Ernährungsseminaren teil. Daraufhin stellte ich meine Ernährung um, was mir sehr gut tat. Seit dieser Zeit ernähre ich mich gesund und lebe bewusst.
Ich suchte lange nach einer gesunden Sonnenlotion, dabei fand ich vor 25 Jahren die haut- und umweltfreundlichen Conlei-Produkte. Sie waren und sind bis heute für mich und meine Arbeit der Punkt auf dem i.
Seit 25 Jahren bin ich selbstständig. Die Schwerpunkte meiner Beratungen sind:
Hilfe

- bei der Umstellung auf die umweltfreundlichen Conlei-Produkte, privat und gewerblich,
- bei der Auswahl der persönlichen Körperpflege
- in Ernährungsfragen

Mit viel Freude und großem persönlichen Einsatz berate und verkaufe ich bundesweit.
Telefonisch, persönlich, in Vorträgen und Gruppen stehe ich Interessierten mit meinen vielen positiven und lebenserleichternden Erfahrungen gerne zur Seite. Ich freue mich auf Ihren Anruf.

Elke Wörfel

Ernährungs- und Gesundheitsberatung
Conlei-Beratung und -Verkauf
1. Vorsitzende Naturheilverein Esslingen e.V.

Seit mehr als 20 Jahren arbeite ich als ganzheitliche Ernährungs- und Gesundheitsberaterin. Sowohl in meinen Vorträgen, wie auch in meinen persönlichen Beratungen, ist mir die praxisnahe Umsetzung meiner Empfehlungen sehr wichtig.
Auf der Suche nach gesunden und umweltfreundlichen Alternativen für den Haushalt und für meine Familie, lernte ich vor 24 Jahren durch Gertrud Lehner-Laiß (dafür bin ich ihr unendlich dankbar) die besonderen Conlei-Produkte kennen und war sofort begeistert.
Die Begeisterung hält bis heute an. Bundesweit setze ich mich dafür ein und freue mich über jeden Menschen, dem ich von meinen langjährigen positiven Erfahrungen mit diesen wertvollen Produkten berichten kann.
Aufgrund meiner Arbeit bin ich seit langer Zeit mit vielen Naturheilvereinen sehr verbunden. Im Jahr 2016 habe ich den Vorsitz im Naturheilverein Esslingen übernommen. Diese Arbeit macht mir sehr viel Freude.
Gerne berate ich auch Sie in Ernährungsfragen oder zu den Conlei-Produkten. Bundesweit telefonisch, natürlich auch persönlich bei mir in Plochingen. Ich freue mich auf Ihre Nachricht.

Suchen Sie in Ihrer Nähe eine persönliche Ansprechpartnerin, um die Conlei-Produkte kennenzulernen?

Sprechen Sie uns an, wir freuen uns auf Sie.

Rosenstrasse 7
88069 Tettnang / Bodensee
Telefon 07542-9808940
Email: helgahenke@t-online.de

Anne-Frank-Weg 51
73207 Plochingen
Telefon 07153-71949
Email: elke.woerfel@arcor.de
www.elke-woerfel.net

Dorit Sabine Beutel

Ganzheitliche Gesundheits- und Ernährungsberatung
Conlei-Beratung und -Verkauf
WASSER2000-Beratung

Ich bin sehr dankbar, dass ich schon mit 20 Jahren auf den Weg zu einer gesunden und nachhaltigen Lebensweise geführt worden bin. Später wurde Gertrud Lehner-Laiß zu einer „Wegweiserin", die ich auch als Freundin sehr schätze. Ich gratuliere ihr zu diesem wertvollen und praktischen TuWas!-Kochbuch, mit dem sie zahlreiche Menschen zum TUN animieren wird.

Mit viel Freude und Begeisterung berate und begleite ich Menschen seit über 20 Jahren bei der Entwicklung ihrer Ernährungs- und Lebensgewohnheiten. Ich halte u. a. Vorträge über Wassertrinken, Körperpflege, Haushaltsreinigung und weitere Gesundheitsthemen.

Ob angenehme Gefühle auf der Haut (Conlei), im Bauch oder im Herzen (Ernährungsweise): Jeder Mensch kann selbstverantwortlich positive Veränderungen in seinem Leben herbeiführen, ganz nach dem Motto:

„Kleine Umstellung – große Wirkung!"

Es geht dabei um das „Gewusst wie" und darum, dass ich Sie sehr gerne unterstütze, informiere, berate und motiviere.

Wo auch immer Sie wohnen – Sie dürfen den ersten kleinen Schritt TUN. Ich freue mich auf Ihren Anruf oder Ihre Email.

Spiekerooger Weg 3
49393 Lohne in Oldenburg
Telefon 0 44 42 - 93 71 30
Email: d-beutel@t-online.de
www.ernaehrungsberatung-lohne.com

Konny Schmidt

Ganzheitliche Ernährungs- und Gesundheitsberatung
Conlei-Beratung und -Verkauf
Rückenmassagen, auch Dorn-Breuss-Massagen

Für gesunde Ernährung interessierte ich mich schon immer.
Meine Tochter litt als Kleinkind unter Neurodermitis und der Kinderarzt empfahl, ein hautfreundliches Waschmittel zu verwenden und die Ernährung umzustellen.
Auf diesem Weg lernte ich vor 25 Jahren durch Gertrud Lehner-Laiß die haut- und umweltfreundlichen Conlei-Produkte kennen. Durch die Verwendung des Conlei-Waschmittels wurde die Haut besser. Das motivierte mich sehr.
Ich nahm an jedem Ernährungsvortrag- und Seminar von Gertrud Lehner-Laiß teil, um alles über gesunde Ernährung zu lernen. Schritt für Schritt setzte ich nach jedem Seminar das Gelernte um.
Die Haut meiner Tochter wurde gut, meine Haut schöner, somit hatte ich meinen Ernährungsweg mit der positiven Lebensweise gefunden und mich darin stets weiterentwickelt.
Seit dieser Zeit berate und verkaufe ich begeistert die Conlei-Produkte, seit 10 Jahren biete ich verschiedene Massagen, auch Dorn-Breuss-Massagen, an. Ich bin sehr dankbar, dass ich seit 2013 im Gesundheitstreff-TuWas! arbeiten kann.
2016 habe ich die Ausbildung zur ganzheitlichen Gesundheits- und Ernährungsberaterin absolviert. Gerne gebe ich meine langjährigen Erfahrungen in Conlei-Infoabenden und persönlichen Ernährungsberatungen, parallel zu meiner Arbeit im TuWas!, an interessierte Menschen weiter.
Ich freue mich auf Sie.

Schafweg 3, 74379 Ingersheim
Telefon 0 71 42 - 6 58 89
Am besten abends, am Wochenende oder auf den Anrufbeantworter sprechen.
Email: konny_schmidt@web.de

Basische Ernährungskurse

„Energie und Vitalität durch eine Lebensweise im Säure-Basen-Gleichgewicht"
Kommen Sie mit uns auf diese Reise und stellen Sie die Weichen für eine energie- und gesundheitsfördernde Ernährung.

In unseren Ernährungskursen erfahren Sie:

- wie Sie Ihren Körper entsäuern und entschlacken
- wie Sie Ihren Stoffwechsel gezielt anregen
- wie Sie die eigene Leistungsfähigkeit steigern
- welche Lebensmittel im Körper basisch verstoffwechselt werden
- wie Sie die Verdauung normalisieren können
- bewusster und dankbarer zu essen

Weiter erwartet Sie in unseren Kursen:

- viele Impulse rund um die basische Ernährung
- gemeinsames Genießen beim Frühstück und am basischen Büffet
- Spaß und Freude im Austausch mit Gleichgesinnten
- gemeinsame Bewegung in der Natur
- leckere Rezepte, die schmecken und satt machen
- Begleitung durch Ihre Basenfastenzeit
- Kleine Auszeiten für Seele und Geist

Als Kursleiterinnen erleben wir, dass ein Basenkurs in der Gruppe vielen Menschen den Einstieg in eine basenreiche Ernährung erleichtert.

Basenkurse in der Gruppe:

in Freiberg:
Pusteblume.Basisch.Aktiv
Gudrun Rendle – Ute Eberhard
Marktplatz 18, 71691 Freiberg
Telefon 07141-276933
Email: g.rendle@basisch-aktiv.de
www.basisch-aktiv.de

in Marbach:
Basisch in Balance
Cornelia Obermayer
Magdeburger Weg 11, 71672 Marbach am Neckar
Telefon 07144-8524974
Email: basenfasten@obermayers.de
www.basisch-in-balance.de

Gudrun Rendle

Ute Eberhard

Conny Obermayer

wasser2000.de
WASSER WIE AUS DER QUELLE
natur SINN
Sinnvoll für Mensch und Natur
Optimal für Wohnung, Haus & Gewerbe, ob Mieter oder Eigentümer.
WASSER2000
Ihr WasserVitalisierungsSystem
Die bewährte Premiumlösung für vitalisiertes, lebendiges Wasser aus Ihrer Leitung.
Natürliche Wasseraufbereitung für optimiertes Kalkverhalten ohne Chemie, Strom und Magnetismus.
Einfache Montage ohne Eingriff in Ihre Rohrleitung - wartungsfrei.
Risikofreier Kauf mit 90 Tagen Rückgabegarantie.
Das Original seit 1999 - MADE IN GERMANY
Weitere Informationen beim
Gesundheitstreff TuWas!
Bietigheimer Straße 16
74379 Ingersheim
Telefon 07142-773452
www.gesundheitstreff-tuwas.de

Geistige Nahrung

Als ich mich selbst zu lieben begann

Als ich mich selbst zu lieben begann, habe ich verstanden, dass ich immer und bei jeder Gelegenheit, zur richtigen Zeit am richtigen Ort bin und dass alles, was geschieht, richtig ist – von da an konnte ich ruhig sein. Heute weiß ich: Das nennt man **Vertrauen.**

Als ich mich selbst zu lieben begann, konnte ich erkennen, dass emotionaler Schmerz und Leid nur Warnungen für mich sind, nicht gegen meine eigene Wahrheit zu leben. Heute weiß ich: Das nennt man **Authentisch-Sein.**

Als ich mich selbst zu lieben begann, habe ich aufgehört, mich nach einem anderen Leben zu sehnen, und konnte sehen, dass alles um mich herum eine Aufforderung zum Wachsen war. Heute weiß ich: Das nennt man **Reife.**

Als ich mich selbst zu lieben begann, habe ich aufgehört, mich meiner freien Zeit zu berauben, und ich habe aufgehört, weiter grandiose Projekte für die Zukunft zu entwerfen. Heute mache ich nur das, was mir Spaß und Freude macht, was ich liebe und was mein Herz zum Lachen bringt, auf meine eigene Art und Weise und in meinem Tempo. Heute weiß ich: Das nennt man **Ehrlichkeit.**

Als ich mich selbst zu lieben begann, habe ich mich von allem befreit, was nicht gesund für mich war, von Speisen, Menschen, Dingen, Situationen und von Allem, das mich immer wieder hinunterzog, weg von mir selbst. Anfangs nannte ich das „Gesunden Egoismus", aber heute weiß ich: Das ist **Selbstliebe.**

Als ich mich selbst zu lieben begann, habe ich aufgehört, immer recht haben zu wollen, so habe ich mich weniger geirrt. Heute habe ich erkannt: Das nennt man **Demut.**

Als ich mich selbst zu lieben begann, habe ich mich geweigert, weiter in der Vergangenheit zu leben und mich um meine Zukunft zu sorgen. Jetzt lebe ich nur noch in diesem Augenblick, wo alles stattfindet. So lebe ich heute jeden Tag und nenne es **Bewusstheit.**

Als ich mich zu lieben begann, da erkannte ich, dass mich mein Denken armselig und krank machen kann. Als ich jedoch meine Herzenskräfte anforderte, bekam der Verstand einen wichtigen Partner. Diese Verbindung nenne ich heute. **Herzensweisheit.**

Wir brauchen uns nicht weiter vor Auseinandersetzungen, Konflikten und Problemen mit uns selbst und anderen fürchten, denn sogar Sterne knallen manchmal aufeinander und es entstehen neue Welten. Heute weiß ich: **Das ist das Leben!**

Charlie Chaplin soll anlässlich seines 70. Geburtstags diese Zeilen geschrieben haben.

Stufen

Wie jede Blüte welkt und jede Jugend
dem Alter weicht, blüht jede Lebensstufe,
blüht jede Weisheit auch und jede Tugend
zu ihrer Zeit und darf nicht ewig dauern.
Es muss das Herz bei jedem Lebensrufe
bereit zum Abschied sein und Neubeginne,
um sich in Tapferkeit und ohne Trauern
in andre, neue Bindungen zu geben.
Und jedem Anfang wohnt ein Zauber inne,
der uns beschützt und der uns hilft, zu leben.
Wir sollen heiter Raum um Raum durchschreiten,
an keinem wie an einer Heimat hängen,
der Weltgeist will nicht fesseln uns und engen,
er will uns Stuf' um Stufe heben, weiten.
Kaum sind wir heimisch einem Lebenskreise
und traulich eingewohnt, so droht Erschlaffen.
Nur wer bereit zu Aufbruch ist und Reise,
mag lähmender Gewöhnung sich entraffen.
Es wird vielleicht auch noch die Todesstunde
uns neuen Räumen jung entgegen senden,
des Lebens Ruf an uns wird niemals enden ...
Wohlan denn, Herz, nimm Abschied und
gesunde!

Hermann Hesse

Manche Menschen wissen nicht

Manche Menschen wissen nicht,
wie wichtig es ist, dass sie einfach da sind.

Manche Menschen wissen nicht,
wie gut es tut, sie einfach zu sehen.

Manche Menschen wissen nicht,
wie tröstlich ihr gütiges Lächeln wirkt.

Manche Menschen wissen nicht,
wie wohltuend ihre Nähe ist.

Manche Menschen wissen nicht,
wie viel ärmer wir ohne sie wären.

Manche Menschen wissen nicht,
dass sie ein Geschenk des Himmels sind.

Sie wüssten es,
würden wir es ihnen sagen!

Petrus Ceelen

Ein sonniges Lächeln

Es war nur ein sonniges Lächeln
es war nur ein freundliches Wort;
doch scheuchte es lastende Wolken
und schwere Gedanken fort.

Es war nur ein warmes Grüßen
der tröstende Druck einer Hand;
doch schien´s wie die leuchtende Brücke,
die Himmel und Erde verband.

Ein Lächeln kann Schmerzen lindern,
ein Wort kann von Sorge befrei´n;
ein Händedruck Böses verhindern
und Liebe und Glauben erneur´n.

Es kostet Dich wenig zu geben
Wort, Lächeln und helfende Hand;
doch arm und kalt ist Dein Leben,
wenn keiner solch Trösten empfand.
So gib, wozu Du berufen,
Wort, Lächeln und helfende Hand;
und reich und froh wird Dein Leben,
wenn Du schenkst, wozu Du gesandt.

Hildegard Hoffmann

Gib jedem Tag die Chance,
der schönste deines Lebens
zu werden

Mark Twain

Glückliche Gedanken machen Dich glücklich

Glück ist gar nicht mal so selten,
Glück wird überall beschert,
vieles kann als Glück uns gelten,
was das Leben uns so lehrt.

Glück ist jeder neue Morgen,
Glück ist bunte Blumenpracht,
Glück sind Tage ohne Sorgen,
Glück ist, wenn man fröhlich lacht.

Glück ist Regen, wenn es heiß ist,
Glück ist Sonne nach dem Guss,
Glück ist, wenn ein Kind kein Eis isst,
Glück ist auch ein lieber Gruß.

Glück ist Wärme, wenn es kalt ist,
Glück ist weißer Meeresstrand,
Glück ist Ruhe, die im Wald ist,
Glück ist eines Freundes Hand.

Glück ist eine stille Stunde,
Glück ist auch ein gutes Buch,
Glück ist Spaß in froher Runde,
Glück ist freundlicher Besuch.

Glück ist niemals ortsgebunden,
Glück kennt keine Jahreszeit,
Glück hat immer der gefunden,
der sich seines Lebens freut.

Clemens von Brentano

Stichwortverzeichnis

Danke

Mit sehr viel Freude und großer Dankbarkeit habe ich dieses Kochbuch geschrieben, auf das so viele gesundheitsbewusste Menschen seit Jahren warten. Allen, die mich nachhaltig zum Schreiben motivierten, danke ich von Herzen. „Vielen Dank, liebe Kundinnen und Kunden, für Ihre Geduld, Ihr Verständnis, dass ich jetzt vor Weihnachten sechs Wochen nicht erreichbar war."

Herzlichen Dank an mein Team: „Ich danke Euch sehr, dass Ihr gemeinsam so stark ward und das Vorweihnachtsgeschäft ohne mich gemeistert habt. Danke an Theresia Nägele, Tanja Mertz, Nicole Nägele, Carmen Zehnder, Moni Brückner und Uschi Lohrer. Ganz besonders danke ich Dir, liebe Konny, dass Du mich so meisterhaft vertreten hast und Dir keine Stunde zu viel war, wenn es spät wurde und Du jeden Samstag „Dienst" hattest."

Großer Dank an Maria Ruß, meine Steuerberaterin, ohne sie wäre das Buch jetzt nicht da.

„Lieber Sebastian, liebe Maike, Euch beiden danke ich ganz besonders für Eure wunderschönen Arbeiten im Buch, Buchcover und der sehr ansprechenden Werbung für das Buch. Durch Euren großen Einsatz, zu jeder Zeit, konnte das Buch in der kurzen Zeit entstehen, ich umarme Euch!"

„Mein großes und herzliches Danke an Dich, lieber Volker, für Deine wunderschönen Fotos, die Du mit so viel Liebe und Herzblut fotografiert hast und an Dich, liebe Aki, für Deine einmalig schönen Zeichnungen, die eine große Bereicherung für das Kochbuch sind!"

„Danke, danke, an Euch, Ihr lieben und unermüdlichen Lektorinnen! Es war so schön zu erleben, mit welch großer Freude Ihr die nächsten Korrekturen erwartet habt. Danke an Sarah Schmidt, Dorit Sabine Beutel, Maria Schuler-Wanz, Dorothea Galli, Hanne Ilg und Gertrud Eisenhardt!"

„Ja, lieber Jürgen Bahnmayer, durch Deinen überaus großen Einsatz, Deine unglaubliche Flexibilität und Hilfe ist das Buch jetzt fertig. Deine Gestaltung und Deine Arbeit in der Druckvorbereitung sind einmalig. Ich danke Dir so sehr und von Herzen, ich freue mich!"

Ich danke Gott, dass ich gesund bin und in dieser schönen, mich erfüllenden Lebensaufgabe arbeiten und wirken darf. Ich danke, dass ich dieses Buch schreiben durfte. Die göttliche Inspiration war in jedem geschriebenen Wort in mir. Eine Lebensweisheit meines Vaters: „An Gottes Segen ist alles gelegen" spürte ich während des Schreibens an jedem Tag besonders deutlich.

Bildernachweise

Volker Buchwald: Seiten 5,13,17,18,24,25,30,31,35,36,37,44,46,48li,53li.,54,55,57,58,59,60,66,67,69,71,72,73,75,79,82,84,85,87,88,91,93,94,99,100,101,103,109,113,114,115,117,118,119,120,122,123,125,126,129,130,134,136,137,142,147,148,151,155,156,158,165,167,169,170,171

Adobe Stock, Seiten 15,61,80,87,92,98re,110,111,116,124,127,128,131,133,141,143,145,146,153,156,157,159,162,164,184,185

cc Photo-Service, Seiten 53re,56,70,97,98li,108,112,121,135,140,144,149,150,152,163,188

OLI DIVINI, Seite 29, 33

Sarah, 47, 48re, 49,96

Seite 22: Petersilie: Bettina F. / pixelio.de, roter Paprika: knipseline / pixelio.de, Frauenmantel-Blätter: Lilo Kapp / pixelio.de, Bärlauch-Blätter: Maria Lanznaster / pixelio.de, Ginkgo-Blätter – Jungbrunnen fürs Gehirn: Kurt F. Domnik / pixelio.de, Giersch-Blätter: Eva Lilje / pixelio.de

Seite 23: Spitzwegerich: Betty / pixelio.de, Rotkleeblätter + Blüten: Joujou / pixelio.de, Rosmarinnadeln: Jürgen Frey / pixelio.de, Salbei-Blätter: sigrid rossmann / pixelio.de, Zinnkraut/Ackerschachtelhalm-Zweig: Kurt Michel / pixelio.de, Schafgarbe-Blätter + Blüten: wikipedia.org / Benjamin Zwittnig, Zitronenmelisse-Blätter: Helene13 / pixelio.de, Ackersalat -BIO-, Halina Zaremba / pixelio.de, Endiviensalat -BIO-, Fotolia.com / L.Klauser, Grünkohl -BIO-, Fotolia.com / kaleff

Seite 50: Haselnussgetränk: Rainer Sturm / pixelio.de, Kürbiskerngetränk: sabine koriath / pixelio.de, Sesamgetränk (dunkel): Fotolia.com / suradech_k

Seite 51: Zedernussgetränk: Fotolia.com / emuck

Seiten 104/105: Brombeeren: ©Otto Wenninger/pixelio.de, Heidelbeeren:
©Betty/pixelio.de, Mirabellen: ©Angelina Ströbel/pixelio.de, Schw. Johannisbeeren: ©uschi dreiucker/pixelio.de, Stachelbeeren: ©Annamartha/pixelio.de, Zwetschgen: ©Peter Freitag/pixelio.de

Seite 138: Winter-Rezepte, Pastinaken: Fotolia.com / eliasbilly, Topinambur: Fotolia.com / fotoknips, Schwarzwurzeln: Fotolia.com / GIBLEHO, Chicorée: Fotolia.com / Maurice Metzger, Grünkohl, Fotolia.com / kaleff

Buchcover/Vorderseite des Buches: Bild, Grünkohl, Fotolia.com / kaleff

Alle im TuWas!-Kochbuch beschriebenen und empfohlenen Zutaten, Gewürze und Gesundheitsprodukte erhalten Sie im TuWas!-Laden oder TuWas!-Versand.

… ausgenommen Obst, Gemüse, Milchprodukte …

Gesundheitstreff TuWas!

Gertrud Lehner-Laiß
Telefon 07142-773452

Bietigheimer Straße 16
74379 Ingersheim

info@gesundheitstreff-tuwas.de
www.gesundheitstreff-tuwas.de

Wir bieten Ihnen:

Gesundheits- & Ernährungsberatungen

TuWas!-Laden

TuWas! -Versand

Vorträge & Kochimpulse

Wasser-vitalisierung

Geschenk-ideen